DAXUESHENG XINLI
JIANKANG ZHIDAO

大学生心理健康指导

黄勇明 / 主　编

王一定　邓志军　许惠清
刘桂辉　张　霞　郑小琴　/ 副主编

陈平辉 / 主　审

ZHEJIANG UNIVERSITY PRESS
浙江大学出版社

图书在版编目（CIP）数据

大学生心理健康指导 / 黄勇明主编. —杭州：浙
江大学出版社，2019.8（2020.2 重印）
ISBN 978-7-308-19433-4

Ⅰ．①大… Ⅱ．①黄… Ⅲ．①大学生－心理健康－健
康教育－高等学校－教材 Ⅳ．①G444

中国版本图书馆 CIP 数据核字（2019）第 167062 号

大学生心理健康指导

主　　编　黄勇明
副主编　王一定　邓志军　许惠清
　　　　　刘桂辉　张　霞　郑小琴
主　　审　陈平辉

责任编辑　王元新
责任校对　杨利军
封面设计　春天书装
出版发行　浙江大学出版社
　　　　　（杭州市天目山路 148 号　邮政编码 310007）
　　　　　（网址：http://www.zjupress.com）
排　　版　杭州好友排版工作室
印　　刷　杭州钱江彩色印务有限公司
开　　本　787mm×1092mm　1/16
印　　张　15.5
字　　数　309 千
版 印 次　2019 年 8 月第 1 版　2020 年 2 月第 2 次印刷
书　　号　ISBN 978-7-308-19433-4
定　　价　39.00 元

版权所有　翻印必究　印装差错　负责调换
浙江大学出版社市场运营中心联系方式：(0571) 88925591；http://zjdxcbs.tmall.com

前　言

近年来,我国高度重视心理健康教育,2016 年 12 月 30 日,国家卫生计生委、中宣部、中央综治办、民政部等 22 个部门共同印发了《关于加强心理健康服务的指导意见》(国卫疾控发〔2016〕77 号)。为推进大学生心理健康教育工作科学化建设,2018 年 7 月 4 日,中共教育部党组又印发了《高等学校学生心理健康教育指导纲要》(教党〔2018〕41 号)。加强和改进大学生心理健康教育也是新形势下贯彻落实全国教育工作会议和《国家中长期教育改革和发展规划纲要(2010—2020 年)》精神,促进大学生健康成长、培养造就拔尖创新人才的重要途径。

进入 21 世纪以后,中国大学生心理健康问题越来越受到社会的关注。我们越来越强烈地感受到,心理健康已成为大学生成长、成才的重要影响因素,心理素质的培养已成为高校不容忽视的教育内容。其实,早在半个多世纪以前,心理学家荣格就曾经提醒人们,要防止远比自然灾害更危险的人类心灵疾病的蔓延。他认为,随着人们对外部空间的拓展,人们对心灵的提升却停止了;人们在智力方面收获过剩,心灵方面却沦丧殆尽。心理健康问题已成为一个“世纪性”的问题,抑郁症已被世界卫生组织称为“世纪病”。精神生活的深度不安折磨着现代社会中最敏感的人,尤其是青年学生,面对社会竞争的压力,在学习、生活、人际交往、自我意识和升学就业等问题上,他们苦闷、孤独、焦虑、冷漠,甚至精神崩溃,自杀、杀人等恶性事件时有发生。这使得高校心理健康教育不得不从质上入手,改善心理健康教育的手段与措施,通过课程设置、普及知识、心理测量、心理咨询等方式,使大学生养成心理健康的科学观念,学会心理调节的基本技巧,最终形成良好的心理素质。

开设大学生心理健康指导课程有利于从根本上大面积提高学生的心理健康水平。解决学生心理问题的根本途径是通过开设课程让学生系统掌握心理健康的基本知识及心理调节的基本技巧,预防心理问题的产生与蔓延。为此,本教材编写组在长期教学实践的基础上,编写了《大学生心理健康指导》一书。本书具有以下特点:

一是操作性强,适合进行体验式教学。本书每章都包括心理测试的指导、心理活动的指导、心理案例及评析三部分实践性较强的内容,学生可以在老师的指导下进行操作性练习,从而获得体验,产生感悟。这种教学方式不仅能激发学生的学习积极性,而且比仅传授理论知识效果更好。

二是内容精练。当前,绝大多数高校都开设了大学生心理健康教育课程,但课时较少,而目前市面上已有的《大学生心理健康教育》教材内容太多,不太能适应教学的实际情况。本书有针对性地精选了7个主题作为教材的主要内容,分别是:大学生自我意识的指导、大学生情绪调节的指导、大学生交往心理的指导、大学生学习心理的指导、大学生恋爱心理的指导、大学生挫折心理与应对的指导、大学生生涯规划的指导。

三是能拓宽学生的视野。本书每章都安排了一节心理知识链接。在这部分内容中,编者通过心理故事、心灵美文、哲理短文等,收集了大量与情绪调控、自我成长、挫折应对、学习管理等有关的拓展性知识,不仅能拓宽学生的视野,而且能引发学生深层的思考。

本书由东华理工大学黄勇明担任主编,参加编写工作的还有陈平辉、王一定、邓志军、许惠清、刘桂辉、张霞、郑小琴等同志。其中黄勇明编写了引论和第一章,邓志军编写了第二章,许惠清编写了第三章,张霞编写了第四章,王一定编写了第五章,郑小琴编写了第六章,刘桂辉编写了第七章,陈平辉教授对全书进行了审阅。在编写的过程中,我们引用了一些同行专家的研究成果,在此表示感谢!

本书既可以用作大学生心理健康教育课程的教材,也可以用作大学生心理健康教育的自助读物,适合大学生、高校心理健康教育教师、高校学生工作人员、高校管理人员以及相关工作者阅读和参考。

编　者

2019 年 3 月

目　　录

引论　大学生心理健康概述 ……………………………………… 1

第一章　大学生自我意识的指导 ………………………………… 19

　　第一节　理论知识的指导 …………………………………… 19

　　第二节　心理测试的指导 …………………………………… 26

　　第三节　心理活动的指导 …………………………………… 30

　　第四节　心理案例及评析 …………………………………… 35

　　第五节　心理知识链接 ……………………………………… 40

第二章　大学生情绪调节的指导 ………………………………… 49

　　第一节　理论知识的指导 …………………………………… 49

　　第二节　心理测试的指导 …………………………………… 65

　　第三节　心理活动的指导 …………………………………… 69

　　第四节　心理案例及评析 …………………………………… 72

　　第五节　心理知识链接 ……………………………………… 75

第三章　大学生交往心理的指导 ………………………………… 83

　　第一节　理论知识的指导 …………………………………… 83

　　第二节　心理测试的指导 …………………………………… 89

　　第三节　心理活动的指导 …………………………………… 92

　　第四节　心理案例及评析 …………………………………… 95

　　第五节　心理知识链接 ……………………………………… 100

第四章　大学生学习心理的指导 ………………………………… 109

　　第一节　理论知识的指导 …………………………………… 109

第二节　心理测试的指导 …………………………………… 116

第三节　心理活动的指导 …………………………………… 121

第四节　心理案例及评析 …………………………………… 127

第五节　心理知识链接 ……………………………………… 130

第五章　大学生恋爱心理的指导 …………………………… 139

第一节　理论知识的指导 …………………………………… 139

第二节　心理测试的指导 …………………………………… 151

第三节　心理活动的指导 …………………………………… 157

第四节　心理案例及评析 …………………………………… 161

第五节　心理知识链接 ……………………………………… 167

第六章　大学生挫折心理与应对的指导 …………………… 176

第一节　理论知识的指导 …………………………………… 176

第二节　心理测试的指导 …………………………………… 188

第三节　心理活动的指导 …………………………………… 189

第四节　心理案例及评析 …………………………………… 192

第五节　心理知识链接 ……………………………………… 197

第七章　大学生生涯规划的指导 …………………………… 202

第一节　理论知识的指导 …………………………………… 202

第二节　心理测试的指导 …………………………………… 218

第三节　心理活动的指导 …………………………………… 227

第四节　心理案例及评析 …………………………………… 231

第五节　心理知识链接 ……………………………………… 235

参考书目 ……………………………………………………… 240

引论　大学生心理健康概述

随着社会的进步和科技的发展,人们的健康观也发生了根本性的转变,从单纯关注躯体健康,到把健康视为"躯体健康、心理健康、社会适应良好、道德健康"。新的健康观更加强调心理与生理、自然与社会的和谐状态。随着人们健康观念的变化,心理健康被提到了越来越重要的地位。加强心理健康教育,提高全民的心理素质和心理健康水平,既是人类完善自我、发展自我的需要,也是加强公民道德建设、建设和谐社会的需要。大学生风华正茂,是祖国的未来、民族的希望,肩负着祖国未来的发展和建设的重任,而这一切的实现都要求当代大学生必须具备良好的心理素质。因此,加强大学生心理健康教育尤为重要。

一、心理健康的含义

古今中外的心理学家们对心理健康进行了长期的艰苦探索,对其含义给予了不同的表述。心理学家英格利希(H. B. English)指出:"心理健康是指一种持续的心理状态,当事者在那种状态下,能做良好的适应,具有生命的活力,而且能充分发挥其身心的潜能,这乃是一种积极的状态,不仅仅是免于心理疾病而已。"精神病学家门宁格(K. Menniger)认为:"心理健康是指人们对于环境及相互之间具有最高效率及快乐的适应情况。"心理健康者应能保持稳定的情绪、敏锐的观察力、适于社会环境的行为和愉快的心态。第三届国际心理卫生大会(1946年)认为:心理健康是指在身体、智能以及情感上能保持同他人的心理不相矛盾,并将个人心境发展成为最佳的状态。

1982年,世界卫生组织提出了健康的新概念,认为健康包括人的生理(躯体)健

1

康、心理健康、社会适应良好以及道德健康。所谓心理健康，从广义上讲是指一种高效而满意的、持续的心理状态；从狭义上讲是指生活在一定社会环境中的个体，在高级神经活动功能正常的前提下，智力正常、情绪稳定、行为适度、协调一致、顺应社会，具有协调关系和适应环境的能力，能充分发挥身心潜能。心理健康不仅指没有心理病态或变态，而且个体在身体上、心理上以及社会行为上都能保持良好的、持续的心理状态。因此，心理健康有生理、心理和社会行为三个方面的意义。从生理上看，一个心理健康的人，其身体状况特别是中枢神经系统应当是没有疾病的，其功能应在正常范围之内，没有不健康的特质遗传。脑是心理的器官，心理是脑的机能。健康的身体特别是健全的大脑乃是健康心理的基础。只有具备健康的身体，个人的情感、意识、认知和行为才能正常工作。从心理上看，一个心理健康的人，不仅各种心理功能系统正常，而且对自我通常持有肯定的态度，能有自知之明，清楚自己的潜能、长处和缺点，并发展自我。现实中的自我既能顾及生理需求，又能顾及社会道德要求，能面对现实问题，积极调适，有良好的情绪感受和心理适应能力。从社会行为上看，一个心理健康的人，能有效地适应社会环境，妥善地处理人际关系，其行为符合生活环境中的文化常规模式而不离奇古怪，角色扮演符合社会要求，与社会保持良好的接触，且能对社会有所贡献。

二、心理健康的标准

（一）国外关于心理健康的标准

心理健康的标准问题，是一直受到人们关注的问题，许多专家都对此有过研究和论述。

1946 年第三届国际心理卫生大会曾把心理健康的标准拟定为："①身体、智力、情绪十分调和；②适应环境，人际关系中彼此能谦让；③有幸福感；④在工作和生活中，能充分发挥自己的能力，过有效率的生活。"

美国著名心理学家马斯洛（Maslow）和麦特曼（Mittelmann）在 20 世纪 50 年代

初提出了心理健康的10条标准：①有充分的自我安全感；②能充分了解自己，并能恰当估量自己的能力；③生活理想，切合实际；④不脱离周围现实环境；⑤能保持人格的完整和谐；⑥善于从经验中学习；⑦保持良好的人际关系；⑧能适度地宣泄情绪和控制情绪；⑨在符合团体要求的情况下，能有限度地发挥个性；⑩在不违背社会规范的前提下，能适当地满足个人的基本需求。

（二）我国学者关于心理健康的标准

我国多数学者认为心理健康的标准是：

（1）智力正常。一般智商在80分以上。这是人们学习、生活与工作的基本心理条件，也是适应周围环境变化所必需的心理保证。

（2）情绪健康。其标志是情绪稳定和心情愉快。包括：乐观开朗，富有朝气，对生活充满希望；情绪较稳定，善于调节与控制自己的情绪；情绪反应与环境相适应。

（3）意志健全。在各种活动中都有自觉的目的性，能适时地做出决定并运用切实有效的方法解决所遇到的问题；在困难和挫折面前，能采取合理的反应方式；能在行动中控制情绪和行为，而不是行动盲目、畏惧困难、顽固执拗。

（4）人格完整。人格是个体比较稳定的心理特征的总和。人格完整是指有健全统一的人格，即个人的所想、所说、所做协调一致，具有正确的自我意识，能以积极进取的人生观作为人格核心，并以此为中心把自己的需要、目标和行动统一起来。

（5）自我评价正确。这是心理健康的重要条件。个人要学会自我观察、自我认定、自我判断；能做到自尊、自强、自制、自爱；能正视现实，积极进取。

（6）人际关系和谐。其表现为：乐于与人交往，能用尊重、信任、友爱、宽容、理解的态度与人相处，能分享、接受与给予爱和友谊，能与集体保持协调的关系。

（7）社会适应正常。个体和客观现实环境保持良好的秩序。个体能客观地认识现实环境，以有效的办法应对环境中的各种困难，能根据环境的特点和自我意识的情况努力进行协调，改善环境以适应个体需要，从而改造自我适应环境。

（8）心理行为符合年龄特征。不同年龄有不同的心理行为，心理健康者应具有与多数同龄人相符合的心理行为特征,如果严重偏离,就是不健康的表现。

(三)运用心理健康标准的注意事项

值得注意的是,心理健康的标准是相对的。我们在理解和运用心理健康的标准时,应注意以下几点:

(1)一个人是否心理健康与一个人是否有不健康的心理和行为并非完全是一回事。判断一个人的心理健康状况,不能简单地根据一时一事下结论。心理健康状况是指较长一段时间内持续的心理状态,一个人偶尔出现一些不健康的心理和行为,并不意味着这个人就心理不健康(或心理变态),而要视具体情况而定。

(2)人的心理健康水平可以分为不同的等级,是一个从健康到不健康的连续状态,在健康状态与不健康状态之间有一个较长的过渡阶段。一般来说,心理正常与异常并无确定的界线,只是程度的差异而已。

(3)心理健康状况并非是固定不变的,而是一个动态的变化过程,既可能从不健康转变到健康,也可能从健康转变为不健康。随着人的成长,经验的积累,环境的改变,心理健康状况也会有所变化。因此,心理健康与否只能反映一个人某一段时间内的固定状态,并不是他一生的状态。

(4)心理健康的标准无论是哪种表述,都是一种理想的尺度。它不仅为我们提供了衡量是否健康的标准,而且为我们指明了提高心理健康水平的努力方向。

(5)个体心理健康的基本标准是能够有效地进行工作、学习和生活。如果正常的工作、学习和生活都难以维持和保证,就应该引起注意,及时调整自己。

三、大学生心理健康的意义

(一)健康的心理是大学生学习科学文化知识的基本前提,也是大学生顺利成才的重要保证

和以往的大学生相比,当代大学生处在一个竞争更加激烈、使命和责任更加重

大、社会期望值更高的社会环境中,面临的压力自然也会大一些。加之,大学生处在18～22周岁的年龄段,身心发展尚未完全成熟,世界观、人生观、价值观尚未定型。他们成长在改革开放和加快社会主义现代化建设的新时期,物质条件较以往要优越,但由于缺乏社会生活的锻炼和磨砺,心理承受力比较脆弱,看待和处理问题容易简单化、情绪化,在各种压力和问题面前容易心理失衡。有调查表明,高校学生的心理健康水平略低于社会一般人群,是心理疾病的易发、高发群体,高发期是大学一、二年级和四年级。近年来,全国高校学生中因心理疾病导致的变态、杀人、自杀、自残等已占到学生休学、退学、刑事处分、意外死亡因素的1/3。尽管这些情况目前只发生在少数学生身上,但至少说明了这样一个道理:健康的心理是大学生正常学习科学文化知识的一个基本前提,也是大学生顺利成才的重要保证。

(二)健康的心理是大学生综合素质构成的一个重要方面,又对其他方面的素质塑造产生重要影响

我们所谈的综合素质一般包括思想道德素质、科学文化素质、身体素质、心理素质、审美素质。这五方面素质之间是相互联系、相互渗透、相辅相成的。片面强调其中某一方面而忽视其他方面,或强调其他方面忽视其中某一方面,都会造成学生综合素质的缺失。那么,良好的心理素质对其他方面的素质塑造有什么样的影响呢?

(1)有利于大学生形成良好的思想道德素质。人的思想道德素质的形成,从根本上说,是人的思想道德意识和思想道德行为两个方面互动的结果。前者是思想道德素质形成的内在方面,即心理方面;后者是思想道德素质形成的外在方面,即实践方面。思想道德意识指导思想道德行为,思想道德行为又为思想道德意识的升华提供丰富的材料,两者互动,促使人的思想道德水平不断提高。思想道德素质的内在方面,即心理方面,又主要表现为欲望、动机、情感和意志四者的总和,是思想道德行为的内在机制。如果其欲望有了明确的价值目标,其动机就有了理性的深思熟虑,其情感就有了正确的善恶认同,其意志就有了坚韧性和自觉性,那其思

想道德行为就会比较符合社会基本的道德准则和价值规范,也就容易形成良好的思想道德素质。

(2)有利于大学生学好科学文化知识,掌握服务祖国和人民的本领。在科学技术发展日新月异的今天,知识的积累速度加快,知识更新的速度也在加快,对大学生学习的内容在数量、质量上提出了更高更严的要求。学习本身和心理活动的联系极为密切。学习效果如何,与学习过程中人的精神状态、心理状态关系密切。如果大学生在学习过程中伴有"心事",就会阻碍正常的智力活动,记忆力、思维力、兴趣力、判断力、意志力、创新力等都会下降,导致学习效果不佳。如果长时间处于焦虑、烦躁、紧张、怨恨、忧伤、抑郁状态中,恐怕连正常的上课、自习都难以进行。

(3)有利于大学生身体素质的提高。现代医学研究表明,人的心理状况对人的生理健康的影响很大,由心理因素引发的生理疾病越来越多。目前大学生中因心理问题而引发的睡眠障碍、饮食障碍、运动障碍等严重损害了他们的身体健康,给正常的学习、交往、生活带来了不利的影响。不仅如此,心理健康状况还对大学生的气质修养有重要影响。因此,保持健康的心理,对于维护大学生的生理健康、提高身体素质、塑造良好的气质形象都有不可忽视的作用。

(4)有利于大学生审美素质的提高。美育的基本任务是培养学生正确的审美观点,提高学生的审美能力和创造美的能力。而良好的心理素质是感受美、欣赏美和创造美的前提和基础。因此,想要提高大学生的审美素质,保持健康的心理是必不可少的基础环节。

(三)健康的心理是大学生适应社会、成就事业的心理基础

当今世界,综合国力的竞争日趋激烈。世界各国为了在经济、政治、科技、军事的竞争中处于有利地位,纷纷将注意力放在了人才的培养上。因为经济、政治、科技、军事的竞争归根结底是人才的竞争,而人才的竞争归根结底又是人才素质的竞争。在人的所有素质中,心理素质处于重要的基础地位。特别是在一些高风险、强对抗的领域,对人的心理素质的要求更高。

　　我国虽然已经迈入了高等教育大众化的阶段,但有机会上大学的人仍然占我国总人口中的较少一部分。我们必须从中华民族的伟大复兴和社会主义现代化建设的战略高度,来认识大学生心理健康教育的问题。

四、大学生心理健康的自我维护

　　(一)满意的心境,积极的心态

　　心境,即我们平时所说的心情。心境对人的生活、工作和学习有很大的影响,而且会直接影响人的心理健康。心理健康的大学生,对自己的生活学习和人际关系现状总有一种比较满意的感觉,也自觉有足够的能力应付周围的环境,努力学习,积极实践,笑对生活,自尊、自信,进而获得成功的喜悦。这种满意的心境主要来源于较高的精神修养,与客观环境、生活环境并无直接的关系。人只要抱有满意的心境、积极的心态,那么无论是处于顺境还是逆境,都能随遇而安,积极寻找事业的乐趣,发掘生活的光明面。正如苏轼所说:"凡物皆有可观。苟有可观,皆有可乐,非必怪奇伟丽者也。"所以说,凡事都在于你怎么看,以什么样的心态去看。成功学始祖拿破仑·希尔(Napoleon Hill)曾说过,一个人能否成功,关键在于他的心态。所以,无论情况好坏,都要抱有积极的心态,不要让沮丧取代热情。生命可以价值很高,也可以一无是处,关键看你怎么选择。其实,成功者与失败者的差别主要在于成功者总是选择积极的心态,而失败者则运用消极的心态去面对人生;成功者总是喜欢用积极的思考、乐观的精神和丰实的经验支配和控制自己的人生,而失败者总是为过去的种种失败与疑虑所支配,他们悲观失望,消极颓废,最终再次走向失败。有些人总是说,他们现在的情况是别人造成的,自己是无能为力的。说到底,如何看待人生,是由我们自己决定的。正如纳粹德国某集中营的一位幸存者维克托·弗兰克尔(Viktor E. Frankl)所说:"在任何特定的环境中,人们还有一种最后的自由,就是选择自己的心态。"可以说,积极的心态无论对于健康还是事业成功,均有重要的作用。

（二）正视现实，适应环境

我们每个人在这个世界上生活，总是处在一定的社会组织和经济组织之中，也就是处在某一个具体的环境之中。这其中虽有变化，但不过是从一个环境到另一个环境之中。你可以想办法改善环境，但你不可能超脱自己所处的环境，就像我们每个人不可能超脱地球的引力一样。所以，对于你所处的环境，不论好坏，首先就要适应它。我们不论处于什么样的环境中，都要学会正视现实，对我们无法改变的事实就要接受，即使身处逆境，也不必怨天尤人，大惊小怪。要知道任何社会环境中都有人活得不如意，所以不要抱怨社会不公，环境不好，生活没劲，自己条件不好，自己得到的太少……这是在用一种脱离实际、歪曲事实的非理性的思维方式对待环境与条件的局限。实际上，任何环境和条件都有其两重性，既不会一切都好，也不会一无是处。当然正视现实，适应环境，并不等于被动地适应，更不等于放弃发展。正视现实就是应以较为客观、全面、公允、不主观、不偏执的态度对待周围的事物，不能脱离现实来谈自己的发展。适应环境是指对于那些不可改变的事实就应勇敢地面对、适应和接受，而不是抱怨、绝望和放弃。要做到这一点就要把适应环境、接受现实看作是理所当然、合乎规律的事情，而不是个人的命运、能力问题。因此，当我们面对一些特定的环境时，就应当理智、客观、全面地分析哪些条件是自己可以利用的，哪些是可以改变的。可以利用、可以改变的就为己所用，改变不了的就要敢于面对，接受、适应并学会在夹缝中成长。对于环境，我们只有先适应，才能找到可以突破其局限的夹缝，正如马克思所说在框架的限制中寻求自由。由此，大学生应把自己放在社会的大环境中来为自己的发展定位，一旦发现自己的需要和愿望与社会的需要规则、集体的利益等发生冲突，就要重新考虑修改自己的计划，以谋求真正的有效发展。

（三）悦纳自己，自尊自爱

俗话说，人贵有自知之明。在成功的道路上，有时我们缺乏的不是机遇而是

"自知之明"。一个人只有正确地认识自己,才能在人生的坐标系上找准自己的位置,进而才能确定发展的方向,才能谈得上生活的美好和事业的成功。所以,一个人应对自己有正确的认识和估计,了解自己的优缺点。"天生我才必有用",这就要求我们在正确认识自己的基础上,还要悦纳自己。尺有所短,寸有所长,一个人既不能狂妄自大,也不能妄自菲薄,要自尊、自信。只要把自己的价值和潜能充分地发挥出来,就是成功者。虽然人无完人,但人应该有这样一个清楚的认识:某些消极因素属于你,但这并不等于你本身就是一个错误。一个人应学会扬长避短,因为你的长处才是你发展的根基。

(四)建立和谐的人际关系

一位哲人说过,人生的旅程是在别人的扶持下走完的。是的,一个人的生存与发展是离不开与其有着直接或间接关系的人的生存与发展的。我们从出生的那一天起,就被卷入了一个纷繁复杂的人际世界。因此,正常的人际交往和良好的人际关系都是维系心理正常发展、个性保持健康和生活具有幸福感的必要前提。因此,有人说:"人生的美好是人情的美好,人生的丰富是人际关系的丰富。"医学心理学家丁瓒曾说过:所有的心理适应不良均来自人际关系的适应不良。在大学里,同宿舍舍友之间的心理交往状况往往决定了一个大学生对大学生活是否满意。那些生活在没有形成友好、合作、融洽的心理交往氛围里的大学生常常显示出压抑、反感、自我防卫、难以合作的特点,对生活的满意程度较低;而在人际关系比较融洽的宿舍里生活的大学生常常表现出愉快、轻松、健康向上的心态,在行为上也注重学习和成就,乐于与人交往和帮助别人。由此看来,良好的人际关系环境对个人健康发展是至关重要的。而且,良好的人际关系还有助于提高大学生的自信、自尊,降低挫折感,缓解内心的苦闷,宣泄压抑在心中的烦恼和恐惧。因此,每个大学生都应努力建立一个和谐的人际关系环境。心理学家的研究表明,那些心理健康水平高,有着良好人际关系的大学生,他们都有着一系列积极交往和建立良好人际关系的个性特点,如友好、可靠、替别人着想、温和、诚挚、善良、信任别人等。我们认为,人际交往的一个重要原则就是"我心换你心"。与其抱怨人心不古,不如尽自己所能帮助别人,学会沟通,理解别人也让别人理解自己。这样做,一定会收获良好和谐的人际关系。

（五）正确对待挫折

俗话说"不如意事常八九",遇到挫折在所难免。所以,万事如意只是人们的美好愿望。大学生在生活、学习、追求理想和抱负的过程中,由于种种主客观因素的限制,往往会出现不如意的事情。例如,有些大学生的社会成熟度较低,情绪和情感不稳定,认识片面,自尊心与好胜心过强,理想浪漫,思想偏激,世界观不稳定,挫折忍受力较低,就不可避免地会遇到各种心理挫折,引起或大或小的心理冲突。其实,遭遇挫折、冲突压力也并非坏事。孟子曾说:"天将降大任于斯人也,必先苦其心志,劳其筋骨,饿其体肤,空乏其身,行拂乱其所为,所以动心忍性,增益其所不能。"可见,问题不在于挫折本身,而在于人们对待挫折的态度。那么应如何对待挫折,缓解心理压力呢？对此必须有一个正确的态度,即"不悲哀,不嘲笑,不怨天尤人,而只是理解",这是斯宾诺莎说过的一句名言,可作为我们面对生活中的挫折、压力时的一则座右铭。只有当我们把挫折与不幸看作是生活的一部分时,在遇到挫折和压力时才能正确对待,坦然面对。有一句西方谚语说:幸福和不幸犹如一根棍子的两端。一旦你拿起了生活这根"棍子",也就同时拿起了愉快和烦恼,幸福与不幸。因此,任何人都不能只要求幸福,而完全回避不幸。这样的认识和态度,能够帮助我们坦然面对挫折,应付心理压力,从而正视挫折,把挫折当成经验的积累、前进的阶梯,而不至于因为害怕挫折、害怕失败而束手不干,安于现状。

心理测试

下面是对你可能存在的一些感受的描述,请仔细阅读每一条,然后根据最近一个星期以内你的实际感觉,选择最符合你的一项描述。如果题目中所描述的感受在你身上没有出现过,请选择 A;如果题目中描述的感受在你身上很轻,请选择 B;

如果题目中描述的感受在你身上一定程度地出现,请选择 C;如果题目中描述的感受在你身上比较严重地出现,请选择 D;如果题目中描述的感受在你身上非常严重地出现,请选择 E。

1. 头痛

A. 没有　　　　B. 很轻　　　　C. 中等　　　　D. 偏重　　　　E. 严重

2. 神经过敏,心中不踏实

A. 没有　　　　B. 很轻　　　　C. 中等　　　　D. 偏重　　　　E. 严重

3. 头脑中有不必要的想法或字句在盘旋

A. 没有　　　　B. 很轻　　　　C. 中等　　　　D. 偏重　　　　E. 严重

4. 头昏或昏倒

A. 没有　　　　B. 很轻　　　　C. 中等　　　　D. 偏重　　　　E. 严重

5. 对异性的兴趣减退

A. 没有　　　　B. 很轻　　　　C. 中等　　　　D. 偏重　　　　E. 严重

6. 对旁人求全责备

A. 没有　　　　B. 很轻　　　　C. 中等　　　　D. 偏重　　　　E. 严重

7. 感到别人能控制你的思想

A. 没有　　　　B. 很轻　　　　C. 中等　　　　D. 偏重　　　　E. 严重

8. 责怪别人制造麻烦

A. 没有　　　　B. 很轻　　　　C. 中等　　　　D. 偏重　　　　E. 严重

9. 忘性大

A. 没有　　　　B. 很轻　　　　C. 中等　　　　D. 偏重　　　　E. 严重

10. 担心自己的衣饰整齐及仪态的端正

A. 没有　　　　B. 很轻　　　　C. 中等　　　　D. 偏重　　　　E. 严重

11. 容易烦恼和激动

A. 没有　　　　B. 很轻　　　　C. 中等　　　　D. 偏重　　　　E. 严重

12. 胸痛

A. 没有　　　　B. 很轻　　　　C. 中等　　　　D. 偏重　　　　E. 严重

13. 害怕空旷的场所或街道

A. 没有　　　　B. 很轻　　　　C. 中等　　　　D. 偏重　　　　E. 严重

14. 感到自己的精力下降,速度减慢

A. 没有　　　　B. 很轻　　　　C. 中等　　　　D. 偏重　　　　E. 严重

15. 想结束自己的生命

A. 没有　　　　B. 很轻　　　　C. 中等　　　　D. 偏重　　　　E. 严重

16. 听到旁人听不到的声音

A. 没有　　　　B. 很轻　　　　C. 中等　　　　D. 偏重　　　　E. 严重

17. 发抖

A. 没有　　　　B. 很轻　　　　C. 中等　　　　D. 偏重　　　　E. 严重

18. 感到大多数人都不可信任

A. 没有　　　　B. 很轻　　　　C. 中等　　　　D. 偏重　　　　E. 严重

19. 胃口不好

A. 没有　　　　B. 很轻　　　　C. 中等　　　　D. 偏重　　　　E. 严重

20. 容易哭泣

A. 没有　　　　B. 很轻　　　　C. 中等　　　　D. 偏重　　　　E. 严重

21. 同异性相处时感到害羞不自在

A. 没有　　　　B. 很轻　　　　C. 中等　　　　D. 偏重　　　　E. 严重

22. 感到受骗、中了圈套或有人想抓住自己

A. 没有　　　　B. 很轻　　　　C. 中等　　　　D. 偏重　　　　E. 严重

23. 无缘无故地突然感到害怕

A. 没有　　　　B. 很轻　　　　C. 中等　　　　D. 偏重　　　　E. 严重

24. 自己不能控制地大发脾气

A. 没有　　　　B. 很轻　　　　C. 中等　　　　D. 偏重　　　　E. 严重

25. 怕单独出门

A. 没有　　　　B. 很轻　　　　C. 中等　　　　D. 偏重　　　　E. 严重

26. 经常责怪自己

A. 没有　　　　B. 很轻　　　　C. 中等　　　　D. 偏重　　　　E. 严重

27. 腰痛　.

A. 没有　　　　B. 很轻　　　　C. 中等　　　　D. 偏重　　　　E. 严重

28. 感到难以完成任务

A. 没有　　　　B. 很轻　　　　C. 中等　　　　D. 偏重　　　　E. 严重

29. 感到孤独

A. 没有　　　　B. 很轻　　　　C. 中等　　　　D. 偏重　　　　E. 严重

30. 感到苦闷

A. 没有　　　　B. 很轻　　　　C. 中等　　　　D. 偏重　　　　E. 严重

31. 过分担忧

A. 没有　　　　B. 很轻　　　　C. 中等　　　　D. 偏重　　　　E. 严重

32. 对事物不感兴趣

A. 没有　　　　B. 很轻　　　　C. 中等　　　　D. 偏重　　　　E. 严重

33. 感到害怕

A. 没有　　　　B. 很轻　　　　C. 中等　　　　D. 偏重　　　　E. 严重

34. 感到自己的感情容易受到伤害

A. 没有　　　　B. 很轻　　　　C. 中等　　　　D. 偏重　　　　E. 严重

35. 感觉旁人能知道自己私下的想法

A. 没有　　　　B. 很轻　　　　C. 中等　　　　D. 偏重　　　　E. 严重

36. 感到别人不理解自己或不同情自己

A. 没有　　　　B. 很轻　　　　C. 中等　　　　D. 偏重　　　　E. 严重

37. 感到别人对自己不友好,不喜欢自己

A. 没有　　　　B. 很轻　　　　C. 中等　　　　D. 偏重　　　　E. 严重

38. 做事必须做得很慢以保证做得准确

A. 没有   B. 很轻   C. 中等   D. 偏重   E. 严重

39. 心跳得很厉害

A. 没有   B. 很轻   C. 中等   D. 偏重   E. 严重

40. 恶心或胃部不舒服

A. 没有   B. 很轻   C. 中等   D. 偏重   E. 严重

41. 感到比不上他人

A. 没有   B. 很轻   C. 中等   D. 偏重   E. 严重

42. 肌肉酸痛

A. 没有   B. 很轻   C. 中等   D. 偏重   E. 严重

43. 感到有人在监视自己、谈论自己

A. 没有   B. 很轻   C. 中等   D. 偏重   E. 严重

44. 难以入睡

A. 没有   B. 很轻   C. 中等   D. 偏重   E. 严重

45. 做事必须反复检查

A. 没有   B. 很轻   C. 中等   D. 偏重   E. 严重

46. 难以做出决定

A. 没有   B. 很轻   C 中等   D. 偏重   E. 严重

47. 怕乘公共交通工具

A. 没有   B. 很轻   C. 中等   D. 偏重   E. 严重

48. 呼吸有困难

A. 没有   B. 很轻   C. 中等   D. 偏重   E. 严重

49. 一阵阵发冷或发热

A. 没有   B. 很轻   C. 中等   D. 偏重   E. 严重

50. 因为感到害怕而避开某些东西、场合或活动

A. 没有   B. 很轻   C. 中等   D. 偏重   E. 严重

51. 脑子变空了

A. 没有　　　　B. 很轻　　　　C. 中等　　　　D. 偏重　　　　E. 严重

52. 身体发麻或刺痛

A. 没有　　　　B. 很轻　　　　C. 中等　　　　D. 偏重　　　　E. 严重

53. 喉咙有哽噎感

A. 没有　　　　B. 很轻　　　　C. 中等　　　　D. 偏重　　　　E. 严重

54. 感到前途没希望

A. 没有　　　　B. 很轻　　　　C. 中等　　　　D. 偏重　　　　E. 严重

55. 不能集中注意力

A. 没有　　　　B. 很轻　　　　C. 中等　　　　D. 偏重　　　　E. 严重

56. 感到身体某一部分软弱无力

A. 没有　　　　B. 很轻　　　　C. 中等　　　　D. 偏重　　　　E. 严重

57. 感到紧张或容易紧张

A. 没有　　　　B. 很轻　　　　C. 中等　　　　D. 偏重　　　　E. 严重

58. 感到手或脚发重

A. 没有　　　　B. 很轻　　　　C. 中等　　　　D. 偏重　　　　E. 严重

59. 想到死亡的事

A. 没有　　　　B. 很轻　　　　C. 中等　　　　D. 偏重　　　　E. 严重

60. 吃得太多

A. 没有　　　　B. 很轻　　　　C. 中等　　　　D. 偏重　　　　E. 严重

61. 当别人看着自己或谈论自己时感到不自在

A. 没有　　　　B. 很轻　　　　C. 中等　　　　D. 偏重　　　　E. 严重

62. 有一些不属于自己的想法

A. 没有　　　　B. 很轻　　　　C. 中等　　　　D. 偏重　　　　E. 严重

63. 有想打人或伤害他人的冲动

A. 没有　　　　B. 很轻　　　　C. 中等　　　　D. 偏重　　　　E. 严重

64. 醒得太早

A. 没有　　　　B. 很轻　　　　C. 中等　　　　D. 偏重　　　　E. 严重

65. 必须反复洗手、清点数目或触摸某些东西

A. 没有　　　　B. 很轻　　　　C. 中等　　　　D. 偏重　　　　E. 严重

66. 睡得不稳不深

A. 没有　　　　B. 很轻　　　　C. 中等　　　　D. 偏重　　　　E. 严重

67. 有想摔坏或破坏东西的冲动

A. 没有　　　　B. 很轻　　　　C. 中等　　　　D. 偏重　　　　E. 严重

68. 有一些别人没有的想法或念头

A. 没有　　　　B. 很轻　　　　C. 中等　　　　D. 偏重　　　　E. 严重

69. 感到对别人神经过敏

A. 没有　　　　B. 很轻　　　　C. 中等　　　　D. 偏重　　　　E. 严重

70. 在商店或电影院等人多的地方感到不自在

A. 没有　　　　B. 很轻　　　　C. 中等　　　　D. 偏重　　　　E. 严重

71. 感到做任何事情都很困难

A. 没有　　　　B. 很轻　　　　C. 中等　　　　D. 偏重　　　　E. 严重

72. 一阵阵恐惧或惊恐

A. 没有　　　　B. 很轻　　　　C. 中等　　　　D. 偏重　　　　E. 严重

73. 感到在公共场合吃东西很不舒服

A. 没有　　　　B. 很轻　　　　C. 中等　　　　D. 偏重　　　　E. 严重

74. 经常与人争论

A. 没有　　　　B. 很轻　　　　C. 中等　　　　D. 偏重　　　　E. 严重

75. 单独一人时情绪很紧张

A. 没有　　　　B. 很轻　　　　C. 中等　　　　D. 偏重　　　　E. 严重

76. 觉得别人对自己的成绩没有做出恰当的评价

A. 没有　　　　B. 很轻　　　　C. 中等　　　　D. 偏重　　　　E. 严重

77. 即使和别人在一起也会感到孤单

A. 没有　　　　B. 很轻　　　　C. 中等　　　　D. 偏重　　　　E. 严重

78. 感到坐立不安,心神不定

A. 没有　　　　B. 很轻　　　　C. 中等　　　　D. 偏重　　　　E. 严重

79. 感到自己没有什么价值

A. 没有　　　　B. 很轻　　　　C. 中等　　　　D. 偏重　　　　E. 严重

80. 感到熟悉的东西变得陌生或不像是真的

A. 没有　　　　B. 很轻　　　　C. 中等　　　　D. 偏重　　　　E. 严重

81. 大叫或摔东西

A. 没有　　　　B. 很轻　　　　C. 中等　　　　D. 偏重　　　　E. 严重

82. 害怕会在公共场合昏倒

A. 没有　　　　B. 很轻　　　　C. 中等　　　　D. 偏重　　　　E. 严重

83. 感到别人想占自己的便宜

A. 没有　　　　B. 很轻　　　　C. 中等　　　　D. 偏重　　　　E. 严重

84. 为一些有关"性"的想法而很苦恼

A. 没有　　　　B. 很轻　　　　C. 中等　　　　D. 偏重　　　　E. 严重

85. 认为自己有过错而应该受到惩罚

A. 没有　　　　B. 很轻　　　　C. 中等　　　　D. 偏重　　　　E. 严重

86. 感到要很快把事情做完

A. 没有　　　　B. 很轻　　　　C. 中等　　　　D. 偏重　　　　E. 严重

87. 感到自己的身体有严重问题

A. 没有　　　　B. 很轻　　　　C. 中等　　　　D. 偏重　　　　E. 严重

88. 从未感到和其他人很亲近

A. 没有　　　　B. 很轻　　　　C. 中等　　　　D. 偏重　　　　E. 严重

89. 感到自己有罪

A. 没有　　　　B. 很轻　　　　C. 中等　　　　D. 偏重　　　　E. 严重

90. 感到自己的脑子有毛病

A. 没有　　　　B. 很轻　　　　C. 中等　　　　D. 偏重　　　　E. 严重

评定方法：本测试按 5 级评分，选择 A 计 1 分，选择 B 计 2 分，选择 C 计 3 分，选择 D 计 4 分，选择 E 计 5 分。90 个题目所得分数之和为总分。总分除以 90（总分/90）为总症状指数，即总均分，用来说明总体上你的心理健康处在 1～5 的哪个等级。阳性项目数是指评分为 2～5 分的项目数，阳性症状痛苦水平是指总分除以阳性项目数（总分/阳性项目数）。

本测试还可以统计因子分，以进一步了解心理健康问题的具体表现及严重程度。

该测试共有 10 个因子，包括躯体化（主要反映主观的躯体不适感）、强迫（主要反映强迫症状）、人际关系敏感（主要反映个人的不自在感和自卑感）、抑郁（主要反映抑郁症状）、焦虑（主要反映焦虑症状）、敌对（主要反映敌对表现）、恐怖（主要反映恐怖症状）、妄想（主要反映猜疑和关系妄想等精神症状）、精神病性（主要反映幻听、被控制感等精神分裂症状）、其他（反映睡眠和饮食等问题）。

如果想对自己的心理健康状况有进一步的了解，建议寻求心理咨询中心专业老师的分析和解释。

第一章　大学生自我意识的指导

在希腊一座古老的神殿上,镌刻着这样一句话:"认识你自己。"中国古语也教导我们:"人贵有自知之明。"你喜欢自己的外表吗? 你满意自己所取得的成绩吗? 你满足自己现在所拥有的一切吗? 你知道自己是个什么样的人吗? 周围的同学是喜欢你还是讨厌你呢? 你对自己的评价是什么样的? 这些问题都是自我意识涉及的范畴。

第一节　理论知识的指导

大学生正处于由不成熟走向成熟、由学校人向社会人转变的心理过渡期。在这个阶段,学会正确认识自己的优点及缺点,并且积极悦纳自我,不断完善自我,培养健全的自我意识,对大学生的成长具有十分重要的意义,关系到大学生能否以自信自强的积极心态迈上人生成功的阶梯。

一、自我意识的含义和作用

自我意识又称自我概念,是人对自己身心状态及对自己同客观世界的关系的认识,是人类特有的反映形式,也是人的心理区别于动物心理的一大特征。

从广义上讲,自我意识是指人对自己的属性、状态、行为、意识活动的认识和体验,以及对自身的情感意志活动和行为进行调节与控制的过程。从狭义上讲,自我意识是一个人对自己的认识和评价,包括对自己心理倾向、个性心理特征和心理过程的认识与评价。人正是由于具有自我意识,才能对自己的思想和行为进行自我控制和调节,从而形成健全的人格。

自我意识在个体发展中有十分重要的意义。首先,自我意识是认识外界客观事物的条件。一个人如果还不清楚自己,也无法把自己与周围相区别,他就不可能认识外界客观事物。其次,自我意识是人具有自觉性、自控力的前提,对自我教育有推动作用。人只有意识到自己是谁,应该做什么的时候,才会自觉自律地去行动。一个人意识到自己的长处和不足,就有助于他发扬优点,克服缺点,取得自我教育积极的效果。最后,自我意识是改造自身主观因素的途径,它使人能不断地自我监督、自我修养、自我完善。可见,自我意识影响着人的道德判断和个性的形成,尤其对个性倾向性的形成更为重要。

二、自我意识的层次和结构

自我意识是一个多维度、多层次的心理系统,不是个别的心理机能。我们可以从以下几方面对自我意识的构建进行解析。

(1)从结构看,自我意识可分为自我认识、自我体验、自我调控。自我认识是认知的一种形式,主要包括个体的自我感觉、自我观察、自我分析和自我评价等内容。如我是什么类型的人、我的言谈举止是否落落大方、我的进取心是否很强等,都是自我认识的内涵。自我体验属于情绪、情感的范畴,主要包括自尊、自信、自卑、自负、自责、自豪感等内容。如我对自己的学习成绩很满意、我因自己的社交能力弱而感到失望等,反映了个体的情绪体验。自我调控是指个体对自己的心理、行为和态度等方面的调节,主要包括自主、自立、自律、自我教育、自我控制等内容。如我如何控制自己的不良情绪、怎样才能成为一个受欢迎的人等。心理学研究表明,每个人的自我意识是由自我认识、自我体验和自我调控三个部分有机组合而成的。三者之间的和谐程度以及与客观现实的吻合程度,决定了个体自我意识的健康状况。

（2）从内容看，自我意识可分为生理自我、社会自我和心理自我。生理自我是最原始的形态，是个人对自己身躯（身高、体重、容貌、身材、性别等）的认识及温饱、饥饿、劳累的感受等；社会自我是个体对自己在社会关系、人际关系中的角色的意识，是对自己在社会生活中所处的经济状况、声誉、威信等方面的自我评价和自我体验；心理自我是对自己心理品质的自我认识和评价，主要包括对自己性格、智力、态度、爱好等的认识和体验。例如，自己的理解力、记忆力是强还是弱，思维是敏捷还是迟钝，做事果断不果断等。

（3）从层次看，上述的生理自我、社会自我和心理自我是一个由低到高的发展序列，而且三者之间是密切联系的。其中每个层次都有不同的自我认识、自我体验和自我控制。这些要素不同的组合方式，形成了不同个体不同的自我意识。

（4）从存在方式看，自我意识可分为现实自我、投射自我和理想自我。现实自我就是个体从自己的立场出发对自己当前总体实际状况的基本看法；投射自我也称镜中自我，是指个体想象自己在他人心目中的形象或他人对自己的基本看法；理想自我是指个体想要达到的比较完美的形象。从自我观念存在的形式来看，现实自我是一种能被人感知到的客观存在，而投射自我和理想自我是在个体大脑中的一种客观存在，容易受到个体的主观因素影响，往往不稳定、易变化。研究表明，当现实自我和投射自我相一致时，个体会产生加快自我发展的倾向；反之，个体会感到别人不理解自己，或试图改变现实自我。当理想自我建立在个体的实际情况基础之上，且符合社会要求和期望时，它就会指导现实自我积极适应并作用于内外环境，从而使自我意识获得快速发展。反之，如果理想自我、现实自我和社会要求三者之间有矛盾，就会引起个体内心混乱，甚至会引发严重的心理疾病。

三、大学生自我意识发展的偏差

处于青年中期的大学生，是个人自我意识发展和确立的关键时期。经过大学生活和教育，大学生的自我意识教育达到了新的水平。他们独立、自尊、自信、好胜，并逐步趋于成熟；然而，也有不少大学生在自我意识发展过程中，由于心理尚未成熟，出现各种发展的偏差。具体表现为以下几方面。

（一）过度的自我接受和自我拒绝

王某，女，20岁，某大学二年级学生，因用卑鄙的手段盗取同学卡上的钱而进了监狱。可这位女生声称她并不难过，因为她是有意这样做的，目的是让自己对未来彻底绝望。她一直都认为自己是一个非常不错的人，无论外表还是能力，她都认为自己是周围人群中的佼佼者，心存宏伟的抱负。可进大学后，面对众多的竞争对手，她的不切实际的梦想一次次被击碎：她在学生干部竞选中受挫，在各类比赛中失利，人际关系紧张。面对这种情况，她不是努力缩小理想自我与现实自我的距离，而是自我放弃，经常逃课。后来，她成了全系最差的学生，以至于无法正常毕业。最后，她采取盗窃这种极端的方式自我毁灭，结束痛苦的挣扎。这是一个由过度自我接受转变为过度自我拒绝的例子。

自我接受亦称自我认可，是指喜欢自己的个性，肯定自己的能力，对自己的才能和局限、长处和短处均能客观评价，不会过多地抱怨和谴责自己。而过度自我接受是把自我接受推向了极端，它主要是由高估自我引起的。有些大学生对自我的肯定评价超越自身的实际情况，拿放大镜看自己的长处，甚至视缺点为优点；相反，他们看不起别人，不喜欢别人，拿放大镜看别人的短处。

自我拒绝亦称自我否定，是指不赞成自己，不喜欢自己，不能容忍自己的缺点和弱点，抱怨和指责自己。自我拒绝在许多大学生身上都会出现，仅在程度上有所不同，那些自卑感强、挫折感强的人则更为明显。而过度的自我拒绝则是严重的、经常的、多方面的自我否定，主要是由严重低估自我引起的。过度自我拒绝者往往有可能由自我否定发展为自我厌弃，甚至走向自我毁灭。

所以，过度自我接受与过度自我拒绝是自我评价不当引起的两个极端，可以从以下几点来调整：一是要树立正确的认知观点，即人有所长亦有所短，有所短也有所长；人既不会事事行，也不会事事不行；一事行不能说事事行，一事不行也不能说事事不行。二是确立合理的评价参照系和立足点。若以弱者为参照则会自大，若以强者为标准则可能会自卑。因而寻找适合自己的评价标准就显得很重要。人应多立足于自己的长处、自己拥有的一切，这会产生良好的感觉，建立起信心，但亦应明了自己的不足。人在困难时应多看到成绩和进步，以提高勇气；在成功时则应多发现缺点以再接再厉。三是培养健康的人格品质，诸如自信而不狂妄，谦虚而不自卑，乐观但不盲目，克己但不过分等。

（二）过强的自尊心、自卑感和虚荣心

李某，男，21岁，某大学三年级学生，上吊自杀身亡。该生学习成绩较好，但性格内向、身体素质差，体育成绩常处于全班最后一名。据班级同学反映，他非常好强，同时也非常敏感，不允许别人议论他，看不起他。一天，全班上体育课，内容是100米跑，两人一组，由于男生的人数为单数，而他又排在最后，老师只好将他和一名女生排在一组，结果他没有跑赢这名女生。这种场面自然引起在场同学的哄笑。从此以后，该生变得更加沉默和孤僻。一天夜晚该生外出未归，第二天早晨发现他已在学校的后山上上吊身亡。不难看出，是过强的自尊心和自卑感杀死了这名学生。

自尊心、自卑感以及虚荣心普遍存在于每一个大学生身上，这是正常的，即使是自卑感和虚荣心这样的消极心理现象，也是难以完全消除的，有时它们也会成为促使人向前的动力。但一旦过分，则有害无益。

自尊心强的人不是认为自己比别人优越，而只是对自己有信心，相信自己能够克服自己的缺点。它不是骄傲、自大或缺乏自我批评的同义词。而过强的自尊心恰恰是认为自己比别人优越，骄傲、自大，缺乏自我批评，而且不允许别人批评，从而唯我独尊，以自我为中心，"老虎屁股摸不得"。这样的人很容易回避缺点，由于缺乏自知之明，易与人发生冲突。

自卑感是对自己不满、鄙视、否定的情感，它往往是自尊心屡屡受挫的结果。没有自尊心也就不会有自卑感，正是因为自尊心的作用，人才会有羞愧、不满、谴

责。然而过强的自卑感又往往以过强的自尊心表现出来。虚荣心也一样，没有自尊心就没有虚荣心，而没有自卑感，也就不必用虚荣心来表现自尊心，虚荣心是自尊心和自卑感的混合物。而虚荣和自卑都是自尊心发展不良的结果。

现实中，过强的自尊心、过重的自卑感与过分的虚荣心这三者是密切相关、相互纠缠的。那些自尊心表现得越外显、强烈的人，往往自卑感很强，虚荣心亦明显。这样的人一般性格内向，情感脆弱，多愁善感，虽然自惭形秽，却又特别害怕别人伤害自己的尊严，过分介意他人的评论与批评，与人交往时总存有一种防御心理，不容许稍有侵犯，且常会千方百计地抬高自己的形象。他们捍卫的往往是虚假的、脆弱的、不健康的自我，并为此消耗了大量的能量，以致无暇来丰富、壮大真实的自我。

过强的自尊心、自卑感和虚荣心都是不健康的心理，会影响大学生的心理发展和人格成熟。要改变这些不良的心理特点，首先，必须对其危害有清醒的认识，有勇气、有决心改变自己；其次，应当努力认识自己，了解自己的长处与短处，扬长避短，并对自己有正确的评价；第三，树立自信和健康的荣誉心，正确地表现自己，不卑不亢；第四，不为外界的议论所左右，正确对待得失，勇于坚持正确，改正错误。

（三）过于以自我为中心和从众心理

随着自我意识的发展，大学生越来越感到自己内心世界的千变万化、独一无二，他们越来越多地把关注的重心投向自我，因而会比较多地从自身的角度考虑问题。尤其是大学生有较强的自信心、自尊心、优越感和独立感，就比较容易出现以自我为中心的倾向。当这种倾向与某些不健康的思想意识（如个人主义、自私自利思想等）结合时，就会表现出过分的、扭曲的自我中心。而过分以自我为中心的人，往往以自我为核心，想问题和做事情都从"我"字出发，不能设身处地进行客观思考，盛气凌人。这种人往往有好处上，有困难退，有错误退，总认为自己对而别人错。

与过分以自我为中心相反，有少数大学生有过强的从众心理。从众是指个人受到外界人群行为的影响,而在自己的知觉、判断、认识上表现出符合公众舆论或多数人的行为方式。从众心理人皆有之,但若过强则会有碍心理发展。有过强从众心理的学生,缺乏主见和独立意向,常人云亦云,随大流,自己不愿思考或懒于思考,遇到问题束手无策。

克服过分自我中心的途径有:一是,树立健康的人生观,自觉地把自己和他人、集体结合起来,走出自我的小天地;二是恰如其分地评价自己,既不低估也不高估,既不妄自菲薄,也不自高自大;三是尊重他人,只有尊重和信任他人才能获得他人的尊重和信任;四是设身处地地从他人的角度思考问题,关心他人,做到"我爱人人,人人爱我"。

要克服过强的从众心理,则应培养和建立自信心,培养独立思考问题的能力,勇于创新,敢于与众不同;加强自我意识,同时确立健康的团体意识,不人云亦云,保持自己的独立性和个性。

（四）过分的独立意向和逆反心理

独立意向是大学生自我意识发展的显著标志之一。然而,大学生在摆脱依赖、走向独立的过程中,有时会"矫枉过正",表现出过分的独立意向、过分的逆反心理。

大学生从家庭来到学校,经历着心理上的"断乳",出现了"第二反抗期",逆反心理便是这一时期对家长、学校和社会的一种抵触情绪。但逆反心理并不是一种盲目的情绪,而是表现他们青年期矛盾心理的一种形式,其实质是为了寻求独立,寻求自我肯定。

逆反心理就其本身而言,有它的两重性:一方面,表明青年人的批判精神、独立意识,但这种批判精神有时会显得不够成熟;另一方面,不少人还不善于确切地把握反抗,即表现出过分的逆反心理,而手段上往往是粗劣的对抗、简单的排斥,情绪成分大,且有时只是为了反抗而反抗,这样会给大学生的健康成长带来消极影响。

为了发挥独立性本身的积极作用,消除过分倾向所带来的消极影响,需要正确地理解独立的含义,做到自主、自立、自尊、自爱、自信、自律,多学多思,提高识别正确与错误的能力,敢于反抗,善于反抗,能客观、正确地对待自己、他人和社会,多接触社会和生活,加速自我社会化和人格成熟。

应该看到,大学生自我意识发展过程中所出现的这样那样的失误、偏离、缺陷,是其心理发展还不成熟的表现,这是由他们的身心发展状况和时代特点决定的,从这个意义上来说,这是正常的。然而,尽管是正常的、普遍的,却又是必须加以调整的。因为只有这样,才能促进大学生心理的发展和成熟,达到自我意识的积极统一。

第二节 心理测试的指导

心理测试一:你自信吗?

请你认真完成下列选择题,并将总分与结果对照,可以从中发现你是不是一个自卑的人,并找到自卑的原因。此测试有助于你走出自卑,树立自信。

1. 与周围人相比,你的身高如何?

A. 相当矮　　　　　　B. 差不多　　　　　　C. 高

2. 早晨照镜子时,第一个念头是什么?

A. 再漂亮点就好了　　B. 想精心打扮一下　　C. 别无他想,无所介意

3. 当你心爱的异性被比你更漂亮的同性追求时,你会怎样?

A. 灰心丧气　　　　　B. 向那异性挑战　　　C. 毫不在乎

4. 老师批过的考卷发下来,你考得不好,朋友要看怎么办?

A. 将考卷藏起来,不给看　　B. 把打分的题目折起来,其余让朋友看

C. 任他们看

5. 如果在某些方面不管如何努力,总是输给竞争对手,你会怎样?

A. 甘愿认输　　　　　B. 继续挑战,并更加努力　C. 在其他方面竞争

6. 看到你的近照,有何想法?

A. 不称心　　　　　　B. 拍得很好　　　　　C. 还算可以

7. 如果能够再次出生,你想选择什么性别?

A. 异性　　　　　　　B. 同性　　　　　　　C. 同性、异性均无所谓

8. 是否想过几年后会有使你不安的事?

A. 常想　　　　　　　B. 没想过　　　　　　C. 偶尔想

9. 被朋友起过绰号,挖苦过吗?

A. 常被　　　　　　　B. 没有过　　　　　　C. 偶尔有

10. 对体育运动,有过"自己不行"的感觉吗?

A. 常有　　　　　　　B. 没有　　　　　　　C. 偶尔有

11. 碰到寂寞和讨厌之事时,你会怎样?

A. 在吃喝玩乐时忘却　B. 陷入深深的烦恼之中　C. 向朋友和父母诉说

12. 你受周围人们的欢迎和爱戴吗?

A. 受　　　　　　　　B. 不受　　　　　　　C. 不知道是否受

13. 有过在某件事上绝不亚于他人的自信吗?

A. 有过几次　　　　　B. 没有过　　　　　　C. 没考虑过

14. 被异性称作"不知趣的蠢东西"时,你会怎样?

A. 不在乎　　　　　　B. 因难过而流泪

C. 回敬:"笨蛋! 没教养!"

15. 如听到朋友在说你喜欢的人的坏话,你会怎样?

A. 断然反驳　　　　　B. 有所担心　　　　　C. 让别人说去

评定方法

1—5题的计分说明:选 A 得 5 分,选 B 得 3 分,选 C 得 1 分。

6—10题的计分说明:选 A 得 5 分,选 B 得 1 分,选 C 得 3 分。

11—15题的计分说明:选 A 得 1 分,选 B 得 5 分,选 C 得 3 分。

结果解释

15～29分：平时没有自卑感，是个自信者，只有进入人才济济的环境时，才会感觉自卑。

30～44分：自卑的原因在于理想过高，不满现状，一心想出人头地，与周围人计较长短胜负，过于追求虚荣。

45～60分：自卑的原因在于信心不足。做事情之前，往往先下自己不行的结论，事实上并非如此。因此，要注意了解周围人们的真实情况。

61～75分：自卑的原因在于性格懦弱。易用消极悲观的眼光看待事物，对自己的体魄和外貌缺乏自信，看不到自己的长处。因此，要更积极主动地看待工作和学习，使自己经历风雨，坚强起来。

心理测试二：你的自我和谐度如何？

下面是一些个人对自己看法的陈述，填答时，请你看清每句话的意思，然后选择一个数字（1代表完全不符合你的情况；2代表比较不符合你的情况；3代表不确定；4代表比较符合你的情况；5代表完全符合你的情况）以代表该句话与你现在对自己的看法相符合的程度，作为该项目的得分。每个人对自己的看法都有其独特性，因此答案是没有对错的，你只要如实回答就行了。

1. 我周围的人往往觉得我对自己的看法有些矛盾。

2. 有时我会对自己在某方面的表现不满意。

3. 每当遇到困难，我总是首先分析造成困难的原因。

4. 我很难恰当表达我对别人的情感反应。

5. 我对很多事情都有自己的观点，但我并不要求别人也与我一样。

6. 我一旦形成对事物的看法，就不会再改变。

7. 我经常对自己的行为不满意。

8. 尽管有时得做一些不愿意的事，但我基本上是按自己意愿办事的。

9. 一件事好是好,不好是不好,没有什么可含糊的。

10. 如果我在某件事上不顺利,我往往会怀疑自己的能力。

11. 我至少有几个知心朋友。

12. 我觉得我所做的很多事情都是不该做的。

13. 不论别人怎么说,我的观点决不改变。

14. 别人常常会误解我对他们的好意。

15. 很多情况下我不得不对自己的能力表示怀疑。

16. 我朋友中有些是与我截然不同的人,但这并不影响我们的关系。

17. 与朋友交往过多容易暴露自己的隐私。

18. 我很了解自己对周围人的情感。

19. 我觉得自己目前的处境与我的要求相距太远。

20. 我很少去想自己所做的事是否应该。

21. 我所遇到的很多问题都无法自己解决。

22. 我很清楚自己是什么样的人。

23. 我能自如地表达我所要表达的意思。

24. 如果有足够的证据,我也可以改变自己的观点。

25. 我很少考虑自己是一个什么样的人。

26. 把心里话告诉别人不仅得不到帮助,还可能招致麻烦。

27. 在遇到问题时,我总觉得别人都离我很远。

28. 我觉得很难发挥出自己应有的水平。

29. 我很担心自己的所作所为会引起别人的误解。

30. 如果我发现自己某些方面表现不佳,总希望尽快弥补。

31. 每个人都在忙自己的事,很难与他们沟通。

32. 我认为能力再强的人也可能遇上难题。

33. 我经常感到自己是孤独无援的。

34. 一旦遇到麻烦,无论怎样做都无济于事。

35．我总能清楚地了解自己的感受。

评定方法

本测试包含三个分量表，各分量表的得分为其包含的项目得分直接相加，三个分量表包含的项目为：

（1）自我与经验的不和谐：

1,4,7,10,12,14,15,17,19,21,23,27,28,29,31,33

（2）自我的灵活性（反向计分）：

2,3,5,8,11,16,18,22,24,30,32,35

（3）自我的刻板性：

6,9,13,20,25,26,34

结果解释

总分越高，自我和谐度越低。在大学生中，低于74分为低分组，75—102分为中间组，103分以上为高分组。

第三节　心理活动的指导

心理活动一：画出你的生命线

准备：白纸一张，彩笔两支，其中一支较鲜艳，一支较暗淡。要用颜色区分心情。

在纸的中部，从左至右画一道长长的横线。然后给这条线加上一个箭头，让它成为一条有方向的线。请你在线条的左侧，写上"0"这个数字，在线条右方（箭头旁边），写上你为自己预计的寿命。可以写68，也可以写100。请你在这条标线的最上方，写上你的名字，再写上"生命线"三个字。这样，游戏的准备工作就基本完成了。

请你按照为自己规定的生命长度，找到你目前所在的那个点。比如你打算活75岁，你现在只有25岁，你就在整个线段的1/3处，留下一个标记。之后，请在你的标记的左边,即代表着过去岁月的那部分,把对你有着重大影响的事件用笔标出来。比如7岁你上学了,你就找到和7岁相对应的位置,填写"上学"这件事。注意:如果你觉得是件快乐的事,你就用鲜艳的笔来写,并要写在生命线的上方。如果你觉得快乐非凡,你就把这件事的位置写得更高些。假如,10岁时,你的祖母去世了,她的离世对你造成了极大的创伤,你就在生命线10岁的位置下方,用暗淡的颜色把它记录下来,创伤越大,写得位置越低。

过去时的部分已经完成,你要看一看,数一数,在影响你的重大事件中,位于横线之上的部分多,还是位于横线之下的部分多?上升和陷落的幅度怎样?最重要的是看你个人对这件事的感受,而不在于世俗的评判。

完成了过去时,我们进入将来时。在你的坐标线上,把你这一生想干的事都标出来。如果有可能尽量把时间注明。视它们带给你的快乐和期待的程度,标在线的上方。

心理活动二:优点轰炸

活动目的:让学生发现自己的优点,增强自信。

材料准备:全班每位同学人手一份"写有自己名字的闪光点"卡片。

活动程序:

1. 今天的活动就是让每个人都得到赞美。请同学们为本组的同学制作优点"炸弹",向本组同学轰炸。

2. "炸弹"格式:某某,我觉得你不错,因为……(写出优点)。

3. 请发现其他同学的优点,表达越准确,轰炸越有力,所以要求写具体的优点而不是套话。

4. 学生6~8人分为一组。每位同学先自行填写"闪光点",然后将卡片交给下一位同学,直到卡片回到主人手里为止。

讨论要点：

1. 通过活动，你是否发现你自己以前所没有发现的优点？

2. 当你听到、看到同学对你优点的轰炸时，你有什么感受？

3. 他们所说的符合你自己吗？

心理活动三：20个我是谁

目的：强化自我认识，促进自我接纳。

1. 操作

(1)写出20句"我是怎样的人"，要求尽量选择一些能反映个人风格的语句，避免出现类似"我是一个男生"这样的句子：

我是一个_____的人。

我是一个_____的人。

……

(2)将陈述的20项内容作下列归类：

A. 身体状况（你的体貌特征，如年龄、身高、体形、是否健康等）。

编号：_____

B. 情绪状况（你常持有的情绪情感，如乐观开朗、振奋人心、烦恼沮丧等）。

编号：_____

C. 才智状况（你的智力、能力情况，如聪明、灵活、迟钝、能干等）。

编号：_____

D. 社会关系状况（与他人的关系，如何和别人应对进退，对他人常持有的态度、原则，如乐于助人的、爱交朋友的、坦诚的、孤独的等）。

编号：_____

E. 其他。

编号：_____

2．解释

（1）分类是为了了解自己对自己各方面的关注和了解程度，某一类项目多，说明你对这方面关注和了解多；某一类项目少或没有，说明你对这方面关注和了解少或根本就没关注、不了解。健全的自我意识应能较为全面地关注和了解自己。

（2）评估你对自己的陈述是积极的还是消极的。在你列出的每句话的后面加上正号（＋）或负号（－）。正号表示"这句话表达了你对自己肯定满意的态度"，负号的意义则相反，表示"这句话表达了你对自己不满意、否定的态度"。看看你的正号与负号的数量各是多少。

如果正号的数量大于负号，说明你的自我接纳状况良好。相反，你的负号将近一半甚至超过一半，这显示你不能很好地接纳自己，你的自尊程度较低。这时你需要内省一番，寻找问题的根源，比如：是否过低地评价了自己？是什么原因使你成为这样？有没有改善的可能？

3．分组交流、班级内分享

将班级成员分成 4～6 人的小组，在组内进行交流，交流对自己的认识，以及对活动的感受。最后，每组派一名代表在班级内进行小组情况交流或个人体会发言。

心理活动四：自我价值提升

认识到你自己的价值，有利于减轻自卑感和对失败的恐惧感。请在一个安静平和、阳光充足的时刻，拿起一支笔和一张纸，静静地思考，记下你在各方面的可取之处，哪怕是很小的事。例如，我的牙齿很整齐、我很少感冒等。

1．我（外貌、体力等方面）的可取之处＿＿＿＿＿＿＿＿＿

2．我具备的良好心理品质＿＿＿＿＿＿＿＿＿

3．我过去曾经做过的比较成功的事＿＿＿＿＿＿＿＿＿

4．我拥有的健康的业余爱好＿＿＿＿＿＿＿＿＿

5．我帮助过的人＿＿＿＿＿＿＿＿＿

6. 我对哪些人来说是比较重要的 _____

7. 回忆家庭生活中的温馨画面 _____

心理活动五：自信心训练

1. 早晨起床,对着镜子中的自己微笑,并大声说:我能,我行,我可以处理好今天所有的事情。

2. 出门后,对见到的每一个人微笑,如果交谈尽可能注视对方。

3. 上课挑前面的位置坐,尽可能接触老师的目光。

4. 挺直腰杆,使自己看起来很有精神。

5. 多看一些名人传记以及一些励志方面的书,联系自己,找出与主人公相似的心理品质,并自我肯定。

6. 睡觉前,在日记本上记录自己一天成功处理好的事情,哪怕是极小的事情。例如,我今天与某某老师勇敢地对视了一次。

心理活动六：画"自画像"

1. 活动目的:通过画"自画像",学生能进一步认识自己,展示一个"内心的我"。通过交流,学生能读懂你、我、他,促进彼此的理解。

2. 活动时间:大约 20 分钟。

3. 活动道具:彩色笔和 A4 大小的白纸。

4. 活动场地:以室内为宜。

5. 活动程序:

(1)主持人发给每位参与者一张 A4 大小的白纸,把彩色笔放于场地中央,供需要者自由取用。

(2)在 10 分钟内,每人在白纸上画一幅"自画像"。

(3)小组内交流"自画像"的含义,同组成员可以提出质疑。

（4）主持人将其中的典型案例做全班分享。

6. 注意事项：

（1）主持人可以暗示大家，"自画像"可以是形象的肖像画，也可以是抽象的比喻画；可以是一种色笔画成，也可以是多种色笔画成。

（2）有的学生会因为自己的绘画技能差而感到为难，主持人要提醒大家本游戏不是绘画比赛，大家画的内容、形式等能形象地反映对自我的认识即可。

（3）主持人寻找典型案例时，可以关注"自画像"的大小、位置、色彩、内容等，还可以关注学生在画"自画像"和交流时的神情。

第四节　心理案例及评析

心理案例一

下面是一位大学一年级女生的自我描述。

"我已步入'花季'的年龄，我究竟是一个什么样的人呢？我很爱美，我总希望自己拥有一个清纯可爱的外表……我希望自己处处整洁干净、有条不紊，有时把自己的房间收拾得出奇干净……我爱一切能表现美的事物……我爱画画、唱歌、听音乐……我是一个理想主义者，妈妈说我是一个过于浪漫的人，我也经常能感受到自己变化不定、波澜起伏的内心情感。我讨厌平庸，我不安于现状，我一定要活得与众不同，因此我对自己要求非常严格……我的学习非常好，我也从不松懈，我想达到的学习目标一定要实现，我也基本上实现了我的学习目标，即使我不喜欢的课程我也努力学习，我要在各门功课中都达到优秀。……我非常敏感，不愿意听别人的批评，即使是非常婉转的意见我也不爱听，有时候甚至有些小心眼，我妒忌总是比我强的人（尤其是女孩），总想超过她，如果不能我就觉得非常不舒服，甚至会有自卑感，这些缺点以后我会努力改正……我认为自己也非常漂亮。我身材苗条，我的气质就像电影明星一样，同时，我也希望我的品质像电影中的一些优秀的女主人公……我愿意和男孩子交往，他们爽朗大方、一点也不小气，不像有些女孩子，小心眼，班级许多男同学也都喜欢与我交往……我还特别喜欢运动，喜欢篮球、排球，我爱听轻音乐，特别是小提琴曲，像《梁祝》，我特别爱听……我有时觉得自己非常成熟，什么都明白，可有时又觉得自己傻傻的。这就是我，我认为我是一个非常好的女孩子，我希望我将来成为一个事业成功的女强人。我不怕世俗的目光，我也相信我能够实现！"

案例分析：

自我描述是常用的研究自我意识发展的方法。

这名学生的自我意识是多维度、多层次的。从结构上看，她的自我意识包含了自我认识、自我体验、自我调控；从内容上看，她的自我意识涵盖了生理自我、社会自我和心理自我；从存在方式看，她的自我意识又分为现实自我、投射自我和理想自我。总体来说，她的自信心比较强，自我评价较高，自我目标比较明确，自我控制能力也比较强。因此，可以说她的自我意识水平较高，心理发展符合她的年龄特点，这种状态对于她的学习、生活、人际交往以及自我成长都有一个良好的促进作用。

心理案例二

一个大二的女生，因长期营养不良全身长满了紫癜，精神不济，学习成绩下降，人际关系紧张。与该女生详细谈话后得知，该生家庭十分贫困，无钱供她读书，她靠做家教挣来的钱除了作为生活费，还要养活一个在读高中的弟弟，因此很自卑，总觉得同学都瞧不起她，感到很痛苦。其实，该生成绩不错，大一时曾获二等奖学金，同学对她评价还可以。可她却固执地认为同学都因她家庭困难而"鄙视"她，最令她苦恼的是没有男生追求她。为了改变现状，她常常连续一个月不吃肉，节约伙食开支，去购买漂亮衣服，甚至买新上市的水果，在寝室吃给别的同学看，以获得同学的羡慕与"尊重"。这样的"牺牲"，并没有让她感觉到自己的处境有任何好转，她反而发现同学投来异样的眼光,心情越来越糟。由于长期节食,她患上了严重贫血,常常头晕目眩,上课注意力难以集中,记忆力减退,学习成绩大滑坡,以致补考多门而成为班上的"困难"学生。烦恼、自卑、懊恼时刻在吞噬着她不甘人后的自尊心,但此时的她已感力不从心。

案例分析:

其实,这样的女生在大学里并不鲜见,只是表现形式与程度不同而已。她们往往由于自我认识的偏差而出现自尊与自卑的矛盾体验。她们为了掩饰自己的自卑,常常拒绝帮助、语言尖刻、防御多疑、封闭自我,就其内心体验而言,是痛苦不堪的。外表的自尊无法欺骗自己真实的内心体验,她们在自卑与自尊的矛盾中挣扎,最后以偏颇的方式来解决问题,使自己越陷越深。如本例中的女生,偏颇地以为穿上几件漂亮衣服,吃点新上市的水果,就能得到同学的尊重。而事实上,在她采取这些在同学看来"可笑"的办法之前,同学们对她的评价还是不错的,是她的自我认识走入了误区,导致了后来的恶性循环。

心理案例三

张某,女,某大学新生。上中学时在班上成绩优良,初中担任班长,高中时担任学习委员,深得老师信任和同学爱戴。但她高考失利,进入了一所与自己理想有差距的大学就学。进入大学后她决心努力奋斗,保持在中学时的优越地位,每每学习到深夜才休息,与班上同学的关系也不太融洽,在班上未担任主要干部。第一学期成绩一般,她情绪非常低落,决心在下一次英语比赛中与其他同学一决高低,挽回面子。但她自己在复习时情绪很不稳定,学习效果不佳,看书时注意力难以集中,读过的东西记不住。为了争一口气,她连连开夜车,造成心动过速和失眠。

案例分析:

这位同学的问题是大学新生自我认识的失调,昔日在中学里辉煌的形象到大学却不受到青睐,导致心理失衡。大学新生入学后,一件非常重要的事情就是要重新定位自己,要改变从前的参照系,重新认识自己,而不能老是按照中学的标准来要求自己、衡量自己。否则很容易导致失望与苦恼,进而丧失信心。要重新认识自己,高估自我易产生自满,导致对现实自我的不满,低估自我容易产生自卑,从而丧失斗志。要做到客观地根据自己的实际情况,摆正心态,制定学习目标,积极规划学习进程,认真观察其他同学的行为方式,以此客观公正地比较自己的学习、工作、生活,这样才能更好地把握自己,真正达到自信、乐观。

心理案例四

高校男生张某,个子较矮小,平时对自己这一方面总耿耿于怀。有一次开晚会,张某想邀请一位女生跳交谊舞,却被另一位高个子男生抢先一步。张某立刻变得满脸通红,恨不能有个地洞钻进去。后来他拿家中寄来的学费与生活费偷偷买了大量广告上的所谓"增高剂秘方"。花了钱,身高却丝毫没有变,张某在众人面前变得越来越沉默,而在家中却时常大发脾气,抱怨父母,还厌恶见人。

案例分析:

认识自我难,接受和悦纳自我则更难。悦纳自我就是要无条件地接受自己的一切,好的和坏的,成功的和失败的,有价值的和无价值的,凡自身现实的一切都应该积极肯定,要平静而理智地对待自己的长短优劣、得失成败,要乐观开朗,以发展的眼光来看待自己。在自我悦纳的基础上,培养自信、自立、自强、自主的心理品质,从而发展自我、更新自我。可以说,悦纳自我是发展健全的自我意识的核心和关键。大学生怎样才能形成悦纳自我的积极态度呢?要学会全面、正确地评价自己,这是悦纳自我的前提。常言道:"金无足赤,人无完人。"每个人都有自己的弱点,也有自己的优点,我们应该坦然地接受自己的优点,但也不忌讳自己的缺点。对自己的优点和长处要充分发挥,对缺点和短处也要正确对待,做到既不护短,也不因此而灰心。只有自知,才能自尊、自信、自爱。

心理案例五

方某,大三女生,曾是边远省城重点中学的优秀学生,高考分数高出本省重点大学分数线几十分,但因志愿填报不当,很不情愿地进了如今所在的一般大学。进校后不久的考试,她发现自己的成绩居于全年级倒数的几名内,这让她好一阵子不开心。冷静下来后,方某观察同学的学习方法、态度,回顾自己的学习体会,总结经验,并时常与同学作客观的比较,发现了自己认真、记忆力好、能吃苦、爱钻研的特点;进而学习其他同学抓重点、讲方法、巧记忆等长处,取长补短。第一学年,方某的学习成绩便进入本班前 20 名,获得了年级的"学习进步奖"。随后,她继续保持良好的学习状态,巩固学习基础,突击外语这一弱项,在大二时通过了外语四级考试,还差一点得了优秀。大二结束时她获得了二等奖学金。方某心里明白,这份成绩对她来说得之不易,是自己不断努力的结果,她也因此受到了老师和同学的肯定与赞扬。现在正值大三的关键阶段,她正以斗志昂扬的姿态,发奋努力,准备毕业后找一份适合自己的工作,继续寻找人生的坐标。

案例分析:

作为大学生,要学会正确对待挫折和失败。每个人在适应环境的过程中,都必定会饱尝甘苦。一个人在某些方面可能成绩卓越,而在另一方面则可能会遇到阻碍或挫折。对于这些结果首先要平心静气地审慎分析。尤其是挫折和失败,容易引起情绪上的反应,往往使人无法做出慎重的思考和明察。有些人拒绝接受失败的事实,另一些人则认为那是全面的失败,对自己整个失去了信心。只有在平静的心情下,才能发现问题之所在,认真总结经验教训,做到成功时不忘乎所以,失败时也不消极悲观,树立不达目的决不罢休的信心和勇气。此外,要建立符合本身情况的"抱负水平"。"抱负水平"就是各个人对其本身成就预期的水准,它是具有动机作用的。假如一个人的抱负水平很低,他固然容易达到目标,但是那种成就并不能给他带来真正的满足,对于增强他的自信心、提高他的自尊心几乎没有什么影响;

反之,如果抱负水平过高,超越了自己的能力,他虽然会全力以赴,但是最终仍然力不从心,达不到自己希望的目标,就会使自己产生失败感,挫败自己的自信心和自尊心。因此,大学生要根据自身主客观条件和外部环境,建立恰如其分的"抱负水平",并根据情况的变化,不断地适时调整,以谋求努力奋斗的可行性,这样自我才能产生价值感、自豪感、愉快感和满足感。

第五节 心理知识链接

心理知识链接一:心理故事

有一天,一群动物聚在一起彼此羡慕对方的优点,抱怨自己的缺点。于是,他们决定成立一所学校,希望通过训练,使自己成为一个通才。他们设计了一套课程,包括奔跑、游泳、飞翔和攀登。所有动物都报了名,选修了所有的科目。最后的结果是:小白兔在奔跑方面名列前茅,但是一到游泳课的时候,就浑身发抖。小鸭子在游泳方面成绩优秀,但奔跑和攀登的成绩却糟糕透顶。小麻雀在飞翔方面,轻松愉快,但就是不能正经奔跑,尤其是一碰到水就几乎精神崩溃。至于小松鼠,固然爬树的本领高人一筹,奔跑的成绩也还不错,却在飞翔课中学会了逃课。大家越学越迷惑,越学越痛苦,终于决定,停止盲目学习别人,好好发挥自己的长处。他们不再抱怨自己、羡慕别人,因此又恢复了往日的活泼和快乐。

心理知识链接二:为自己喝彩

一个男生在学校运动会上得了倒数第一,他觉得没脸见人,沮丧极了。这时班主任拍着他的肩膀说:"好样的! 尽管没拿到名次,但至少证明了你比赛场外的其他同学强。"一句话,扫除了男生心头的阴云。

是啊,经过了努力,证明自己比绝大多数人强,不值得为自己喝彩吗?

在生活中,我们总想追求尽善尽美,总想能站在台上接受鲜花和掌声。然而天外有天,成功的桂冠并不是人人都能摘取,更多时候,我们的掌声是为别人而拍响。置身于别人荣耀的光环之外,不免会有孤单和失落的感觉。我们何不用嫉妒别人的眼光来好好审视一下自己呢？和成功者相比,我们或许是失败者;而跟失败者相比,我们则可能是极大的成功者。仔细审视自己,就一定能找到许多值得自豪的足迹。这难道不值得我们为之喝彩吗？

有位哲人曾说过,痛苦来自欲望。其实,许多人所刻意追求的并非是成功,而是成功之后所能带来的荣耀、地位、金钱。烦恼并非来自不成功,而是没有鲜花、掌声和镜头的簇拥罢了。其实,只要付出了应有的努力,流淌了该流的汗水,就是成功者,就是好样的!

为自己喝彩,不是盲目自大、自我陶醉,也不是"苦"中寻乐、麻痹神经,而是对自己进行客观评价并充分认可。这样,我们就拥有了永远的观众和掌声,就拥有了永远的信心和勇气。

尤其在失意的时候,千万别忘了告诉自己:"我是好样的!"

让我们大声地为自己喝彩!

心理知识链接三:以自我为中心

我们不难发现有这样一些人,他们的自我意识中存在着过于浓厚的个人主义思想,凡事都只希望满足自己的欲望,要求人人为己,却置别人的需求于度外,不愿为别人做半点牺牲,不关心他人痛痒,表现为自私自利,损人利己。他们只要集体照顾,不讲集体纪律,否则就感到委屈、受不了。这种人强烈希望别人尊重他,却不知道自己也得尊重别人。

这种以自我为中心主要表现在以下三个方面:

(1)很少关心别人,与他人关系疏远。由于这种人时时事事都从自己的利益出发,不顾别人,有事则登三宝殿,而不求于人时,则对人没有丝毫热情,似乎人人都得为他服务。实际上,人类的交往是互惠的。对于这种以自我为中心的人,很多人都会产生厌恶感。

（2）固执己见，唯我独尊。这种人在人群中总是以自己的态度作为别人态度的"向导"，别人都应该与自己的态度一样，而且这种人在明知别人正确时，也不愿意改变自己的态度或接受别人的态度，因而难以从态度、价值观的层次上与别人进行交往，交往的水平很低。

（3）自尊心过强、过度防卫、有较强的嫉妒心。这种人有很强的自尊心、事无巨细、不愿损伤自己的自尊、强烈地维护着自己，因此他们不希望或不愿意别人在自己之上，对别人的成绩、成功非常妒忌，对别人的失败幸灾乐祸，也不向别人提供任何有益的信息。

心理知识链接四：自恋型人格障碍

古希腊有一个神话故事：一位英俊的少年叫那喀索斯（Narcissns），一天，他于水中发现了自己的影子，便一见倾心，再无心恋及他人他事，在水边不舍离去，终于慌悴而死。后来，心理学上便以那喀索斯的名字来命名自恋型人格障碍。

对自恋型人格障碍的诊断，目前尚无完全统一的标准。一般认为其特征主要如下：

（1）对批评的反应是愤怒、羞愧或感到耻辱（尽管不一定当即表露出来）。

（2）特别喜欢指使他人，要他人为自己服务。

（3）过分自高自大，对自己的才能夸大其词，希望受人特别关注。

（4）坚信他关注的问题是世上独有的，只能被某些特殊的人物了解。

（5）对无限的成功、权力、荣誉或理想的爱情有非分的幻想。

（6）认为自己应享有他人没有的特权。

（7）渴望持久的关注与赞美。

（8）缺乏同情心。

（9）有很强的嫉妒心。

心理知识链接五：如何正确地认识自己

有一则民间笑话：一个和尚冒犯了当官的，被官府抓了起来，交给一个公差押解到边疆去充劳役。在押送的路上，和尚趁公差喝醉熟睡的时候，开了个机智的玩笑，把公差的头发剃得精光，之后逃之夭夭了。第二天，公差醒来，发现少了一个人，再一摸自己的脑袋，大吃一惊，失声叫道："和尚在，我不见了！"到了官府，当官的老爷听了他的诉说之后，拍案判决道："和尚守法，尚能投案服刑，着令收监看管；衙役失职，中途弃职潜逃，务必捉拿归案。"

我们知道这则笑话是用来讽刺封建社会官府的昏庸和公差的愚蠢的，但这里的"我不见了"便是典型的自我丧失现象，仅仅因为头发被剃光了，竟然说自己没有了。

在现实生活中，如果问一个人："你认识你自己吗？"他会觉得这个问题是多余的。谁会连自己都不了解呢？但事实上很多人并不真正了解自己。"不识庐山真面目，只缘身在此山中"，要完全了解自己并不容易。

（一）正确地认知自我

"人贵有自知之明"，全面而正确的自我认知是培养良好的自我意识的前提和基础。"世界上没有两片相同的树叶"，每个人都是有自己特色的、独一无二的，只有正确认识自己，才能科学对待自己的过去，恰当地确立自我发展的方向，实实在在地把握现在；才能在社会情境中找到自己恰当的位置，才能理解他人，尊重他人，与他人和谐相处，被社会接纳。

我们不妨自己认真仔细地想一想，用尽量多的形容词描述自己，要忠实于自己的内心。在此基础上，进行第二步，即"投射自我"的描述，描述父母眼中的我、同学眼中的我、老师眼中的我、恋人眼中的我、兄弟姐妹眼中的我。然后寻找这些描述中共同的品质，将其归类。描述的维度越多，越能找到比较正确的自我。

（二）多角度地评价自我

一位女大学生,从小学到中学,一直是家中的"好孩子"和学校的"好学生",上大学是免试保送。可是,大学第一学期的期末考试刚过,她却从宿舍的六楼跳了下去,结束了自己的生命。事后,同学从遗书中获悉,她轻生只是因为预感到在这次的期末考试中,她的成绩难以名列前茅。这个一向被认为是"好孩子"的学生,仅仅因为预感到期末考试成绩难以名列前茅,就选择跳楼自杀,自我毁灭,真的令人费解。

上述女大学生的自我评价能力极低,她不顾客观环境的变换,一直主观地把自己放在成绩名列前茅的位置上,正是这个不恰当的自我评价"杀"了她。客观恰当的自我评价,是树立正确自我观的重要内容,也是培养良好的自我意识的前提和基础。要使自我评价客观恰当,就要全方位地比较,多角度地评价自我,要积极地将获得的信息进行分析、综合和比较,既要进行纵向比较——将现实自我与过去自我、理想自我进行比较,又要进行横向比较——将自己与各种人进行比较;既要与比自己优秀的人比较,又要与和自己相似的人比较,还要与比自己稍差的人比较。只有这样,我们才能正确认识自我,客观评价自我。

3. 经常地自我反省

中国古代的曾子说"吾日三省吾身",就是一种自我反省、自我监督的活动。没有自我反省,就无从实现自我完善。通过反省,分析自己成功或失败的原因,对自己进行一分为二的分析,严于解剖自我,敢于批评自己,调整自我评价,从而正确定位自我,提高自我认识,才是自我调控的出发点。

心理知识链接六:建立自信心的妙招

（一）用自信的举动培养自信

缺乏自信时,一直做些没有自信的举动,就会越来越没有自信。

缺乏自信时更应该做些充满自信的举动。缺乏自信时,与其对自己说没有自信,不如告诉自己是很有自信的。为了克服消极、否定的态度,我们应该试着采取积极、肯定的态度。如果自认为不行,身边的事也抛下不管,情况就会渐渐变得如自己所想的一样。自信会培养自信。一次小成就会为我们带来自信。如果一下子就想做伟大、不平凡的事,就会越来越没有自信。

（二）练习正视别人

一个人的眼神可以透露出许多有关他的信息。某人不正视你的时候,你会直觉地问自己:"他想要隐藏什么呢? 他怕什么呢? 他会对我不利吗?"

不正视别人通常意味着:在你旁边我感到很自卑;我感到不如你;我怕你。躲避别人的眼神意味着:我有罪恶感;我做了或想到了什么我不希望你知道的事;我怕一接触你的眼神,你就会看穿我。这都是一些不好的信息。

正视别人等于告诉你:我很诚实,而且光明正大;我相信我告诉你的话是真的,毫不心虚。

（三）把你走路的速度加快25％

当大卫·史华兹(David　J. Schwartz)还是少年时,到镇中心去是很大的乐趣。在办完所有的差事坐进汽车后,母亲常常会说:"大卫,我们坐一会儿,看看过路行人。"

母亲是位绝妙的观察行家。她会说"看那个家伙,你认为他正受到什么困扰呢"或者"你认为那边的女士要去做什么呢"或者"看看那个人,他似乎有点迷惘"。

观察人们走路实在是一种乐趣。这比看电影便宜得多,也更有启发性。

许多心理学家将懒散的姿势、缓慢的步伐跟对自己、对工作以及对别人的不愉快的感受联系在一起。但是心理学家也告诉我们,借着改变姿势与速度,可以改变心理状态。你若仔细观察就会发现,身体的动作是心理活动的结果。那些遭受打击、被排斥的人,走路都拖拖拉拉,完全没有自信心。

普通人有"普通人"走路的模样,做出"我并不怎么以自己为荣"的表白。另一种人则表现出超凡的信心，走起路来比一般人快25％，像在跑。他们的步伐告诉整个世界："我要到一个重要的地方去做很重要的事情，更重要的是，我会在15分钟内成功。"

使用这种"走快25％"的技术，抬头挺胸，你就会感觉到自信心在增强。

（四）练习当众发言

拿破仑·希尔指出，有很多思路敏捷、天资聪颖的人，却无法发挥他们的长处参与讨论，并不是他们不想参与，而只是因为他们缺少信心。

在会议中沉默寡言的人都认为："我的意见可能没有价值，如果说出来，别人可能会觉得我很愚蠢，我最好什么也不说。而且，其他人可能都比我懂得多，我并不想让你们知道我是这么无知。"这些人常常会对自己许下很渺茫的诺言："等下一次再发言。"可是，他们很清楚自己是无法实现这个诺言的。每次这些沉默寡言的人不发言时，他们就又中了一次缺少信心的毒素了，他们会越来越丧失自信。从积极的角度来看，如果尽量发言，就会增加信心，下次也更容易发言。所以，要多发言，这是信心的"维他命"。

不论是参加什么性质的会议，每次都要主动发言，也许是评论，也许是建议或提问题，都不要有例外。而且，不要最后才发言。要做破冰船，第一个打破沉默。也不要担心你会显得很愚蠢，其实是不会的。因为总会有人同意你的见解。所以不要再对自己说："我怀疑我是否敢说出来。"

（五）咧嘴大笑

大部分人都知道笑能给自己很实际的推动力，它是医治信心不足的良药。但是仍有许多人不相信这一套，因为在他们恐惧时，从不试着笑一下。真正的笑不但能驱散自己的不良情绪，还能马上化解别人的敌对情绪。如果你真诚地向一个人展颜微笑，他实在无法再对你生气。

咧嘴大笑，你会觉得美好的日子又来了。笑就要笑得"大"，半笑不笑是没有什么用的,要露齿大笑才有功效。我们常听到:"是的,但是当我害怕或愤怒时,就是不想笑。"当然,这时任何人都笑不出来。窍门就在于你强迫自己:"我要开始笑了。"然后,笑。要掌握、控制、运用笑的能力。

（六）用肯定的语气则可以消除自卑感

有些女人面对着镜子,当她看到自己的样子时,忍不住产生某种幸福的感受;相反,有些女人却为自卑感所困扰。虽然彼此的肤色都很黑黝,但自信的女人会以为:"我的皮肤呈小麦色,几乎可跟黑发相媲美。"而她内心一定暗喜不已。可是,一个缺乏自信的女人却因此痛苦不堪地呻吟起来:"怎么搞的,我的肤色这么黑。"两种人的心情完全不同。有的女人看见镜子就丧失信心,甚至一气之下把镜子摔破。由此可见,价值判断的标准是非常主观而又含糊的。只要认为漂亮,看起来就觉得很漂亮;如果觉得讨厌,看来看去都会觉得不顺眼。关于自卑感的情况,也常常会受到语言的影响,所以说,否定意味的语言,对于一个人的心理健康有百害而无一利。

运用肯定或否定的措辞,可将同一件事形容成犹如天壤之别的结果。在任何情况下,只要常用有价值的措辞或叙述法,就可以对同一件事完全改观,从而享受愉快的生活。

（七）怯场时,不妨道出真情,就能平静下来

内观法是研究心理学的主要方法之一,这是心理学家威廉·华特所提出的观点。此法就是很冷静地观察自己内心的情况,而后毫无隐瞒地抖出观察结果。如能模仿这种方法,把时时刻刻都在变化的心理秘密,毫不隐瞒地用言语表达出来,那么就没有产生烦恼的余力了。例如初次到某一个陌生的地方,内心难免会疑惧万分,这时候,不妨将此不安的情绪,清楚地用语言表达出来:"我几乎愣住了,我的心忐忑地跳个不停,甚至两眼也发黑,舌尖凝固,喉咙干渴得不能说话。"这样一来,不但可将内心的紧张驱除殆尽,也能使心情得到意外的平静。

（八）做自己能做的事

做自己做得到的事时，个性会显现出来。重要的是，与其极欲恢复自我的形象，不如找出现在可以做的事。知道应该做的事，然后加以实践，就可以从自我的形象中获得解放。总之，要试着记下马上可以做的事，然后加以实践，没有必要非是伟大、不平凡的行动。只要是自己能力所及的事就足够了。往往我们就是想一步登天，所以才找不到事做。"今日事今日毕"，今天可以轻松做完的工作，如果留到第二天，工作就会变得很沉重。今天能动手做的事如果拖到第二天，那么被延迟的工作就会使自己的负担加重。

试着制作两张卡片，一张写上"Go ahead!"（做吧），另一张写上"待会儿再做"。把这两张卡片随身带着，当自己不太有自信时，抽出其中一张。这时应该抽出写着"Go ahead!"的那张。我们可以在背面先写上"要有自信"。当自己不知道要不要做时，务必抽出这张卡片。因为今天关系着第二天，今天可以动手做的事如果没有动手做，明天再动手做就会变得更加困难。

（九）挑前面的座位坐

你是否注意到，无论是在教堂还是在教室中，后排的座位是怎么先被坐满的吗？大部分占据后排座位的人，都希望自己不会"太显眼"。而他们怕受人瞩目的原因就是缺乏信心。

坐在前面座位的能建立信心。从现在开始就尽量往前坐。当然，坐在前面会比较显眼，但要记住，有关成功的一切都是显眼的。

第二章 大学生情绪调节的指导

第一节 理论知识的指导

一、情绪的含义

情绪是人们对于客观事物是否符合自己的需要而产生的一种内心体验,是人的需要是否得到满足的心理反映。情绪状态是人的需要是否得到满足的反映,同时又因人的主观体验的不同而千差万别。情绪状态下个体会出现一些不为自身所控制的生理变化和行为变化。

从生理学的角度分析,情绪是生命中不可分割的一部分,是大脑与身体相互协调和推动所产生的现象。一个正常人必然是有情绪的。因此,情绪是客观事物是否符合个体的需要与愿望、观点而产生的心理体验,是人脑对客观事物与人的需要之间关系的反映。情绪对个体的生活有重要影响。

二、情绪的特征和种类

（一）情绪的特征

1. 情绪是多种多样的

依据情绪的性质,每一种情绪都能找到与其相对应的另一种情绪,配合成对,情绪的这种特征即为"两极性"。

（1）情绪有肯定与否定的两极

高兴、喜悦、热爱、敬慕等均属于肯定的情绪，而烦恼、忧愁、憎恨、蔑视等均属于否定的情绪。肯定的情绪与需要得到满足相联系，它们能提高人的活动能力。

（2）情绪有强与弱的两极

同属一类的情绪按其强度不同，可分为不同的等级，形成系列化的阶梯。阶梯的一端为最强，另一端为最弱，两极之间的情绪根据强度变化依次排列。例如，怒可以分为很多种：愤怒、大怒、暴怒、狂怒等。情绪的强度决定于引起情绪的事件对人的意义的大小，也决定于个人动机、原定目标与心理准备状态。

（3）情绪有紧张与轻松的两极

紧张的情绪体验通常与有决定意义的关键时刻和紧迫的活动进程相联系。例如，经过长时间努力后完成的事情在情绪上表现为轻松，但在生活中要有适当的紧张，因为紧张的情绪可以使人集中精力做事，充分发挥自己的心理潜力，提高活动效率；但是过分的紧张则会减弱自控力，妨碍活动的正常进行。

（4）情绪有激动与平静的两极

激动的情绪为时短暂而强烈，并伴有明显的表情、动作，比如，狂喜、暴怒、酷爱、恐惧等均属激动的情绪。这类极端的情绪可以成为激励人上进的强大动力，也容易抑制人的理性分析能力，减弱人的自我控制能力，使行为失去控制。平静的情绪表现为安静、平稳、适度、理智等。平静的情绪是进行正常的学习、生活、工作的必要条件。

2. 从成分来说，情绪包括内在体验、生理激活和外部表现三种成分

情绪的内在体验是人的一种自我观察，即大脑的一种感受状态。人的许多感受只有个人内心能够感受到或意识到，这些情绪情感的主观体验反映了人内心世界的丰富多彩。在人的情绪反映中常常伴有一定的生理激活，神经系统一定部位的激活为情绪的发生和活动提供能量。再有就是外部表现。在情绪产生时，人们还会出现一些外部反映过程，在这个过程中情绪得到了表达。痛哭流涕、开怀大

笑、手舞足蹈等身体姿势和面部表情，就是情绪的外部表现。

3. 情绪是生理和心理多水平整合的产物

从进化的观点看，情绪是在脑进化的低阶段发生的，是与那些调节和维持生命的神经部位相联系。情绪作为脑的功能，首先发生在神经组织进化上古老的部位。

此外，情绪还发生在心理多级水平上。从认知水平上区分，有感觉水平上的情绪反应与认识水平上的情绪反应。从社会化的角度上区分，有与本能需要相联系的情绪和与生物—社会性事件相联系的情绪。从意识水平上区分，有语词意识水平上的情绪和语词意识水平的情绪。从情绪存在形式上区分，有感情状态（如心境、兴趣专注状态）和情绪特质。

（二）情绪的种类

1. 按情绪的基本形式分类

情绪的纷繁多样使它的分类成为一个非常复杂而又难以解决的问题，同时情绪的划分标准也有许多种。一般认为，人的基本情绪有四种，即快乐、愤怒、恐惧和悲哀。快乐是达成所期盼的目标时产生的情绪体验。愤怒则相反，它是目标无法达到，因紧张积累而产生的情绪体验。如果受挫者认为自己的目标受挫是因为别人故意所为，受挫者的愤怒会油然而生，可能会诱发攻击行为。恐惧是无法摆脱可怕情境时产生的情绪体验。恐惧程度完全取决于可怕情境的状况及个人处理可怕情境的能力和手段。悲哀是失去所爱所求的对象时产生的情绪体验。悲哀的程度取决于失去对象的重要性和价值大小，重大的损失容易促发极度的悲哀，但也取决于个人意志、个性品质及心理准备状态。

2. 按情绪的状态分类

人的情绪除了四种基本类型之外，还有四种基本的典型状态——心境、激情、应激和挫折。

（1）心境

心境是一种具有持续性、弥漫性的情绪状态。事物作用于人脑所留下的痕迹性刺激有时并不会马上消失，而会持续一段时间，只是强度有所减弱而已。这种具有持续性且强度有所弱化的情绪状态，即为心境。心境不是由事物的即时性刺激引起的，而是由事物的痕迹性刺激引起的。心境除了具有持续性特征之外，还有弥漫性特征。心境虽然由客观事物引起，但它要受主观意识的调节和控制。不同的人面对同一性质的客观事物，是否形成心境以及心境持续的时间长短不同，这与一个人的生活经验、性格特征、意志强弱等有十分密切的关系。

心境与其他情绪一样具有两重性。积极的心境使人愉快、振奋、乐观，能增强人的活动能力，提高工作效率，维持身体健康；反之，消极的心境则使人忧闷、消沉、悲观，会明显减弱人的活动能力，降低工作效率，导致种种身心疾病。所以，我们要以主观意识控制心境及其发展方向，要做到这一点，就要树立远大的理想和信念，培养坚强的意志，优化个性品质。

（2）激情

激情与心境相反，它是一种强烈的短暂的情绪状态，如勃然大怒、暴跳如雷、欣喜若狂等状态。激情是由重大的事件引起的。当人处于激情的状态下，人的生理状况会发生剧烈的变化，从而产生相应的表情、动作，严重时也容易失去理智导致意识狭隘化，理性分析能力明显减弱，做出不顾一切的鲁莽行为。因此，在激情的状态下，要注意调控自己的情绪。

激情具有两重性。积极的激情是行为的内在动力，具有激励作用，它能使人们冲破艰难，坚定不移地去实现自己的目标。消极的激情则有严重的危害性。它对肌体有着极大的摧残作用，在心跳加快、血压升高、神经系统处于极不平衡的状态中，能诱发高血压、冠心病、脑溢血之类的急剧性病症。它还能引起人际冲突，将多年建立起来的良好关系毁于一旦。消极的激情尽管具有突发性，但它发生与否取决于人的自制力的强弱。

（3）应激

应激是指在意外的、紧急的情况下，所产生的适应性反应。当人面临危险或突发事件时，人的身心会处于高度紧张状态，引发一系列的生理反应。比如，肌肉紧张、心跳加快、呼吸变快、血压升高等。所以，人在应激状态下，其生理状态会发生很大的变化。应激状态如延续时间过长，剧烈的生理变化就会具有潜在的危害性。应激状态中的不同反应主要取决于人的主观因素，其中既有先天因素的影响，也有后天因素的影响。毫无疑问，后天因素对应激行为的影响更为明显。

（4）挫折

挫折是指个体在有目的的人生事件中，因欲求目标的实现受到阻碍所造成的心理困境。这种心理困境引起人心理上的欲求不满足，继而产生一系列的挫折反应。挫折情境是导致个体欲求不满足的心理困境的障碍物。挫折情境的存在既可以是主观的，又可以是客观的。

三、情绪的功能

情绪是个体与环境、事物之间关系的反映，它具有独特的主观体验和外部表现形式，对人的活动有着非常重要的影响。就其功能来说，主要表现为以下几个方面。

（一）情绪的动机作用

情绪构成一个基本的动机系统，能够驱使有机体反应、从事活动，在最广泛的领域里为人类的各种活动提供动机。有时我们会努力地去做某件事，只因为这件事能够给我们带来愉快与喜悦。从情绪的动力特征来看，有积极增力和消极减力的情绪。情绪也被视为动机潜力分析的指标，即对动机的认识可以通过对情绪的辨别与分析来实现。动机潜力是指个体在具有挑战性的环境下所表现出来的行为变化能力。例如，当个体面对应激场面时，会发生生理的、体验的及行为的三方面变化，这些变化会告诉个体在应激场合动机潜力的方向和强度。

（二）情绪的调控功能

情绪对于人们的认知过程有着积极和消极的影响，很多研究表明，适当的情绪对人的认知活动具有积极的组织功能，而不当的情绪对人的认知活动具有消极的瓦解功能。良好的情绪会提高大脑活动的效率，提高认知操作的速度与质量。耶尔克斯—道森定律说明了情绪与认知操作效率的关系，不同的情绪水平与不同难度的操作任务有相关关系。情绪的消极影响体现在对认知功能的瓦解上。一些消极情绪，如恐惧、悲哀、愤怒等会干扰和抑制认知功能。由此可见，情绪的调控功能是非常重要的。情绪的好坏与唤醒水平会影响人们的认知操作效率。

（三）情绪的健康功能

人在社会中所具有的社会适应性是通过情绪体现的，情绪调控功能的好坏直接影响到身心健康水平。积极的情绪有助于心理健康，消极的情绪会引起人的各种疾病。积极地保持正常的情绪对于人的身体健康有十分重要的作用，也是保持心理平衡与身体健康的条件。

（四）情绪的人际交流功能

情绪具有服务人际交流的功能。情绪通过独特的非语言手段，来实现信息传递和人们的互相了解。情绪信息的交流是语言交际的重要补充。在日常生活中，人们在不断地凭借情绪来传递情感信息、思想和愿望。心理学家研究表明，在日常生活中，一般的信息是靠非语言、表情来传递的。与语言的产生相比，情绪是更早的心理现象。我们在婴儿时，主要是靠表情来与他人交流的。人们可以通过表情准确而微妙地表达思想感情，也可以通过表情去辨认对方的态度和内心世界。所以，表情作为情感交流的一种方式，被视为人际关系建立的纽带。

四、大学生情绪的特点

大学生处于青年成长的高峰期，情绪具有其特殊性。

（一）丰富性

大学生情绪的丰富性来源于他们物质、精神世界需要的多样性。进入大学后，新的环境、新的知识、新的目标和新的希望使大学生新的需要不断增加。随着社会的发展，尤其是双向选择、自主择业的分配制度实施以来，面对激烈的人才竞争，大学生们更渴望在学习、社交、动手能力等方面全面提高自己，因而产生了更多的需要。另外，由于大学生生理成熟和性心理的发展，他们的性心理活动也异常丰富，大学生产生性意识困扰的比率也非常高，他们强烈地希望了解异性，与异性交往，更向往美好的爱情体验。这些新的需要无不反映在大学生的情绪活动中，使其情绪活动极其丰富。他们对自己的能力、特长、性格特征、身份地位、道德水平等有了更深刻的认识和评价，专业、兴趣、恋爱、人际交往、就业等新问题不可避免地摆在了大学生的面前，这些需要和问题相应地产生了多种多样的情绪体验，使大学生的情绪日益丰富而深刻。

（二）不稳定性

在各种竞争日益激烈的环境下，一些大学生情绪的起伏与不稳定尤为明显，容易从一个极端走向另一个极端。时而兴奋、激动、热情，时而伤感、绝望，消极与积极、急躁与平稳之间的变化，呈现无规则状态。大学生情绪体验强烈而不稳定既与其自身生理、心理特点有关，又和家庭、学校、社会等外界因素有关。

（三）强烈性

大学生处于青年期，自尊心强，对外界事物较敏感，年轻气盛，这是大学生情绪活动中一个突出的特征，主要表现为对某种情绪体验特别迅速、强烈。在许多情况下其情绪容易被激发，激动起来有如暴风骤雨。大学生处于迅速走向成熟而又未真正成熟的发展阶段，他们的情绪活动极不稳定，情绪体验来得快而强烈，易出现急风暴雨式的激情状态，有时情绪一旦爆发就难以控制。大学生对需求的期望大，渴求急迫，当理想化的未来与客观现实之间发生矛盾冲突时，往往容易产生焦急和浮躁情绪,时常表现为兴奋、焦虑之情。加上缺乏辨别能力与自制力,他们一旦为周围所刺激或条件改变,就会出现一些反常规的状态,在难以抑制的情境中表现出冲动性与爆发性,极易造成一些不良后果。

大学生的这种激情状态具有两重性:一方面,能极大地调动积极性,使他们豪情满怀地完成某项工作。另一方面,盲目狂热、感情用事,容易做出一些违反校规校纪甚至违法的蠢事。在激情的状态下,人的理智分析和自我控制能力都会减弱,因此对于消极的激情应当尽量避免。

大学生情绪的强烈性还有两极性的特点,他们的情绪来得快,平息得也快,有时会很快从高度振奋变得十分消沉。他们阅历尚浅,生活经验不足,缺少经受挫折的生活体验,反映在情绪上就是很容易被感动、振奋,一旦受挫则烦恼、苦闷甚至绝望。因此有人说,大学生的情绪是疾风怒涛,强烈而不协调,是有道理的。

(四)心境化

同中学时代相比,大学生已不像中学生那样情绪主要受外界环境的控制,他们的情绪易于心境化。他们的情绪一旦被激活,即使刺激消失,他们仍在分析、思考,使原来的激情转化为心境,即拉长了的情绪状态。这种情况同样具有两重性,正性激情转化为心境后使大学生仍保持乐观情绪,持续有前进的动力;而负性激情如狂躁、愤怒转化为心境后,使大学生心情压抑,长时间处于闷闷不乐的不良心态中。如果这种不良心境持续时间过长,发生移情,会对大学生的学习、工作及身体健康产生很大的负面影响。俄国著名生理学家巴甫洛夫(Pavlov)曾说过,一切顽固沉重的忧郁和焦虑足以给各种疾病大开方便之门。当代医学也早已证实,消极的情绪会对各种内脏器官造成危害,如严重的抑郁会影响消化系统的功能,从而引起胃溃疡、十二指肠溃疡等。大学生中的许多心理障碍,如焦虑、自卑、抑郁等都是长期心境不好的结果。个别大学生在发生突发事件如自杀、暴力犯罪等行为之前都有长期处于明显抑郁、消沉等不良心境的记录。

（五）层次性

大学生的情绪发展也呈现出层次性的特点。从大一到大四毕业，大学生情绪的发展经历了一个由不稳定到稳定、由不成熟到成熟的渐进过程。

大一的学生刚进大学，面对新的环境，凡事都很积极、热情，兴趣广泛。同时，这个时期的大学生也面临着多方面的适应问题。多数学生都能很快适应大学生活，但也有一些学生适应较慢，遇到问题时，情绪波动较大，容易产生孤独感、失落感。

大二的学生对大学生活一般都已经基本适应，既没有新生的那种兴奋和轻松，也没有高年级学生那种面临毕业的紧张和忧虑，情绪一般比较稳定。

大三、大四的学生临近毕业，随着个人知识经验的增多、社交范围的扩大，更多地开始思考人生与社会。他们的情绪开始呈现出矛盾性、复杂性的一面，情绪的丰富性、含蓄性明显增强。

五、大学生情绪的构成

情绪是个体与环境、事物之间关系的反映，它具有独特的主观体验和外部表现形式，对人的活动有着非常重要的影响。当代大学生是社会上最活跃敏感的人群，他们的心理和生理都处在迅速的变化之中；同时又面临着竞争、社会责任等方面的压力，大学生活中复杂的人际关系等不良的刺激也对大学生个体造成心理压力。大学生的情绪构成主要是四个部分：生理变化、主观感觉、表情与行为冲动。

（一）生理变化

情绪是人类的一种心理现象，伴随着情绪活动会发生一系列生理变化。这些客观的生理变化，称为情绪生理反应。它涉及广泛的神经结构，如中枢神经系统的脑干、中央灰质、丘脑、杏仁核、下丘脑、蓝斑、松果体、前额皮层及外周神经系统和内、外分泌腺等。情绪生理反应是一种生理的激活水平，不同的生理反应模式是不一样的,如满意、愉快时心跳节律正常;恐惧和暴怒时,心跳加速,血压升高,呼吸频率增加甚至出现停顿;痛苦时血管容积缩小等。

(二)主观感觉

主观感觉是个体对不同情绪和情感状态的自我感受。每种情绪都有不同的主观感觉,它们代表了人们不同的感受,构成了情绪和情感的心理内容。情绪引起的主观感觉具有两极性特点,表现为积极的和消极的、紧张的和轻松的、激动的和平静的、强的和弱的。积极的主观感觉可以提高人的活动能力,如愉快的主观感觉驱使人积极行动;消极的主观感觉则会使人的活动能力下降。

(三)表情

表情是情绪和情感状态发生时身体各个部分的动作量化形式,包括面部表情、姿态表情和语调表情。情绪的外部表现涉及发声、共鸣的技巧,还涉及语态、手势语、身势语等诸多问题。人在交往时,不论是否面对面,都在不断表达着情绪。表情向交往的人提供着刺激。而对方对刺激予以反应,做出"应答性"的表情。心理学家关心的正是如何在情绪上表达我们自己,以及如何确切地从别人处识别情绪。识别并非针对表情本身,而是针对它背后的意义。

(四)行为冲动

在负性的情绪比如生气、恐惧、难过、紧张等作用下,人会产生行为的冲动;而在正向的情绪比如高兴、喜欢、骄傲、关爱等作用下,人会产生情绪的顺应。大学生因情绪而发生的行为反应大致分为以下三类:

(1)攻击性行为。当负面情绪需要排解而无法控制时,人往往会通过攻击使其产生这种情绪的对象或间接对象,让情绪得到缓释。

(2)退缩行为。在委屈、沮丧或者害怕等情绪的作用下,当事人会采取一种消极的态度,避免接触令自己产生这些情绪的人或事。退缩行为虽然在表面上可以缓解负面情绪,但是在潜意识里却在不断地积累负面情绪。

（3）固执行为。往往是在正面情绪的作用下,引起这些愉快情绪的行为继续下去,以保持正面情绪;但有时出于逆反心理,当事人也会在负面情绪的作用下,固执于自己原本的行为。

六、大学生的情绪问题

（一）大学生消极情绪的表现

当代大学生的情绪问题集中体现在以下几个方面。

1. 焦虑

焦虑是十分常见的情绪,是一种类似担忧的反应或自尊心受到潜在威胁时产生担忧的反应倾向,是个体主观上预料将会有某种不良后果产生的不安感,是紧张、害怕、担忧混合的情绪体验。焦虑也是大学生中常见的消极情绪状态,当他们在学习、工作、生活等方面遭遇挫折或担心需要付出巨大努力的事情来临时,便会产生这种情绪。大学生常见的焦虑有:自我形象焦虑、学习焦虑与情感焦虑等。焦虑对大学生的影响是复杂的,既可以成为大学生成才的内驱力,起到促进作用,也会起阻碍作用。心理学实验证明:中等焦虑能使学生维持适度的紧张状态,注意力高度集中,促进学习;但过度焦虑则会为学生带来不良的影响,被过高的焦虑所困扰的大学生,常常会感到内心极度紧张不安,惶恐、害怕、心神不定、思维混乱、注意力不能集中甚至记忆力下降,同时还容易产生头痛、失眠、食欲不振、胃肠不适等不良生理反应。焦虑的大学生内心深处有一种无法解脱、不愿正视的心理问题,焦虑只是矛盾、冲突的外显,借此作为防御机制以避免更深层次的困扰。

2. 冷漠

冷漠是指人对外界刺激缺乏相应的情感反应,对生活中的悲欢离合都无动于衷,具体表现为凡事漠不关心、冷淡、退让的消极情绪体验。如有的大学生对周围的人和事漠不关心,对同学态度冷淡,对自己的前途命运、国家大事漠然置之,似乎自己已看破红尘、超凡脱俗,独来独往,使自己游离于社会群体之外。这种冷漠的情绪状态,多是压抑内心情感情绪的一种消极逃避反应。具有这种情绪的人表面上看似很平静,内心却往往有着强烈的痛苦、孤寂和压抑感。如果长时间处于这种情绪状态下,巨大的心理能量无法释放,超过了一定限度,就会以较为极端的形式爆发出来,致使心理平衡遭到破坏,影响身心健康。

3. 自卑

自卑是个体在自我认识过程中对自己的能力或品质评价过低,轻视或者看不起自己,担心不被他人尊重的一种心理状态。产生自卑感的大学生大多情绪低落,干任何事情都提不起精神,不敢或不积极参与各项工作和各种活动,甚至在学习上不敢提问,造成了心理上、能力上、学习上问题的恶性循环。有自卑感的学生自我评价过低,导致其行为畏缩、瞻前顾后、多愁善感,自尊心极强,过于敏感,严重影响各方面的正常发展。

4. 抑郁

目前,大学生口头语使用频率最高的是"郁闷",可见"抑郁"在大学生的消极情绪问题中占据了很大的空间。抑郁症症状不单指各种感觉,也是情绪、认知与行为特征的典型表现。抑郁症最明显的症状是压抑的心情,表现为仿佛掉入了一个无底洞或黑洞之中,正被淹没或窒息。其他感觉包括容易发火,感到愤怒或有负罪感。抑郁常常伴随着焦虑,对所有活动失去信心和乐趣,渴望一个人独居。抑郁也伴随着个体思维方式的转变,这些改变可以是一般性的,比如注意力不集中、记忆力衰退或者很难做出决定。在思考中可能有更多的心境转变,消极地看待世界、自我和未来。一般来说,这种情绪多发生在性格内向、孤僻、敏感多疑、依赖性强、不爱交际、生活遭遇挫折和长期努力却得不到报偿的大学生身上。另外,那些不喜欢所学专业或人际关系处理不当、面临失恋等问题的大学生也会产生抑郁情绪。

5. 人际交往不良

人际交往不良常表现为大学生在人际交往中紧张、动作不自然、缺乏自信心、思维不清及讲话缺乏逻辑性,有时甚至不知所措,形成人际障碍等情形。大学生渴望友谊,希望进行丰富的人际交往,也正因为如此,交往所产生的苦恼和困惑就显得格外突出,如同学间的意见不合、师生间的分歧或误解等。这些问题如果得不到及时解决,便会对大学生的学习、生活乃至身心发展造成严重影响。

6. 愤怒

愤怒是由于客观事物与人的主观愿望相违背,或因主观愿望无法实现时,人们内心产生的一种激烈的消极情绪反应。心理学研究表明,当愤怒发生时,可能导致人体心跳加快、心律失常、高血压等躯体性疾病。同时还会使人的自制力减弱甚至丧失,思维受阻,行为冲动,干出一些后悔不迭的蠢事或造成不可挽回的损失。

愤怒是大学生常见的一种消极情绪,处于精力充沛、血气方刚的青年时期的部分大学生,在情绪情感发展上具有好激动、易动怒的特点。如有的大学生因一句刺耳的话或一件不顺心的小事而暴跳如雷;有的因人际协调受阻而怒不可遏、恶语伤人;有的因别人的观点或意见与自己相左而恼羞成怒;有的因暂时遭遇挫折或失败而悲观失望,痛不欲生。如此种种遇事缺乏冷静分析与思考,图一时之快,逞一时之勇的好激动、易动怒的不良情绪特点,在一些大学生身上时有体现。这种情绪对大学生的影响是极其有害的。

(二)大学生消极情绪的危害

现代心理学研究证明,人的情绪直接关系着人的健康水平、工作绩效、事业成败和生活质量。对于大学生来说,消极情绪的危害大致有以下几个方面。

1. 影响生活质量,导致精神痛苦

情绪作为人的精神内容和形式,如同人需要空气、水分、阳光一样不能缺失。人若无情,便如草木没了灵魂。若被消极情绪长期缠绕,更是人生的不幸。抑郁使人被阴影笼罩,忧愁使人整日不得开心,焦虑使人惶惶如临大难,怨愤使人怒火中烧、苦不堪言……如此,何谈人生幸福,何谈事业有成?

2. 干扰学习过程,影响才智发挥

心理学研究证明,积极情绪是推动学习的动力,消极情绪则影响才智的发挥。心境良好,乐观开朗,大脑就容易处于激活和兴奋状态,就能够创造性地学习。反之,则会思维受阻,智力水平下降。同时,情绪还会影响学习态度。情绪高涨,富有热情,会促使人探索研究;反之,会使人不肯努力,放弃学习。正如列宁指出的,如果人们没有"人类的情感",那么过去、现在、将来都永远不能寻找到人类的真理。

3. 导致判断力下降,形成认知偏差

带着消极情绪看事物,如同戴着有色眼镜看世界,必然产生偏见和错觉,被假象、表象所迷惑,从而影响个人成长和成才。情绪的变化,往往使人对同一事物的认识大相径庭,当然,也使人对事物的态度、对知识的理解、对教育的反应不一样。

4. 难以融入集体

一般来说,冷漠、自卑、脆弱、紧张等情绪本身具有闭锁性特征,难以接纳别人,也难以为别人所接纳。因此,情绪不良者多为人际关系不良、落寞惆怅者。他们往往缺乏朋友,孤独寂寞,丧失了许多机会。

5. 危害身心健康

现代医学、心理学研究表明,心理因素的致病作用大于生理因素。心理之于躯体,既有治病功效,也有致病作用。良好的心境是治病的"良药"、健康的"卫士";不良的情绪是疾病的"温床"和"活化剂",可以将潜伏的疾病激活,使已患的病情恶化。高血压,心脏病,心血管病,急、慢性胃炎,消化道溃疡和癌症等30多种疾病与消极情绪有关,并被称为心因性疾病。我国古代医学经典《黄帝内经》早就发现:"悲哀忧愁则心动,心动则五脏六腑皆摇。"长寿学者胡夫兰德(C. W. Hufeland)更视不良情绪为致病的头号恶魔。他说,在对人的一切不利的影响中,最使人短命夭亡的就算是恶劣的感情和恶劣的情境了。

（三）大学生消极情绪产生的原因

造成大学生情绪问题有多方面原因,归纳起来主要有以下几个。

1. 学业的压力

学业的压力对大学生的影响众所周知。学生们刚刚脱离了高中阶段的"魔鬼"训练,便又投入更为紧张的学习中去。当今社会越来越严峻的就业现状,也使大学生们压力倍增。有一名学生,由于给自己定的目标过高,而自身基础较差,入学一年后便由于严重的心理疾病而休学。

2. 情感的困惑

大学生正值青年时代,加上周边环境对于生活中各个方面逐渐开放,甚至媒体对于情爱的大肆渲染,导致很多大学生都过早坠入情网。而现实的复杂性远远超出他们的想象。原本在心里勾画出的美好蓝图,认为大学的恋爱可以像电视剧、电影里的主人公一样甜美浪漫。但现实与梦想往往背道而行,心中的困惑难以言表而堆积在心里,造成过度压抑的消极情绪。

3. 人际关系的矛盾

进入大学以前,学生们生活在家庭的氛围里或班集体中,由于学习紧张而没有过多的时间进行人际交往。而大学校园属人群密集型场所,呈现出小型社会的模式。学生们来自不同区域,文化背景、价值观、个性都各不相同。生活在狭小空间里的近距离相处使许多大学生对于角色的转换很不适应,不能与同学很好地相处。一些大学生缺乏交往的经验、技巧和方法,对于一些较复杂的情况不能很好地处理,造成人际关系紧张。

4. 家庭的影响

许多研究表明,家庭社会化过程及生活经历极大地影响着大学生情绪的发展。

在温馨和谐的家庭中,个体易养成良好的情绪反应模式;家族成员关系紧张,过于苛求或放纵的养育模式则会影响大学生的情绪唤起方式、程度和持续时间。虽然"问题家庭"的大学生并非都会出现情绪障碍,但有情绪障碍的大学生,大多可以找到家庭因素不利影响的痕迹。

(1)家庭的变故。步入大学后,成长起来的孩子也常常会经受家庭的变故。现在的社会不仅仅生老病死对家庭产生冲击,每年还有大量的人死于天灾人祸。另外,离婚现象越来越多,出现了许许多多的单亲家庭。种种家庭变故都会对大学生较为脆弱的心灵造成深深的伤害。

(2)家境的贫困。有一些学生因缺乏经济保障而忧虑不安,除了存在学费、生活费的问题外,极个别的学生还会因为家中的变故,如父母病重无钱医治而生活在压力和痛苦中。

5. 环境的改变

诱发个体情绪反应的刺激物来自环境,但个体与环境之间相互作用的关系非常复杂。环境中存在着多种刺激,但如果一些刺激及威胁不为主体所知觉,便构不成心理压力;一些刺激及威胁为主体所察觉,但其能力和经验足以应付,威胁亦随之消失,也构不成心理压力;而一些刺激为个体所意识到,但个体的能力和经验不足以克服困境,这种刺激便成了个体的心理压力,威胁情绪的稳定与身心健康。可见,生活事件是否对情绪健康造成影响,关键在于个体对生活事件的认知和觉察到的威胁与压力。

6. 遗传因素

遗传因子影响情绪反应模式,但与情绪反应之间不是简单的对应关系,即某种特定的情绪反应或障碍找不到特定的遗传基础。有关双生子的研究证明,遗传背景在精神疾病的发病中具有一定的作用,如具有某类遗传基因的个体对环境中的刺激较为敏感,容易诱发出较强的精神反应。

第二节 心理测试的指导

心理测试一：你的情绪稳定吗

情绪是身心健康水平的重要标志，一个人的情绪是否稳定反映了他的身心健康状况。那么怎样测量你的情绪是否稳定呢？请做一做下面这个测验。该测验共有30题，每道题有3个答案供选择，请你从中选择出与自己的实际情况最相近的一个。测验中与自己生活、身份不相符的问题可不作答。

1. 看到自己最近一次拍摄的照片，你有何想法？

A. 觉得不称心　　　　　　　B. 觉得很好　　　　　　　C. 觉得可以

2. 你是否想到若干年后会发生什么使自己极为不安的事？

A. 经常想到　　　　　　　　B. 从来没有想过　　　　　C. 偶尔想到过

3. 你是否被朋友、同事、同学起过绰号、挖苦过？

A. 这是常有的事　　　　　　B. 从来没有　　　　　　　C. 偶尔有过

4. 你上床以后是否经常再起来一次，看看门窗是否关好？

A. 经常如此　　　　　　　　B. 从不如此　　　　　　　C. 偶尔如此

5. 你对与你关系最密切的人是否满意？

A. 不满意　　　　　　　　　B. 非常满意　　　　　　　C. 基本满意

6. 在半夜的时候，你是否经常觉得有什么值得害怕的事？

A. 经常有　　　　　　　　　B. 从来没有　　　　　　　C. 偶尔有

7. 你是否经常因梦见可怕的事而惊醒？

A. 经常　　　　　　　　　　B. 从来没有　　　　　　　C. 极少有

8. 你是否曾经有过多次做同一个梦的情况？

A. 是　　　　　　　　　　　B. 否　　　　　　　　　　C. 记不清

9. 是否有一种食物使你吃后呕吐？

A. 是   B. 否   C. 记不清

10. 除去看见的世界外，你心里是否有另外一个世界？

A. 是   B. 否   C. 偶尔是

11. 你是否时常觉得你不是现在的父母所生？

A. 是   B. 否   C. 偶尔是

12. 你是否曾经觉得有一个人爱你或尊重你？

A. 说不清   B. 否   C. 是

13. 你是否常常觉得你的家庭对你不好，但你又确知他们的确对你好？

A. 是   B. 否   C. 偶尔是

14. 你是否觉得没有人十分了解你？

A. 是   B 否   C. 说不清

15. 在早晨起来的时候，你最经常的感觉是什么？

A. 忧郁   B. 快乐   C. 讲不清楚

16. 每到秋天，你经常的感觉是什么？

A. 秋雨霏霏或枯叶遍地   B. 秋高气爽或艳阳天   C. 不清楚

17. 在高处的时候，你是否觉得站不稳？

A. 是   B. 否   C. 偶尔是

18. 你平时是否觉得自己很强健？

A. 是   B. 否   C. 不清楚

19. 你是否一回家就立刻把房门关上？

A. 是   B. 否   C. 不清楚

20. 当你坐在房间里把门关上时，是否觉得心里不安？

A. 是   B. 否   C. 偶尔

21. 当需要对一件事做出决定时，你是否觉得很难？

A. 是   B. 否   C. 偶尔是

22. 你是否常常用抛硬币、玩纸牌、抽签之类的方法来测凶吉?

　　A. 是　　　　　　　　B. 否　　　　　　　　C. 偶尔是

23. 你是否常常因为碰到东西而跌倒?

　　A. 是　　　　　　　　B. 否　　　　　　　　C. 偶尔是

24. 你是否需要一个多小时才能入睡,或醒得比你希望的早一个小时?

　　A. 经常这样　　　　　B. 从不这样　　　　　C. 偶尔这样

25. 你是否曾看到、听到或感觉到别人觉察不到的东西?

　　A. 经常这样　　　　　B. 从不这样　　　　　C. 偶尔这样

26. 你是否觉得自己有超越常人的能力?

　　A. 是　　　　　　　　B. 否　　　　　　　　C. 不清楚

27. 你是否曾经觉得因有人跟你走而心里不安?

　　A. 是　　　　　　　　B. 否　　　　　　　　C. 不清楚

28. 你是否觉得有人在注意你的言行?

　　A. 是　　　　　　　　B. 否　　　　　　　　C. 不清楚

29. 当一个人走夜路时,你是否觉得前面潜藏着危险?

　　A. 是　　　　　　　　B. 否　　　　　　　　C. 偶尔

30. 你对别人自杀有什么想法?

　　A. 可以理解　　　　　B. 不可思议　　　　　C. 不清楚

评定方法

　　以上各题的答案,凡选 A 得 2 分,选 B 得 0 分,选 C 得 1 分。请将你的得分统计一下,算出总分。①0～20 分:情绪稳定,自信心强。②21～40 分:情绪基本稳定,但较为深沉、冷静。③41 分及以上:情绪极不稳定,日常烦恼太多。

心理测试二:你是个情绪化的人吗

1. 你喜欢成为一名

A. 设计摩天大楼的建筑工程师

B. 确定不了   C. 著名的文科教授

2. 你喜欢阅读

A. 自然科学书籍   B. 不确定   C. 哲理性书籍

3. 你最倾心的行业

A. 音乐   B. 不确定   C. 机械

4. 你乐意

A. 负责指挥几个人的工作   B. 不确定   C. 和同事合作

5. 你偏爱观看

A. 军事、历史题材的电影   B. 不确定

C. 富有感情、充满幻想的言情片

6. 你希望自己成为一个艺术家而不是工程师

A. 是的   B. 不确定   C. 不是的

7. 你最爱听的音乐是

A. 欢快活泼的   B. 不确定   C. 感情沉郁、富有激情的

8. 你时常想入非非

A. 是的   B. 介于 A、C 之间   C. 不是的

9. 对于那些文化素养高的人,如医生、教师等,即便他们犯了错误,侮辱他们也是不应该的

A. 是的   B. 介于 A、C 之间   C. 不是的

10. 在各门功课中,你最偏爱

A. 语文   B. 不确定   C. 物理

评定方法

以上各题的答案,凡选A得2分,选B得1分,选C得0分。请将你的得分统计一下,算出总分。①0～9分:你理智,注重现实,能以客观、独立的态度处理现实问题,但有时可能会表现得傲慢、冷酷和缺乏弹性。②10～13分:你一般都能较为理智和客观地处理生活中的一些事务,但偶尔会冲动、感情用事,要学会控制自己的情绪。③14～20分:你敏感,好感情用事,通常心太软,有点多愁善感;爱幻想,不切合实际,缺乏恒心,不喜欢粗鲁豪放的人。在团体中,常常由于不太切实的想法和行动而影响团体的工作效率,最好避免做事务性的工作。

第三节 心理活动的指导

心理活动一:观念决定情绪

(一)活动目标

通过活动,引导学生明白影响我们情绪的不是事情本身,而是我们对事情的看法。不同的观念引起不同的情绪。明白产生什么样的情绪完全由自己控制。

(二)活动方案

(1)场景展示。为学生提供3个场景,如果能配合相应的漫画更好,内容是反映不同的人对同一件事会产生截然不同的情绪的素材。

情景一:荒岛上的鞋子推销员。

两个鞋子推销员到一个荒岛上,发现荒岛上的人都不穿鞋。一个感到非常失望,因为他认为这个岛上的人都不愿穿鞋,要成功推销是没有希望的;另一个感到非常兴奋,因为他认为这个岛上的人还没有鞋子穿,成功推销的希望极大。

情景二:玫瑰花。

A的看法:"这世界真是太美好了,在这丑陋、有刺的梗上,竟能长出这么美丽的花朵。"B的看法:"这世界太悲惨了,一朵漂亮、美丽的花朵,竟然长在有刺的梗上。"

情景三:半杯水。

两个人都十分口渴,当见到有半杯水时,他们产生了不同的情绪反应。A:"还好,还有半杯水——满足。"B:"怎么只剩半杯水了——不满!"

(2)小组讨论。

①在上述3个情景中,如果是你,会有怎样的想法?

②不同的想法产生了什么情绪后果?

③为何对同一件事,不同的人会产生截然不同的情绪?

(3)每个小组派代表与全班同学分享讨论结果。

心理活动二:情绪 ABC

(一)活动目标

学会分析自己的情绪,进一步体会情绪与自己的想法的关系。同时,学会分辨哪些想法是合理的,哪些想法是不合理的。

(二)活动方案

(1)请写出最近令自己快乐、生气、伤心、紧张、苦恼的事件(A)和当时的想法与情绪(B)以及所导致的行为结果(C)(至少3件事)。

事件(A)	想法与情绪(B)	结果(C)
①		
②		
③		

(2)问题与思考。这些事件和想法是否引起了你的情绪困扰?如果原来的想法引起了你的情绪困扰的话,请你换一种想法,并把改变后的想法以及相应的情绪反应写下来。

事件（A）	想法与情绪（B）	结果（C）
①		
②		
③		

（3）小组内交流分享。

（4）各组派代表在班级分享小组的经验。

（5）教师小结。

心理活动三：积极思维训练

（一）活动目标

凡事没有绝对的好，也没有绝对的坏。通过思考，找出特定事件的不同方面，发现事件的积极意义，从而改善情绪。

（二）活动方案

（1）6～8人一组，思考以下事件都有哪些积极的方面，并进行讨论、记录。

①没考上理想的大学（或专业）；

②失业；

③失恋；

④战争爆发；

⑤流感暴发；

⑥自然灾害（地震、洪水）；

⑦生重病；

⑧亲人去世；

⑨朋友背叛自己。

（2）讨论结束后，负责记录的同学在小组中大声读出讨论结果。

（3）仔细思考一下，讨论结束后，你的想法与刚开始相比有了哪些变化，这些变

71

化给你带来了什么感觉。

(4)每个小组派代表与全班同学分享小组的讨论。

(5)教师小结。

第四节 心理案例及评析

心理案例一

小金是某重点大学商学院研究生二年级学生。小金的父亲是某医院外科医生,母亲是中学数学老师,父母身体健康,他们都是事业比较成功的人。其父做事严谨,十分注重细节,对自己独生女的言谈举止要求很具体,其女稍不符合他的要求就会受到不同程度的处罚。母亲和父亲一样对她要求极为严厉,几岁时,母亲就开始给她灌输"无论做什么都要超过别人,不能让别人在你前面"之类的信念。

小学时她就和周围的人比,无论是学习还是其他方面她都要争第一,争得第一后母亲就会给她各种奖赏。在学校,班主任老师也对她提出了高要求:各门主课在年级争第一,为班级争光。她在小学是好学生,考进重点中学又是尖子生,考进重点大学后还是连年拿一等奖学金。十多年来,她拼命争来了许许多多的第一,但第一并没有带给她快乐。

两年前她因成绩优异被保送读研究生。她的导师是一名知名的女经济学家,对学生要求极为严厉。在读研究生时,她参加一次省部级的科技竞赛,但成绩不佳,于是觉得自己落后于所有人了,整天闷闷不乐,情绪低落,后来发展到几乎对什么都失去了兴趣。

小金说:"我的导师一开始很器重我,她的研究生中只有我一个女生,她对人严厉得很像我的父亲,我从心里害怕她。刚进校时,我因为英语口语、听力及数学都很出色,击败众多高手,成为学校参加省部级科技大赛的几位研究生之一,导师对我寄予厚望。我为自己制定了夺冠的目标,但很快我就为竞赛活动中的一些细节所纠缠,总觉得自己做得不是十分理想。随着竞赛时间的逼近,眼看自己夺冠无望,紧张焦虑到了极点,夜夜失眠,疲惫不堪,最后惨败。导师虽然没有责备我,但我觉得太丢人,感到无脸见人,不断责备自己无能,觉得自己根本就没什么希望了,甚至有想死的念头。这时幸好我现在的男朋友接纳了我,他陪伴我、安慰我,我的情绪也稍稍好了一些。可接着,我的同学频传捷报,有的获了奖,有的在重点刊物上发表了文章,而我什么都没有,看到自己落在别人后面,我的自信心被一扫而光,觉得自己什么都不如别人,并开始怀疑自己的智力有问题,认为人的智力低,再努力也是超不过别人的,后来我就放弃了。"

案例分析:

这位同学的问题在于她用绝对化的标准要求自己,一旦低于自己的标准便给予负向评价,否定自己,错误被无限扩大,最后完全否定自己、放弃自己。这是抑郁症的一种表现。

美国心理学家贝克(A. T. Beck)认为,抑郁症的主要认知模式是信念的绝对化。

信念的绝对化是一种非此即彼、黑白分明、两极化的思维认知模式,这种过分简单化的认知模式导致对事情有绝对化的结论。不十全十美即无价值。对自己、对他人、对环境要求十全十美,不给自己和他人犯错误留有余地。如果事情不像他希望得那样完美,他就会退缩,等待遭受拒绝、羞辱。如果他没有遭受拒绝、羞辱,他就认为拒绝、羞辱会在以后出现,或者相信由于他的错误别人会轻视他。这样,他会把所有可能的坏结果都想出来,由此而产生无用感、过分罪责感、对未来无望感、自杀的想法等,在情绪上悲哀、内疚、暴躁等,在行为上退缩,在生理上失眠或嗜睡、疲劳、注意力无法集中等。

在一个竞争的社会里,一个人的成功就是另一个人的失败。无论是学校还是家庭都容易用要么成功、要么失败的绝对化标准要求学生或者子女。一旦接受了绝对化标准,自我结构就很死板,没有一点点弹性,一遇挫折就没有回旋的余地,容易走极端。

近些年来媒体多次报道大学生自杀的消息，人们无法理解他们的行为，因为按常理他们没有自杀的理由。其实，抑郁的程度越深，就越低估自己曾经取得的成绩，因而就越看不起自己，以至于走向绝路。

心理案例二

我想谈心理上存在的一些问题。刚上大学时，有些不习惯，不过我适应能力还算好，不觉得很生疏，我与班里的同学相处得还比较好，大家对我的印象也不错。可是我却总觉得自己压力很大，干什么事情都没有精神，情绪很不稳定，尤其是这几天，大家都在复习，我却不想看书，觉得很难受，甚至有点痛恨他们在复习。我也和从前的同学说我现在的情况，他们劝我说，大学和高中是不同的，没有必要被别人左右，不要管别人如何学习，你只要有自己的学习方法就可以了，在自己原来的基础上提高自己，尽最大的努力。可是，我发现我还是控制不了自己的情绪。我经常一个人行动，上课、自习、吃饭、活动总是一个人。我觉得一个人很自在，不受约束。当然我不是很孤僻，我也和大家交流，只是从前习惯了独处。而且我们宿舍五个人，两人一对，只剩我一个，我们平时相处得也不错，大家都是好人，我们也没有什么矛盾，我们还是院里的四星级宿舍。我发现自己还有个问题，当我情绪不好的时候，就吃东西。常常一个人在这个食堂吃过，又跑到另一个去吃，然后再到超市买一大堆饼干或者别的东西回宿舍吃，我觉得我近乎疯狂，不可理喻！我就想让胃撑满，有时近于疼痛，好像这样我才会得到快感和满足。当我吃东西的时候，我也知道这样不对，但是无法控制自己，我就想不停地吃下去，什么都不要想。但是我发现这种发泄带来了更多的问题。首先是钱的问题，在上个学期，我买的东西还不是很贵，还有些自制力，次数也不是很多，希望自己会改过来。但是这个学期我发现自己反而变本加厉，表现为：买的东西越来越贵，次数越来越多，好像越贵才越刺激，才越满足。但我家里并不是很能承受得起，我觉得对不起父母，因而自责。但是越是这样，我就越想放纵自己。好像有两个我在做斗争，一个让我恢复理智，另一个让我奢侈,让我放纵。而我总是屈服于后者。另一个问题是我长胖了,我知道这是一个女孩子很敏感的问题,我也不例外。其实我很注重自己的外表,希望自己苗条,但是我现在胖了 10 斤。我常常在晚上吃东西,不睡觉,有时候还偷偷摸摸,一直到吃完为止,或者直到胃实在受不了,才去睡觉。第二天,当我清醒之后,我会照镜子,看到自己圆滚滚的肚皮,我会想我到底干了些什么,我怎么这样。我好像不是我了,不想接受自己的样子。可是下一次我又克制不住自己。我从前尝试过节食减肥,的确瘦了不少,但是我发现我对什么都馋了,而且刻意寻找东西吃,不是因为饿,而是为了一种满足感,而且经常没有节制,吃起来不停。我的胃已经出现问题,一吃多就吐。可我还是常常控制不住自己。我把精力放在与学习无关的事上,而且我的生活不规律,学习不规律,饮食不规律,所以我觉得我的生活、学习一团糟,对什么都很没有信心,也许这就是我情绪不稳定、对什么都没兴趣的原因吧。

我觉得我对不起很多人,对不起所有对我有期望的人,父母、同学、师长,包括自己,可是我还是很难控制我的情绪,我觉得我好像有两种人格在厮杀。我很害怕,但是不知该如何做。

案例分析:

这是一位在校大学生写来的一封求助信。她是一位受以抑郁为主要特征的情绪问题困扰的女生。具体表现为:情绪不稳定,难以控制自己的情绪,兴趣减退、体重剧增、消极的自我观念、注意力不集中,通过面谈以及对她以往生活经历的追踪,发现核心问题仍然是情绪问题。尽管她已经认识到问题,但却控制不住情绪。通过积极的心理辅导,该同学已经能基本控制自己的情绪,进行正常的生活、学习了。

第五节 心理知识链接

心理知识链接一:钉子与情绪的故事

有这样一个故事:有一个孩子生性暴躁,只要遇到不顺心的事和不顺眼的人,他都会无端地发脾气,从不顾及别人的感受。天长日久,周围的人几乎都被他的暴躁伤害过。慢慢地周围的人和他的家人都远离了他,他身边没有一个朋友了,孤独使他原本不好的脾气变得更坏了。他的父亲实在不忍心他就这样发展下去,想了好长时间,终于想出了一个办法。

父亲想通过这个办法,试着让孩子慢慢接受现实,从而能改变孩子的坏脾气。有一天,父亲拿着一个锤子和一块木板来到孩子身边,心平气和地说:"孩子,你以后想发脾气的时候,就用这把锤子往这块木板上钉一颗钉子。"以后孩子果然每次发火的时候就往木板上钉一颗钉子。渐渐地随着孩子发火次数的增多,木板上的钉子已经多得没有地方可以再钉了。有一天,孩子看着因自己发脾气而被钉满钉子的木板,觉得心里不是滋味。他想:为什么非要每次发火的时候钉一颗钉子呢?不发火就不用钉钉子了,这样不是挺好的吗?想到这里,孩子之后不管遇到什么让自己不高兴的事情,都强忍着尽可能地少发脾气或者不发脾气。他发现,控制自己的脾气,实际上比钉钉子要容易得多。终于有一天,他一颗钉子都没有钉,他高兴地把这件事告诉了父亲。

父亲来到孩子的身边,看着被钉满钉子的木板问:"你怎么不接着钉了呢?"孩子便把自己的想法告诉了父亲,父亲听完高兴地说:"你这样想很对,以后你可以不发火一次就从木板上拔下一颗钉子。"此时的孩子也比以前听话了,他就照父亲的话去做。终于有一天木板上的钉子全被拔下来了。他发现,取出钉子要比钉钉子难多了。

这天父亲又来到孩子的身边,看着被拔完钉子的木板,怎么也高兴不起来。父亲抚摸着木板上深深浅浅的钉眼,意味深长地对孩子说:"孩子,你知道取钉子为什么比钉钉子难吗?这是因为责备、辱骂一个人是一件很简单的事,可想要重新获得友谊却很难。你现在不发火了,脾气也随和多了,可你看见了吗?这块完好的木板因为你发脾气而变成什么样子了?你再想想,你每次无端地发火,使你的朋友和亲人受到什么样的伤害?就像你和一个人吵架,说了些难听的话,你就在他心里留下了一个伤口,像这个钉子洞一样永远也不可能恢复了。"这时孩子明白了,看着这块好好的木板因自己发火而变得伤痕累累、千疮百孔,孩子流泪了。

通过木板的教育,孩子终于明白了一个道理:人不能太随心所欲,不能太自私,不能因自己的不快乐伤及更多的无辜人,抱着乐观向上的态度,才能把事情做好,才能处理好与人之间的关系。

有句格言说得好,忍一时风平浪静,退一步海阔天空。这个故事让我们很有感触,如果我们每一个人都能很冷静,都能大度、包容、热心地处理每一件事情,去接纳每一个人,那么还有什么可以让我们不愉快的呢? 与其说别人让你不快乐,还不如说你自己的修养还不够。所以用我们的宽容、我们的善良去迎接更美好的明天吧!

心理知识链接二:大学生的情绪调适

情绪的控制不仅与身心健康水平密切相关,而且与一个人能否适应社会、获得事业成功和更好地享受生活有紧密联系。情绪的产生、情绪的性质以及情绪的程度都与认知因素直接有关,大学生可以进行自我调节,培养健康的情绪。

1. 加强自身修养,正确对待挫折

大部分大学生由于过去的成长过程比较顺利,对生活中的困难和挫折缺乏心理准备,一旦遇到挫折,便会惊慌失措,引起一系列不良情绪,如紧张、焦虑等。大学生应加强自身修养,树立有价值的目标,对挫折有正确的认识,提高挫折容忍度。首先,要对挫折有充分的思想准备。挫折和失败遍布在生活的方方面面,贯穿人的一生,遇到挫折是生活中的正常现象,不必为此悲观消沉。其次,要看到挫折有利的一面。适度的压力有利于调动机体能量,思想上的压力常是精神上的兴奋剂。自古逆境出人才,要把挫折看作对自己的考验和锻炼。大学生如果把挫折视作生活的挑战、成长的机会、人生的磨刀石,在逆境中接受磨砺、自强不息,必能使自己发展得更加坚韧、成熟。正如巴尔扎克所说的,世上的事永远不是绝对的,结果完全因人而异。苦难对于天才是一块垫脚石,对于能干的人是一笔财富,对于弱者是一个万丈深渊。生活就是这样:你原本以为是一堵墙,勇敢地走过去,却发现它仅仅是一层薄薄的纸。最后,要加强意志力的培养。要树立积极的人生观和远大的目标,磨炼自己的意志。

此外,要健全心理防卫机制。心理防卫机制是保护自我不因遭受挫折而造成创伤、痛苦、损害的一种心理机制,其基本功能是减轻焦虑。积极的心理防卫机制促使人产生奋发向上的力量,是战胜挫折的根本方法,它包括升华、补偿、幽默等。如有的大学生失恋后全身心投入学习中,还有的大学生将原有的嫉妒感变为不甘落后、奋发进取的行为,都是一种升华。又如,有的大学生因有某种生理缺陷无法在运动场上胜过别人,因而在学习上加倍努力以取得好成绩来维护自尊,便是一种补偿。再如,一个人在遭受挫折或处境尴尬时,用幽默的方式化解困境,维护心理平衡,保持愉快心境,不仅是明智之举,更是具有较高修养的表现。人称"幽默大师"的马克·吐温经历了种种悲苦,两个哥哥和一个姐姐分别在他年轻时死去,他的四个孩子也先后死去,他说,在生活的舞台上学着像个演员那样感受痛苦,此外,也学着像旁观者那样对你的痛苦发出微笑。不被任何挫折、失败所压倒,才是生活的强者。

2. 改换认知角度

大学生的知识面较广,认识水平也高,所遇到的心理困扰多与不合理认知有关。认知方法对大学生的心理调节非常适用。美国临床心理学家艾利斯(A. Ellis)在20世纪50年代创立了合理情绪理论。该理论认为,情绪困扰并不一定是由诱发性事件直接引起的,常常是由经历者对事件的非理性的解释和评价引起的。如果改变了非理性观念,调整了对诱发事件的认识和评价,建立合理的观念,情绪困扰就消除了。现实生活中的许多情绪困扰的确如此,从非理性的角度去认识某件事情,会使人感到愤怒、沮丧,但换个角度去思考、去认识,便会减弱或消除愤怒、沮丧情绪。《禅海珍言》中有一则"哭婆变笑婆"的故事。京都南禅寺的和尚问老太太："你怎么总是哭呢?"她边哭边回答:"我有两个女儿,大女儿嫁给了卖鞋的,小女儿嫁给了卖伞的。天晴的日子,我想到小女儿的伞一定卖不出去;下雨的日子,我又想到大女儿的鞋一定没有人去买。我怎么能不伤心落泪呢?"和尚劝她:"天晴时,你应去想大女儿一定生意兴隆;下雨时,你该想到小女儿的伞一定卖得很多。"老太太当即"顿悟",破涕为笑。此后,她的生活内容未变,但由于观察生活的角度变了,便由"哭婆"变为"笑婆"。换个角度,顿时柳暗花明,坏事变成好事。

3. 善于宣泄情绪

心理学认为,当一个人遭受挫折后,用意志力压抑情绪,虽能缓解表面紧张,却会给身心带来伤害。人的情绪被压抑时,应当合理宣泄,缓解不良情绪困扰和压抑感,恢复正常的情绪状态。

有的大学生产生压抑情绪后,不愿讲出来,不做合理的宣泄,时间长了,往往会造成严重后果。若遇此情况,不妨用宣泄来排解自己的不良情绪。宣泄的方式多种多样,常用的有:

(1)倾诉。在内心忧虑时,可以向知心朋友或老师、家长倾诉,敞开心扉,将心中的郁闷、不快通通倾吐出来,获得别人的理解和劝导,重新获得心理平衡。

(2)剧烈的运动。盛怒时,找件体力活猛干一阵,或做较大运动量的体育活动,也有助于释放激动情绪。

(3)转移注意力。情绪不佳时,转移自己的注意力,是一种调节情绪的好办法。苦闷、烦恼时做些自己喜欢的事,或置身于另一种环境氛围中,从而转移注意力。如出去散散步、听听音乐或找朋友玩等,都有利于摆脱不良情绪的困扰,使人心情舒畅一些。

(4)哭喊。在过度悲伤时,不妨大哭一场,因为哭能释放能量,把眼泪排出体外,对身体有利,也可以调节机体平衡。美国专家威廉·费雷(William Frey)认为,眼泪能把有机体在应激反应过程中产生的某种毒素排出去。从这个角度来讲,遇到该哭的事情忍住不哭就意味着"慢性中毒"。很多人欣赏"男儿有泪不轻弹",把眼泪当作软弱的表现,现在从心理健康角度来考虑,就会发现这种观念是不可取的。宣泄法提出发泄情绪、疏导情绪,使情绪达到正常值。日本松下电器工厂专设"发泄室",内有经理、科长的模拟像,任由工人对模拟像拳打脚踢,发泄不满,工人情绪正常了,工作效率才能提高。值得一提的是,情绪的发泄不应毫无顾忌,而应以不影响他人的学习、休息和工作为原则。

4. 心理暗示

在很久以前的一个部落,有一个传统,那里的青年人想结婚,先要学会捕捉牛的技术。捉了足够的牛,作为聘礼,送给女方家,才可以成家立室。最少的聘礼是一头牛,最多的是九头牛。这个部落酋长有两个女儿。有一天,一个青年走到酋长的面前,说自己爱上了他的大女儿,愿意以九头牛作为聘礼迎娶她。酋长听了之后大吃一惊,忙说:"九头牛的价值太高了,大女儿不值,不如改娶小女儿吧,小女儿值九头牛。"可是,这位青年坚持要娶酋长的大女儿,酋长终于答应了他。这件事轰动了整个部落。

一年后的一天,酋长经过这位青年的家,看见他家正举行晚会,一大群人围成圆圈,正欣赏一位美丽的女郎载歌载舞。酋长十分奇怪,去问那位青年这个女郎是什么人。年轻人回答:"她就是酋长您的女儿啊!"

青年人以"九头牛"的价值迎娶酋长的大女儿,同时酋长的大女儿也确信自己的价值是"九头牛",因此,她便发生了脱胎换骨的变化。

暗示是通过语言的刺激来自我调节情绪的方法。暗示是一种很普遍的心理机制。它作为一种心理机制伴随着人的心理活动,对人的心理和行为都有着奇妙的作用。人们几乎随时可能受到别人的暗示或者自我暗示,不受任何暗示的人是不存在的,人们只是对暗示的易感程度不同而已。心理学认为,一个人随时可以通过想象、联想、幻想而自我衍生出正、负情绪,因而也可以通过自我暗示显示出正、负情绪。情绪有不可控性,但是导入自我暗示,则可以达到控制情绪的目的,而且自我暗示运用得越熟练,情绪自控的程度就越高。自我暗示既可以用来松弛紧张情绪,也可以用来克服消极情绪,激励自己,使自己振作起来。例如,自卑感强的同学可以每天对自己说几遍"只要我努力,我一定会做得和别人一样好""抬起头,挺起胸,我很棒"等,这些积极的语言暗示可以对消极情绪起到良好的调节作用。

5. 采取有效的自我放松方法

克服情绪困扰常见的自我放松方法有放松训练、音乐疗法、想象放松法等。

（1）放松训练法

放松训练是一种通过肌体的主动放松来增强人对自我情绪的控制能力的有效方法。如减轻肌肉紧张、减慢呼吸节律等,都能使焦虑等不良情绪得到缓解。当感到压力时,应使自己静下来 10～15 分钟,集中精力于呼吸上,记录每一次的呼和吸。这样可以全身放松,减轻压力感。此外,可进行肌肉放松,采用站、坐、卧的姿势,但以卧式为主,放松之前,先充分体验全身紧张的感觉,然后从头到脚依次放松。

（2）音乐疗法

音乐作为一种艺术,是人的情绪、情感的一种表达方式,曲调和节奏不同的音乐可以使人产生不同的情绪感受。利用音乐来调节情绪已为人们广泛运用。心理学家通过研究证实,音乐能通过人的听觉器官和神经传入人体,和肌体的某些组织结构发生共鸣,激发人体的能量;音乐还能促使人体分泌一些有益于健康的激素,起到调节血液流量和使神经细胞兴奋的作用。好的音乐形象诱导人转移原来的消极情绪,使人的精神和注意力集中到音乐的积极形象上,改变人的心境。当心情郁闷时,《蓝色多瑙河》《卡门》《渔舟唱晚》等意境广阔、充满活力、节奏明快、旋律流畅的音乐,可以起到振奋精神的作用;当情绪不安时,节奏舒缓、旋律优美的音乐,可以起到镇静、安慰的作用。

（3）想象放松法

在受到不良情绪的困扰时,适当运用想象放松法会有一定帮助。选择一种自己感觉比较舒适的方式和安静的环境,然后全身放松,开始进行想象。一般是想象一些美好的景物和愉快的经历等。如想象自己躺在沙滩上，感受到阳光的温暖，耳边能听到海浪拍岸的声音，微风徐来，有说不出的舒畅感受。接着想象自己离开海滩归来，再慢慢睁开眼睛。想象会使人感到内心宁静，非常放松、自在。

此外，气功和认知训练等也是进行放松调节的有效途径。

第三章　大学生交往心理的指导

戴尔·卡内基(Dake Carnegie)说,一个人事业的成功只有 15% 取决于他的专业技能,另外的 85% 要依靠人际关系和处世技巧。人际交往能力已经成为人们必备的基本能力之一。大学生人际交往的效果以及他们之间人际关系的好坏,不仅影响着他们目前的学习、生活和心理健康状况,而且也影响着他们今后的成长与发展。为此,学习并不断提高人际交往的能力,已成为大学生的人生必修课程。

第一节　理论知识的指导

一、人际关系的含义及类型

人际关系是人们为了满足某种需要,通过交往形成的彼此之间比较稳定的关系。人际关系的好坏反映了人们心理距离的远近。人际关系是社会关系的一个侧面,它是以情感为纽带,以人们的需要为基础,以交往为手段,以自我暴露为标志的一种关系。大学生人际关系的主要类型有:

(1)血缘型:它是大学生的一种天然的人际关系,如与父母、兄弟等的关系。

(2)地缘型:主要指大学生因地域相同而结成的人际关系,如同乡关系等。

(3)业缘型:指大学生以所学专业为纽带形成的人际关系,包括师生关系、同学关系等。

(4)趣缘型:指大学生以兴趣为纽带而结成的人际关系,专业兴趣所造成的业缘人际关系也属此类,如话剧社、剧团成员的关系等。

(5)情缘型:指男女大学生为满足爱情的需要,通过与异性交往而建立的人际关系。情缘关系是大学生人际关系中强度较大的一种。

二、大学生人际交往的意义

交往是人类特有的需要，人只有在与他人的不断交往中才能促进个性的健康发展。一位阿拉伯哲人说，一个没有交际能力的人，犹如陆地上的船，是永远不会漂泊到壮阔的大海中去的。人际交往是人类生活的重要组成部分，没有人际交往便没有人类社会。所以，人际交往对人的生存和发展有十分重要的意义。

（一）人际交往有利于个体的发展

人一生的成长、发展、成功，无不与同他人的交往相联系。通过同他人交往，可以发现对方的长处，激发发展的动机。遭受挫折时，可以互相关心、爱护和支持，减轻痛苦、坚定信念。因此，在个人的发展过程中，离不开与他人的相互作用，离不开他人的理解、支持和帮助。大学生正处在人生成长的重要阶段，通过交往，不仅可以增长知识和能力，还可以促进自我的发展、完善。如果没有与他人的交往，自身的发展就会受到限制。著名的心理学家罗杰斯（C. R. Rogers）认为，人与人的交往是可能的，人们不仅可以交流思想，而且可以分享许多隐秘的情感：未来的梦想、内心的感受……人际交往不仅仅是可能的，而且还是有益的。人们通过交往、沟通、相互启迪，丰富彼此的人生；在友谊关系中，人们相互接纳及彼此探索，可以促进个体的成长，满足其自我实现的需求。人生是在交往中度过的，良好的人际关系是集体和个人生存与发展的有利环境。

（二）人际交往有利于身心健康

生活中我们也不难发现，那些交际时空较广的人，往往精神生活更丰富，身心相对更健康；而那些孤僻、不合群的人，往往有更多的烦恼和难以排遣的忧愁，因而也会有更多的身心健康问题。著名的医学心理学家丁瓒教授早就指出，人类的心理适应最主要的就是对人际关系的适应。人际关系影响是一个人的心理是否健康的重要因素之一。大学生通过交往,可以获得友谊,增强自尊心和自信心,增强自身价值感,降低挫折感,缓解内心的冲突与苦闷,宣泄愤怒与痛苦,从而有助于身心健康。

（三）人际交往可以满足心理需要

交往是个体健康成长的基本条件。马斯洛认为,人人都具有这样一种基本需要:需要归属于一定的社会团体,需要得到他人的爱和尊重。这些社会性需要是与吃饭、穿衣等生理性需要同等重要的不可缺失的需要。否则,人将丧失安全感,进而影响心理健康。社会学和人类学的研究进一步表明群体合作具有生物保存与适应的功能。如果没有群体的合作,不仅是人类,许多其他生物都会灭绝。正如普希金所说,不论是多情的诗句、漂亮的文章,还是闲暇的欢乐,什么都不能代替亲密友情。人们通过相互交往,诉说个人的喜怒哀乐与爱憎悲恐,会引起彼此间的情感共鸣,从而在心理上产生一种归属感和安全感。

（四）人际交往能够促进人格发展

人格发展除了受先天遗传因素影响以外,更重要的是受后天环境因素的影响。在与他人的交往中,个体逐步实现社会化,由一个自然人变成社会人,人格不断发展和完善。婴幼儿时期,儿童不仅接受父母在生活上的照顾,还受到父母为人处世方面潜移默化的影响。青少年的交往范围不断扩大,在与人交往的过程中,学习各种社会生活准则,学习社会角色行为。在一个人的成长过程中,正是通过人际交往,才逐步掌握了社会规范,认识到如何跟他人公平竞争与真诚合作,逐步成为一个人格健全的人。

（五）人际交往有助于事业成功

人际交往能够促进人们分工协作,齐心协力,为完成特定的任务而共同奋斗。常言道:一个篱笆三个桩,一个好汉三个帮。一个人的能力是有限的,且各有其擅长的一面,也有其短缺的一面。只有把大家的专业、知识和经验结合在一起,取长补短,形成合力,才能成就一番事业。纵观古今中外,任何先进科学技术的问世都离不开集体的智慧,离不开团队的分工协作。在人们相互交往、共同奋斗的过程中,依托集体的力量,一个人的能力才能得到充分的施展,得到社会的承认和肯定,得到人们的尊重和欣赏,从而达到自我实现的境界。特别在当今的信息社会中,人际交往的重要性更为突出。一个具有较强交往能力的人,能够不断扩大交往的范围,建立广泛的社会联系,掌握最新的信息,从而获得更强的社会适应能力,增加事业成功的可能性。而缺乏交往能力的人,自我封闭,孤军作战,则难成大事。所以,大学生如果想在事业上有所建树,获得成功,离不开别人的帮助,离不开人际交往。

三、大学生人际交往中的认知偏差

人际交往对大学生的健康成长有着特殊的意义。然而,大学生人际交往中存在一些对交往对象的认知偏差,其对人际关系产生了一些很深的影响。因此,克服人际交往中的认知偏差,对于大学生建立良好的人际关系十分有益。

（一）首因效应

首因效应也称第一印象效应。它是指第一次交往中形成的印象会对以后的交往关系产生深刻的影响,即心理上所讲的前摄作用。这是符合人类的心理活动规律的。首因效应产生的根源在于人类知觉的恒常性。知觉的恒常性是指人在认识事物时会形成一定印象,当知觉的条件在一定范围内改变时,知觉的印象却保持相对的不变。知觉的恒常性保证了人对事物认识的相对稳定,但同时也容易导致认知上的偏差,容易产生人际认知上的表面性和片面性。

首因效应在大学生人际交往中较为普遍存在。如不少大学生人际交往中对他人的第一印象多反映在对方的相貌、衣着、举止、气质、风度等表面特征,尤其是在青年男女的恋爱交往中。这种先入为主、缺乏深入了解和认识的表现,常常会造成认知上的偏差,使人陷入人际交往的误区。

（二）近因效应

近因效应是指最后的印象对人们的认知所具有的影响。最后留下的印象往往是最深刻的，这就是心理学上所谓的后摄作用。首因效应与近因效应不是对立的，而是一个问题的两个方面。通常情况下，对第一次交往的人，首因效应比较明显，而对相对熟悉和久违的人来说，近因效应所起的作用则更大一些。

近因效应对当今大学生的人际交往的影响也是普遍存在的。如有的学生与人相处时容易顾此失彼，容易冲动和激动，常常因为一点小事情闹矛盾、不团结甚至反目成仇，不考虑平时的交往；有的学生平时一贯表现很好，可一旦做了一件错事或犯了一点错误，就容易给别的同学留下很深的负面印象。近因效应具有很大的片面性，大学生在人际交往中应注意克服近因效应带来的认知偏差，要学会运用动态、全面、历史、发展的眼光看待他人，看待人际交往。

（三）晕轮效应

晕轮效应也称月晕效应或光环效应，是指在人际认知中，常常把对方所具有的某个特征泛化到其他一系列尚不知道的特征上，也就是说从已知特征推广到未知特征，形成对知觉的完整印象的心理现象。人们常说的"情人眼里出西施""爱屋及乌"等，就是晕轮效应。

晕轮效应是一种将信息泛化、扩张的认识方式，这就是心理学上所谓的泛化作用。大学生在人际交往的认知中，经常有这样的泛化。例如，喜欢交往对象的某一特征，就认为其他一切都好；反之，讨厌交往对象的某一特征，就认为其他一切都不好。这是一种以点带面、以偏概全的认知方式。

（四）刻板效应

刻板效应，即笼统地把人划分为固定概括的类型加以认识的心理现象。由于人们所处地理、政治、经济、文化环境及职业的不同，人们对一定类型的人（如同地缘、同职业的人群）有一种沿袭已久的固定看法，而这种看法往往沉淀为人的一种心理定势,并用于判断、评价具体人的人格特征。例如,用区域评价一个人,认为北方人一定身材魁梧、正直豪爽,南方人一定小巧玲珑、精明能干;按性别判断一个人,认为男生一定勇敢,女生一定脆弱;等等。这种刻板印象有其积极的一面,即借助社会生活沉淀而形成的某一类人的共性,使认识他人的过程简单化,有利于人们对某一个人、某一群体做出概括性的反映。但是,这种反映并不一定合乎实际,因为即使在同一类人中,除了共性之外,还存在个性,而且个性的存在是普遍的。显然,刻板印象所产生的人际认知和评价是不全面的、不正确的,有时会造成偏见或成见,为人际的正常交往带来负面影响。

（五）自我投射效应

自我投射效应是指在人际交往中把自己具有的某些特征加到他人身上的一种心理倾向。如自己心地善良,就认为他人也都心地善良;自己经常算计别人,就觉得别人也必然会经常算计他人;自己喜欢的东西,别人也一定喜欢;自己讨厌的,别人也一定讨厌。这就是人们常说的"以己之心,度人之腹"。

自我投射效应在大学生人际交往中的表现形式是多种多样的,而且较为普遍。如有的大学生对别人有意见,就会认为别人对自己也有意见,总是觉得对方的一言一行都带有挑衅色彩;有的大学生贞对别人不讲心里话,喜欢揣摩别人心思,讲话喜欢兜圈子,对别人的话也总是有一种不相信的心理;有的大学生喜欢背后议论别人,总以为别人也时常在背后议论他人;有的大学生用自己的主观愿望或主观想象去投射别人,如有的男生或女生内心深处喜欢一个异性,希望对方能喜欢自己,进而把对方的一个眼神、一句话甚至一句玩笑都看成对自己的示爱。自我投射效应的实质在于从主观出发简单地去认知他人,自我与非我不分,主观与客观不分,认知主体与认知对象不分,其结果必然导致认知的主观性、任意性,从而影响人际的良好沟通。

（六）定势效应

定势效应是指认知主体对认知对象早已形成的完整印象,影响到对该对象具体特征的认知和评价的心理现象。定势效应与首因效应有所不同。首因效应是第一次接触形成的印象,而定势效应是在头脑中已有的某些观念,其中有些是个体自己形成的,有些则可能是社会上长期流传和沿袭下来的习惯看法、观念在头脑中的留存。定势效应在生活中的事例很多。例如,大学生中流传的南方同学精明、北方同学直率,城市同学认为农村同学小农意识强,农村同学认为城市同学自负、虚伪、不值得交往,普通家庭出身的同学认为高干家庭出身的同学傲慢、娇气,等等。其实,也并非人人如此,只是受定势效应的影响而已。

定势效应在人际交往中的消极影响是显而易见的。同刻板印象一样,其使人在人际认知过程中产生偏见、成见甚至错觉,不利于正常的人际交往。

第二节　心理测试的指导

心理测试一:你的人际关系和谐吗?

这是一份人际关系行为困扰的诊断量表,共有 28 个问题,对每个问题做出"是"或"否"的回答。请认真完成,然后查看后面的评分、计分方法和对测验结果做出的解释。

1. 关于自己的烦恼有口难言。　　　　A. 是　　　B. 否

2. 和生人见面感觉不自然。　　　　A. 是　　　B. 否

3. 过分地羡慕和妒忌别人。　　　　A. 是　　　B. 否

4. 与异性交往太少。　　　　A. 是　　　B. 否

5. 觉得连续不断的会谈困难。　　　　A. 是　　　B. 否

6. 在社交场合感到紧张。　　　　A. 是　　　B. 否

7. 时常伤害别人。　　　　A. 是　　　B. 否

8. 与异性来往感觉不自然。　　　　A. 是　　　B. 否

9. 与一大群朋友在一起,常感到孤寂或失落。　　　　A. 是　　　B. 否

10. 极易受窘。　　　　A. 是　　　B. 否

11. 与别人不能和睦相处。   A. 是   B. 否

12. 不知道与异性相处如何适可而止。   A. 是   B. 否

13. 当不熟悉的人对自己倾诉他的生平遭遇以求同情时,自己常感到不自在。

                                   A. 是   B. 否

14. 担心别人对自己有什么坏印象。   A. 是   B. 否

15. 总是尽力让别人赏识自己。   A. 是   B. 否

16. 暗自思慕异性。   A. 是   B. 否

17. 时常避免表达自己的感受。   A. 是   B. 否

18. 对自己的仪表(容貌)缺乏信心。   A. 是   B. 否

19. 讨厌某人或被某人讨厌。   A. 是   B. 否

20. 瞧不起异性。   A. 是   B. 否

21. 不能专注地倾听。   A. 是   B. 否

22. 自己的烦恼无人可倾诉。   A. 是   B. 否

23. 受到别人排斥与冷漠对待。   A. 是   B. 否

24. 被异性瞧不起。   A. 是   B. 否

25. 不能广泛地听取各种意见、看法。   A. 是   B. 否

26. 自己常因受伤害而暗自伤心。   A. 是   B. 否

27. 常被别人谈论、愚弄。   A. 是   B. 否

28. 与异性交往不知如何更好相处。   A. 是   B. 否

评定方法

回答"是"的得 1 分,回答"否"的得 0 分。

如果你得到的总分为 0～8 分,那么说明你与朋友相处上的困扰较少。你善于交往,性格比较开朗,主动关心别人。你对周围的朋友都比较好,愿意和他们在一起。他们也都喜欢你,你们相处得不错,而且,你能够从与朋友相处中得到许多乐趣。你的生活比较充实而且丰富多彩,你与异性朋友相处得很好。一句话,你不存在或较少存在交友方面的困扰。你善于与朋友相处,人缘很好,获得许多人的好感

与赞同。

如果你得到的总分为 9～14 分,那么说明你与朋友相处存在一定程度的困扰。你的人缘很一般,换句话说,你和朋友的关系并不牢靠,时好时坏,经常处在起伏波动的状态之中。

如果你得到的总分为 15～28 分,那么表明你与朋友相处上的行为困扰较严重。

如果你得到的总分超过 28 分,则表明你的人际关系的行为困扰程度很严重,而且在心理上出现较为明显的障碍。你可能不善于交谈,也可能是一个性格孤僻的人,不开朗或有明显的自高自大、讨人嫌的行为。

心理测试二:内外有别

请指出以下哪些是你的实际情况:

1. 我凡事三思而后行。

2. 我喜欢标新立异,敢于与众不同。

3. 我不喜欢在群体中高谈阔论。

4. 我喜欢常常变换居室环境和游戏方式。

5. 我喜欢反思过去、反省自己。

6. 我喜欢读各种各样的书,钻研稀奇古怪的问题。

7. 除非是极熟悉的人,否则我是不轻易信任别人的。

8. 我和与自己观点不同的人也能相处得来。

9. 我有写日记的习惯。

10. 我是个不拘小节的人。

11. 我愿意与别人保持通信联系。

12. 我的喜怒哀乐别人能够感觉到。

13. 安静的环境和悠闲的生活比热闹繁华更让人满意。

14. 绝大多数人是可以信赖的。

15. 我是个勤俭节约的人。

16. 在大庭广众的注目下工作,对我来说并不是一件难事。

17. 集体活动没意思,还不如一个人在家休息。

18. 我不常分析自己的心理活动。

19. 考试时,如果老师站在我的身边,我的思路就会大受影响。

20. 如果是做自己擅长的事,我愿意有别人在旁边观看。

评定方法

分别统计奇数题号和偶数题号中肯定回答(即认为是符合自己实际情况的项目)的数目。比较两组项目肯定回答的数目。奇数项目表现的是个体性格中内向的成分,偶数项目表现的是个体性格中外向的成分。

你可以根据自己两组项目肯定回答的比例,检查自己是内向性格还是外向性格。如果奇(或偶)数项目基本上是肯定回答,偶(或奇)数项目基本上是否定回答,那你是极其内向(或极其外向)的人;如果奇数项和偶数项的肯定回答差不多,那你属于混合的中间型性格。

第三节　心理活动的指导

心理活动一:连环自我介绍

目的:促进成员之间相识,拓展其交往范围。

操作:①以 6～8 人为一组,大家围圈而站。②从其中的一人开始,每人用一句话介绍自己,这句话中必须包括姓名、籍贯和爱好。③当第 1 个人讲完后,第 2 个人必须从第 1 个人的介绍开始讲起,规则是后说的人必须把前面所有成员的信息包括进去。④接下来,每位成员在自我介绍时都要把已经介绍过的同组成员的信息都包括进去。⑤每个小组叫 2～3 位同学按规则进行自我介绍,若在 2 分钟内未完成或出现错误,则一起表演节目一个。⑥在多次重复中大家便记住了小组中的每一个人。

心理活动二:信任之旅

目的:通过助人与受助的体验,增进对他人的信任和接纳。

操作:①团体成员通过 1、2 报数两人组成一组,一位做"盲人",另一位是帮助者。②"盲人"蒙上眼睛,原地转圈,令其失去方向感,然后在帮助者的搀扶下,沿着指导者选定的路线,绕室内外活动。其间帮助者不能讲话,只能用手势、动作帮助"盲人"体验各种感觉。③活动结束后两人坐下交流当"盲人"的感觉与帮助别人的感觉,并在团体内交流。④互换角色,再来一遍,再互相交流。⑤团体交流讨论。内容集中在以下几个方面。对于盲人,问他:你看不见后是什么感觉? 这使你想起什么? 你对你的伙伴的帮助是否满意,为什么? 你对自己或他人有什么新发现?对于助人者,问他:你怎样理解你的伙伴? 你是怎样想方设法帮助他的? 这使你想起什么?

心理活动三:热座

目的:通过相互提供意见,从多角度看待问题,发挥集体力量协助成员解决个人困惑。

准备:先从所有成员中选出一个指导者。然后准备与成员数相等的信封、一些信纸,每个信封内放 3 张信纸。

操作:①每个成员随意取一个信封(内有 3 张信纸),信封自己进行编号,信纸上也注明相同的编号。②请成员记住自己的编号,然后将自己目前感到困扰、想得到帮助的 3 个问题写在每页信纸的顶端,将信封按顺序放在桌上,信纸交给指导者。③指导者将信纸打乱次序发给每个成员。每个成员拿到他人的问题时,应认真思考,根据自己的经验和体会,怀着真诚助人的心情,以自己独特的方式回答。

回答没有什么对错之分,只是把自己对某一问题的真实看法写出来。回答者不用署名,答完后将信纸放在一公共区域。④再拿出另一信纸作答,如此继续。在预定时间喊停止,请一人上前随意抽出几张信纸读出问题及回答。另几位成员负责将信纸按序号放回各自的信封。⑤每个成员取回自己的信封,阅读回复。⑥指定成员自由地谈阅读他人回答后的感受。由于得到了多人的帮助,丰富了个人有限的经验,受益者常常感动不已。

心理活动四:肯定的请求练习

目的:肯定的请求是向别人要求你所需要的或是本来就属于你的东西,清楚地说出请求,帮助你建立人际交往中的自信。

操作:①明确目的。在生活中有些人不会也不敢表达自己的请求,或者认为别人应该了解自己的需要,自己不必提出;或者认为经常请求才能获得的给予变得价值比较少。其实,能够肯定请求的人,比那些不要求的人收获更大;提出请求的次数越多,满足你需要的机会也越大。当然,肯定请求并不能保证你一定可以获得你要求的东西,因为你必须承认别人也有拒绝的权利。②了解肯定的请求方式。肯定的请求常常以询问的方式呈现,而不是以叙述或命令的形式呈现。比如:"你愿意和我共进晚餐吗?"肯定的请求包括两种形式:请求别人给予行为的回应与请求别人给予口头的回答。③训练方法。两人一组,根据成员自己设想的情境,相互对应练习。如请求别人停止吸烟、请求别人说话声音不要太大、请求别人帮助你做什么事情等。具体举例如下:a.你到饭店吃饭,叫了一份很生的牛排,但服务小姐端给你的却是一份快烤焦的牛排。小姐对你说"请慢用",你会说什么? b.你听音乐会时,旁边的听众正在嚼口香糖,声音很大,干扰了你欣赏音乐,你很不舒服。这时,你会说什么? c.你借给同学200块钱,他答应发了助学金时还你钱。但是发助学金的日子过了3天,他还没还你钱,你会说什么? d.在现实生活中运用肯定的请求方式和赞赏他人。

心理活动五:答记者问

目的:通过问答形式,促进成员关注他人,也体会到被关注的感觉,进一步加深了解。

操作:①以 6~8 人为一组,先商定从其中一位成员开始。例如 A 为被访者,其他几人则是记者,每人向 A 提一个自己想知道的问题,A 立即作答。什么问题都可以提,但要显示出记者的机智和大学生的水平。②其他成员轮流当被访者。被访者对所有提问有一次回避权。③每小组选出最佳提问和最佳回答。

第四节　心理案例及评析

心理案例一

小 A 与小 B 是某艺术院校大三的学生,同在一个宿舍生活。入学不久,两个人便成了形影不离的好朋友。小 A 活泼开朗,小 B 性格内向,沉默寡言,小 B 逐渐觉得自己像一只丑小鸭,而小 A 却像一位美丽的公主。小 B 心里很不是滋味,她认为小 A 处处都比自己强,把风头占尽,时常以冷眼对小 A。大三时,小 A 参加了学院组织的服装设计大赛,并得了一等奖,小 B 得知这一消息先是痛不欲生,而后妒火中烧,趁小 A 不在宿舍之机将小 A 的参赛作品撕成碎片,扔在小 A 的床上。小 A 发现后,不知道该怎样对待小 B,更想不通她为什么要遭受这样的对待。

案例分析:

小 A 与小 B 从形影不离到反目成仇的变化令人十分惋惜。引起这场悲剧的根源是"嫉妒"。嫉妒会让人迷失方向,几近疯狂。心理学家认为嫉妒是担心别人超过自己而产生的抵触情绪的体验。从心理学角度,嫉妒是一种变异心理,嫉妒是对超过自己的人感到恐惧和愤恨的混合心理,是自私自利、唯我独尊的心理表现。巴尔扎克说嫉妒潜伏在人心底,如毒蛇潜在穴中,嫉妒者比任何不幸的人更加痛苦,别人的幸福和他自己的不幸都将使他痛苦万分。

以公平、合理为基础的竞争是向上的动力,对手之间可以互取所长,共同进步,此外还必须建立正确的竞争意识。嫉妒是人类心灵的一大误区,大学生应自觉克服嫉妒心理,走出心灵误区,成为身心健康的栋梁之材。

心理案例二

吴某,男,重点大学二年级学生。吴某自进入大学后,一直很自卑,他的父母都是农民,家境贫寒。以前因为在中学时成绩拔尖,他深受老师和同学的喜欢,自己也因此似乎忽视了家庭的贫困和普通。为了让他上大学,家里负债累累。进了大学后,他自己又借了不少钱以掩饰自己的贫困和普通。他原以为到了上海,会有很多机会,可以通过打工来补贴自己,但实际上很难。他曾想了许多办法来提升自己的素质(比如参加社团、看书、看展览会、考取相关证书等),但实施之后往往半途而废,从而感到自己脱离不了贫穷,走不出社会底层,自己不会有好的前途,不可能光宗耀祖,甚至找女朋友在上海成家都很困难。

案例分析:

案例中吴某的问题属于适应障碍伴随的自卑。其大学之前成绩拔尖,一直受到关注和重视,使其得到了充分的心理满足,从而忽视了家境本身的贫困和普通。而进入大学后,一方面,他不再如过去那样受关注,失去了原来心理满足的基础,导致其第一次认识到了自己家庭的贫穷及与周围其他人之间的差距,而他又过分夸大地看待了这种落差,妄图以借钱的方式来掩饰自己的贫困。另一方面,其之前对于在上海的生存带有错误的估计。换了一个新环境后,他发觉并不如自己预期的可以通过打工补贴这生活,这造成适应障碍,导致了一种挫折感。另外,对于贫穷和成功的关系他亦不能做到正确的认知,使得以偏概全地看待自己的未来,意志力减弱,形成自卑心理。

心理案例三

蓝风是大学三年级学生,是学生干部,学习成绩优秀,但人际关系紧张,不仅与寝室同学相处不好,就连与班上的许多同学也无法正常交往。在同学们心目中,他是一个清高、傲慢的人,实在不好接近,虽然优秀,但对他的其他方面则不敢恭维。蓝风也为此很头疼,只要是他主持的活动项目,同学们似乎都有意不参加,好像故意和他作对,而他本人长期坚持的做人准则就是:我行我素,万事不求人。他几乎不接受别人的帮助,也认为自己没有帮助别人的义务。他成绩好,可每当班上同学向他请教时,他要么说不知道,要么就在给别人讲完之后,将别人奚落一顿,有时还要加上一句"拜托你上课时认真听讲,下次不要再来问我这么简单的问题"。时间一长,同学们都不愿意与他交往,他的人际关系越来越差。蓝风也对自己的人际关系状况十分不满意,感到孤独,没有归属感。有时孤独感令他窒息,使他焦虑甚至恐惧,但他不知如何入手改变现状。因为他自己也纳闷:我究竟有什么问题?

案例分析:

蓝风人际关系不佳的重要原因就在于他是一个不懂得接受,更不知道给予的人。在他的观念里,每个人只要做好自己的事情就足够了,没有给予与接受的意识,最终失去支持,生活在自己孤独的世界里,痛苦不堪。

心理案例四

小龙是一名大学三年级的学生。从进入大学以来,他觉得周围的人都不喜欢他,都对他不满。三年来,他几乎没有朋友,与同学也鲜有来往,他感到很孤独,但从内心来讲他却很想交朋友。在与人的交谈中小龙并不是胆小怯弱害怕交往型。小龙抱怨说现在的大学生思想特别不成熟,言谈举止幼稚,特别是自己身边的同学,俨然就是中学生的生活状态。这让他非常看不惯。有次上完某老师的课,同学们回来纷纷抱怨该老师照本宣科,枯燥无味,以后有机会就旷课。小龙打断大家

97

说："学习靠自已,你们这样是为自己的懒惰找借口。"当时寝室空气都凝固了。去食堂打饭,小龙看见炒的蔬菜色泽不好,就大声嚷嚷,这菜喂猪还差不多。刚巧同班两位女同学正在打这道菜,她俩回过头狠狠地给他丢下两个白眼。全班去郊游,班委提前商量方案,大家想去风景区,可小龙认为那个季节风景区没有什么风景,据理力争要把活动安排在附近的儿童福利院,结果讨论不欢而散。郊游还是去了风景区,大家却没有通知小龙。小龙一再表明,他说的都是真话、大实话,为什么大家不能理解他呢?他还说如果坚持真理注定要孤独的话,他要坚持下去,走自己的路,让别人说去吧。

案例分析:

乍一看,觉得小龙确实委屈,但仔细分析就会发现小龙的主要问题是在人际交往上以自我为中心来思考和看待问题。对于小龙所讲的事,他的思考方向都是从自我的角度思考其行为的合理性,明显缺乏换位思考。小龙在思考和解决他所面临的问题时,都不能正确地归因,更不能从他人的角度去反思其行为的不合理性。这样的大学生为数不少,他们为人处世都以自己的兴趣和需要为中心,只关心自己的想法和感受,不考虑他人的感受,完全从自己的角度出发根据自己的经验去认识问题和解决问题,似乎自己的态度就是他人的态度。

心理案例五

某女生 C,独生女,漂亮聪明,学习优秀,堂、表兄弟姐妹中数她最出色,集万千宠爱于一身,家庭经济条件好,很早就有自己独立的卧室。到学校后,四人一间宿舍,她感到委屈和不适应,经常抱怨寝室同学,还要小姐脾气,指使别人干这干那,好像那是理所当然的。这样,其他三位同学开始逐渐疏远她,她感到十分孤单,却又不知道别人为什么远离她。

案例分析:

比起中学生,大学生的人际交往更为复杂,更为广泛,独立性更强,也更具社会性。大学生们开始尝试独立的人际交往,并试图发展这方面的能力,而且,交往能力越来越成为大学生心目中衡量个人能力的一项重要标准。然而,并不是每个大学生都能处理好人际关系。在这一过程中,有相当数量的大学生会遇到各种问题,认知、情绪及人格因素,都会影响人际关系的建立。良好人际关系的建立,关键是要学会本着平等、尊重、真诚、宽容、谦逊的原则,在积极的人际交往实践中提高自己。

心理案例六

有人认为害羞基本用来形容女生,然而在现实生活中男生害羞的实例也不止一个。一个大一男生说:"我从小内向、害羞,不敢大声说话,特别怕别人的眼睛与我对视。如果我偶尔说句什么的,成为大家目光聚焦点的时候,我就羞得要命,不仅面红耳赤,连手心都汗淋淋的,说话也语无伦次,想马上躲开,否则双腿就抖个不停,连迈步都很难。高中阶段我过得很安稳,大家忙着学习,谁也不会和我主动搭讪,老师上课也不会提问。而现在我发现我的情况越发严重了,每次上课不幸被老师抽中回答问题时,我就无异于小'死'一回。我躲避所有眼神,开始只是对女性,现在对男性也是如此,可是又情不自禁地用眼睛的余光扫视对方,给对方以很不体面的感觉,说我这人很不正经。我自己也特别恨我这双眼睛,有时甚至想把它挖掉。"

案例分析:

羞怯是人类的一个特征,几乎每个人都经历过。根据美国的一份调查,有 1/8 的人在生活的某些方面过于胆怯。精神病学家研究发现,怕别人对自己印象不好而害羞是害羞的症结——大脑会把一个恐惧的信号与遭受挫折的细节联系在一起。一些精神病学家预言,网络文化将使轻度害羞趋向极端。因为有的人本来开始时害羞得还不算厉害,但人际交往少了,会使情况变得严重。害羞是普遍存在的现象,年轻人面对新环境中的交往活动,往往表现出害羞、胆怯、拘谨、不自然,但随着年龄增长与交往的频繁,害羞心理逐步减弱甚至消失。一项抽样调查显示,承认自己因为害羞而不敢与人交往的占49.7%。这个问题,在异性交往中比较常见。如果过度害羞,就会在交往活动中过分约束自己的行为,无法充分表达自己的意愿和情感,也无法与人沟通,妨碍良好的人际关系的形成。

第五节　心理知识链接

心理知识链接一:心理故事(多一分宽容,少一分忧愁)

人是应该宽容大度的。因为宽容是一把健康的钥匙,是一个人修养和善意的结晶,是生活幸福的一剂良药。宽容不仅是一种做人的美德,也是一种明智的处世方式,是人与人交往的"润滑剂"。

宽容待人无论走到哪里,都会为你带去一片和煦、温暖的春风;不肯宽容别人,则往往给自己带来痛苦。常常一些所谓的厄运,只是因为对他人有一时的狭隘认识、些许的刻薄而在自己前进的路上自设的一块绊脚石罢了;而一时所谓的幸运,也是因为对他人的恩惠、些许的帮助而拓宽了自己的道路。

春秋时期有这样一个故事:

楚庄王一次大宴群臣,一直喝到日落西山,又点起灯烛继续喝。忽然,刮起一阵大风,把宫中灯烛全部吹灭了。这时,一个喝得半醉的将军忽然拉住了一位妃子的衣服。妃子大惊,摸着了那人的头盔,折断了他头盔上的帽缨,大喊:"大王,有人想趁黑侮辱我,我已折断了他的帽缨,拿在手上,请一会儿点灯后看谁的头上没帽缨,问他的罪!"楚庄王马上说:"且慢!我今天请大家喝酒,有的人喝醉了。酒后失礼,不能责怪。我不能为了显示你的贞洁而伤害我的大臣。"楚庄王又说:"今天痛饮,不拔掉帽缨不算尽欢,大家都把帽缨拔掉!"参加宴会的人中一百多人头盔上有帽缨,这些人全部拔掉了帽缨,然后才重新点灯。君臣直喝到尽欢而散。三年以后,楚晋大战。有一位将军总是奋不顾身冲在前面。他首先冲进敌阵,击溃晋军。庄王把那位将军召到跟前,对他说:"我平日并没有特殊优待你,你为什么这么舍生忘死地战斗呢?"那个人回答说:"三年前宴会上被折断帽缨的人就是我。蒙大王不杀不辱,我决心肝脑涂地,以报大王之恩。"由于楚国将领个个效忠,终于打败了晋军,楚国从此得以强盛起来。

　　宽容犹如冬日正午的阳光,常常会令冰冷的心墙逐渐融化。宽容是一种豁达,可以化冲突为祥和,化干戈为玉帛。以宽厚之心待人,就会使彼此拥有更多的信任和爱戴。宽容是一种涵养,它是一种善待生活、善待自己的境界。它能陶冶人的情操,带给人心灵的安宁和恬静,它不但能改善自己与社会的关系,也会使自己的心灵得到慰藉和升华。一个不懂得对自己宽容的人,会因为把生命的弦绷得太紧而伤痕累累甚至走向毁灭。

　　宽容并不是一种软弱的表现,也不会失去尊严,它是一种处理和完善不愉快事情的能力。谁都难免遇到情势所迫的无奈、无可避免的失误、考虑欠妥的差错,所谓宽容就是常以善意去宽待有着各种缺点的人们,因其宽广而容纳了狭隘,因其宽广显得大度而感人。譬如水一样,以自己的无形包容了一切的有形。

心理知识链接二:人际关系八种距离

　　对方和你的关系如何,可以通过他与你保持的距离来判断。同时,彼此间的对话,也和双方距离的远近有很大关系。

　　根据美国人类学家埃特瓦特·霍尔的观察,人际关系可通过八种距离来断定。

　　(1)密切距离——接近型(0～0.15米)。这是为了爱抚、格斗、安慰、保护而保持的距离,是双方关系最接近时的距离。这时语言的作用很小。

　　(2)密切距离——较近型(0.15～0.45米)。这是伸手能够触及对方的距离,是关系比较密切的同伴之间的距离,也是在拥挤的电车中人与人之间的距离。

　　(3)个体距离——接近型(0.45～0.75米)。这是能够拥抱或抓住对方的距离。

这个距离对对方的表情一目了然。男人的妻子处于这种位置是自然的,而其他女生处在这个距离内,则易使人产生误解。

(4)个体距离——稍近型(0.75～1.20米)。这是双方同时伸手能触及的距离,这是对人有所要求时应有的一种距离。

(5)社会距离——接近型(1.20～2.10米)。这是超越身体能接触的距离的界限,是办事时同事之间所处的一种距离。

(6)社会距离——远离型(2.10～3.60米)。这是为便于工作保持的距离,工作时既可以不受他人影响,又不给别人增添麻烦。夫妻在家时,保持这种距离,可以互不干扰。

(7)公众距离——接近型(3.60～7.50米)。如果保持4米左右的距离,说明说话人与听话人之间有许多问题或思想待解决与交流。

(8)公众距离——远离型(7.50米以上)。这是演讲时采用的一种距离,彼此互不相扰。

如果能将以上八种距离铭记在心,就能准确、顺利地判断出你与对方之间的关系与密切程度。

心理知识链接三:好人缘的秘密

人际交往的技巧自然非常多,但简单而言,无非是关乎如何让一个陌生人能快速与自己建立交往关系,然后如何能让这种关系得以保持和深入,双方成为朋友,甚至形成更亲密的关系。个体相互间的吸引程度是人际关系重要的特征之一。心理学家研究发现,增进人际吸引的因素主要有以下几种。

(一)接近性

空间距离越小,双方越接近,往往越容易增进人际关系,尤其在双方交往的早期。因为地理上的接近使得相互接触的机会相对变得比较多,双方之间更容易相互了解、熟识。比如同桌、同班同学、邻居比普通人之间更容易关系比较好。

当然,这一原理的例外是当相互之间的关系是负面的时候,越接近可能导致越消极的关系。此外,随着相互之间交往的深入、时间的推移,接近性的效应会越来越弱。

(二)相似性

正所谓"物以类聚",在个人特性方面,如果双方能意识到相互之间的相似之处,就容易相互吸引,产生亲密感。比如相同的性别,相似的年龄、社会背景(如家庭、教育、经济等)、态度、价值观、兴趣爱好等。所以,在与陌生人交往时,如果能快速发现双方的相似之处,如是来自同一所学校、都是某个明星的"粉丝"、是老乡,就能快速建立良好的人际关系。

在相似性因素中,态度和价值观是最重要的因素。例如,政治主张、宗教信仰、对社会上发生重大事件的看法都比较一致的人,在感情上更容易接近、融洽,也就是我们通常说的"志同道合"。在人与人相处的初期,空间距离决定了人们之间的吸引程度,到了后期其相互吸引发生了变化,彼此之间的态度和价值观越是相似的人,相互之间的吸引力越大。

(三)互补性

当双方的需要以及对对方的期望正好形成互补关系时,就会产生强烈的吸引力。比如依赖性强的人喜欢和独立性强的人在一起,这样比较有安全感。心理学的研究还表明,互补因素会增进人际吸引,这往往发生在感情深厚的朋友,尤其是异性朋友或夫妻之间。美国社会心理学家C.科克霍夫(C. Kerckhoff)等人通过研究已建立恋爱关系的大学生,发现对短期的伴侣来说,推动吸引的动力主要是相似的价值观念,而驱使伴侣发展更亲密关系的动力主要是需要的互补。由此,科克霍夫等人提出择偶的过滤假说,即两个不相识的男女要结成终身依托的婚姻伴侣,必须经过几道过滤关卡:一是时空距离的接近;二是人身的因素(主要指当事人的社会经济地位、教育水平、信仰等);三是态度与观念的相似;四是需要的互补。尽管并非所有的婚姻关系的缔结都必须经过这样一系列的过滤,但这些过滤过程确实在许多异性交往过程中存在和起作用。

(四)能力与特长

个人在能力与特长方面如果比较突出,与众不同,其本身就是一种吸引力,容易使人心生敬佩和爱慕而愿意与之接近。但有趣的是,有研究发现,一个看起来很有才华的人,如果出现一点小过错或存在一些小缺点,反而会使普通人更接近他、喜欢他。也许,如果一个人表现得过于完美,会让人感到高不可攀,望而却步。这一点会不会给你一些特别的启示呢?尤其是那些希望自己十全十美的人。

(五)仪表与性格

正如我们大家所知道的,个人的长相、穿着、仪态、风度等,都会影响人们彼此之间的吸引。但交往的时间越长,仪表因素的作用越小,对吸引力起决定作用的因素将会从外在的仪表逐渐变为个体内在的品质(比如性格、道德等)。

在性格方面,开朗的性格也是人际吸引的一个重要因素。待人热情的人比待人冷淡的人更有吸引力。此外,幽默、礼貌、有涵养等也会在个体的人际交往过程中加分。

心理知识链接四:社交恐惧症

(一)社交恐惧症九牛二虎之力含义与分类

社交恐惧症又名社交焦虑症、见人恐怖症,是恐惧症中最常见的一种。社交恐惧症是一种对任何社交或公开场合都感到强烈恐惧或忧虑的精神疾病。患者对于在陌生人面前或可能被别人仔细观察的社交或表演场合,有一种显著且持久的恐惧,害怕自己的行为或紧张的表现会引起羞辱或难堪。有些患者对参加聚会、打电话、到商店购物或询问权威人士都感到困难。其在心理学上被诊断为社交焦虑失协症(SAD),是焦虑症的一种。社交恐惧症主要分为一般社交恐惧症和特殊社交恐惧症。

（1）一般社交恐惧症。如果你患了一般社交恐惧症,在任何地方、任何情境中,你都会害怕自己成为别人注意的中心。你会觉得周围每个人都在看着你,观察你的每个小动作。你害怕被介绍给陌生人,甚至害怕在公共场所进餐、喝饮料。你会尽可能回避去商场和进餐馆。你从不敢和老板、同事或任何人进行争论,捍卫你的权利。

（2）特殊社交恐惧症。如果你患了特殊社交恐惧症,你会对某些特殊的情境或场合特别恐惧。比如,你害怕当众发言、当众表演。尽管如此,你在别的社交场合,却并不感到恐惧。推销员、演员、教师、音乐演奏家等,经常都会有特殊社交恐惧症。他们在与别人的一般交往中,并没有什么异常,可是当他们需要上台表演或者当众演讲时,他们会感到极度的恐惧,常常变得结结巴巴甚至愣在当场。

社交恐惧症患者总是担心会在别人面前出丑,在参加任何聚会之前,他们都会感到极度的焦虑。他们会想象自己如何在别人面前出丑。当他们真的和别人在一起的时候,他们会感到更加不自然,甚至说不出一句话。当聚会结束以后,他们会一遍一遍地在脑子里重温刚才的镜头,回顾自己是如何处理每一个细节的,自己应该怎么做才正确。一般社交恐惧症和特殊社交恐惧症都有类似的躯体症状:口干、出汗、心跳剧烈、想上厕所。周围的人可能会看到的症状有:脸红、口吃结巴、轻微颤抖。有时候,患者发现自己呼吸急促,手脚冰凉。最糟糕的结果是患者进入惊恐状态。

（二）社交恐惧症的诊断标准

（1）患者对某种或多种社交场合有显著或持久的恐惧。在这些场合下,患者被暴露于不熟悉的人面前或者觉得可能有人在注意或观察,害怕自己可能会做出一些使人难堪的行为或表现出焦虑症状。如果是儿童,则是在与年龄相称的熟悉的人交往时发生问题,或在同伴而不是与成人的交往中焦虑。

（2）一旦暴露于所害怕的社交场合下便引起焦虑,并可能出现与处境密切联系的惊恐发作。如果是儿童,焦虑可表现为大哭大闹、发呆或从社交处境中退缩。

（3）患者知道自己的害怕是过分的或没有理由的。如果是儿童,这一点可以没有。

（4）患者一般都设法避免这种情景，否则便以极度的焦虑或痛苦忍受着。

（5）这种对恐惧情景的回避、焦虑或害怕反应，显著地干扰个人的生活、工作或社交，或者患者对于有恐惧症感到极度的精神痛苦。

（6）如患者年龄小于 18 岁，应至少有 6 个月病程。

（7）这种害怕或回避不是某种物质或一般性躯体状况所致的直接生理性反应，并排除其他精神障碍而引起的焦虑或恐惧性回避。

（8）如存在某种一般躯体情况或其他精神障碍，那么标准（1）的害怕也与之无关，例如不是害怕自己的口吃、帕金森病式的震颤，神经性厌食或贪食症的异常进食行为。

（三）社交恐惧症的自我防治

社交恐惧症主要是由一种"怕"心理引起的，如怕见陌生人、怕难为情、怕表现自我等。本症是在多年的日常生活、工作、学习中形成的，因此防治就需要在长期的日常生活、工作、学习中，逐步培养对外界的适应能力，有意识地多接触周围的人和事。尽管起初会不太习惯，有时会出现失态的情景，会觉得难为情，可应该明白，任何人不是天生就具有良好的社交心理和手段的，需要在后天的社交活动中培养，才能变得自如起来。

防治社交恐惧症，要从心理上去在社交中的自卑感。若带着消极的心理，常常会使自己不愿多说话、不愿多活动。其实，每个人都有自己的长处和短处，在社交上不如别人，并不是什么都不如别人，要多想一想自己的长处。不习惯社交的人，尤其要去掉自卑感，树立一种自强、自信、自立的精神，只有这样，在心理上才能战胜消极，从而在待人接物中变得主动，显得落落大方。

防治社交恐惧症，还要在心理上去掉"怕"字。正常的社交活动，并不带有什么神秘的色彩，只不过是人与人间的交往与应酬。因此，过分注意自己在社交中的言谈举止是多余的。随和、大方、自然，平时怎么说、怎么做，社交中也如此，时间长了，也就习惯了社交。

防治社交恐惧症还要注意社交的形式,如社交前可带着明确的社交内容参加社交。有了具体的社交内容,就可以把注意力从自身转移到事物上,不至于过分紧张。初次社交可以在社交活动比较老练的人的陪伴下,由陪伴者唱"主角",自己唱"配角",这样既可以学到别人的社交方式,又可以借以训练自己的社交能力,防止社交中出现尴尬局面。

心理知识链接五:大学生应掌握哪些与人交往的基本技能

（一）谦虚谨慎,摆正位置

要做到这一点的关键是正确认识自己的过去,忘记过去的辉煌或阴影,把大学生活作为一个新的起点,平静地看待周围的人和事,保持一种平和而理智的心态,谦虚待人。

（二）平等相待,真诚相处

大学生的性格特点决定了其人际交往的基础只能是人格平等,以诚相待。大学生之间存在差别,但他们在交往中却都刻意追求平等,强者不愿被迎合,弱者不愿被鄙视。因此,在学习、生活、工作特别是困难面前,要互帮互助。"善大,莫过于诚",热诚的赞许与诚恳的批评,都能使彼此间愿意了解、信任、倾诉、交心。

（三）主动开放

一般来说只有暴露了自己的内心,才能走进别人的心里。当你对别人做出一个友好的行为,表示支持或接纳他时,他的心理就会产生一种压力,为保持自己的心理平衡,他便会对你报以相应的友好行为。善于与人交谈和一起娱乐,能恰当分配时间与人交往、参加集体活动,往往会取得思想上的沟通、关系上的融洽。

（四）换位思考与心理相容

生活中常常由于种种原因而不能很好地理解别人。但当你站在别人的位置看问题时,就会了解别人的所言所行,获得许多从未有过的理解,便会觉得彼此间心理上的距离缩短了。另外,每个人都有保留自己意见和按照自己意愿去生活的权利,彼此只能用自己的思想去影响别人,而不可能强制改变别人。时时处处尊重和理解别人的选择,不过高要求别人,就可以减少误解,从而达到心理相容。

(五)合作协助,友好竞争

生活在相同的环境中,彼此间的合作不可避免。你应该在别人午睡时,尽量放轻动作;自己听音乐时戴上耳塞;有同舍室友亲友来访,热情接待。当你设身处地地为别人着想时,彼此合作的契机便已来临。在与他人的竞争中,倡导公平公开,既竞争又以诚相助,既竞争又合作。

如果你能努力朝这些方向前进,你就会发现,一切正在悄然改变:朋友之间的不快荡然无存;能够畅言的知音越来越多;亲友间真挚互爱。你便会过得充实愉快,会觉得人际交往是一件自然与轻松的事,从而对学习、生活持乐观的态度,对打造完美的大学生活以及以后的人生充满信心。

心理知识链接六:阅读与思考

一位青年人拜访年长的智者。青年问:"我怎样才能成为一个自己愉快也能使别人快乐的人呢?"

智者说:"我送你四句话。第一句是:把自己当成别人。即当你感到痛苦、忧伤的时候,就把自己当成别人,这样痛苦自然就减轻了;当你欣喜若狂时,把自己当成别人,那些狂喜也会变得平和些。第二句话是:把别人当成自己。这样就可以真正同情别人的不幸,理解别人的需要,在别人需要帮助的时候给予恰当的帮助。第三句话是:把别人当成别人。要充分尊重每个人的独立性,在任何情形下都不能侵犯他人的核心领地。第四句话是:把自己当成自己。"

青年问道:"如何理解把自己当成自己,如何将四句话统一起来?"

智者说:"用一生的时间、用心去理解。"

请问:你会如何理解和利用上面的四句话,来促进你与他人的交往?

第四章　大学生学习心理的指导

"活到老,学到老。"这是中国人耳熟能详的一句关于学习的名言。从这句话中,我们可以看到学习与人生的密切关系。《论语》开篇第一句说"学而时习之,不亦说乎",这是孔子在告诉人们,学习是人生的第一要务。人生就是一个不断学习的过程,学做人,学做事,如此而已。时间跨越两千多年,今天,我们的社会已经进入了学习化时代,学习不仅是我们生活的重要内容,甚至已经成了我们的一种生活方式。但是,你了解学习吗？你懂得学习吗？你会学习吗？本章将从心理学的角度为你解读学习。

第一节　理论知识的指导

一、学习的含义

学习的含义可以从广义和狭义两个方面来理解。广义的学习是人和动物在生活过程中通过练习或反复的经验而产生的行为或行为潜能的相对持久的变化及其过程。狭义的学习就是指学生的学习。

学习是一种十分复杂的现象,它不仅与感觉、知觉、注意力、记忆、思维等认知过程直接联系,而且还涉人的情绪、动机、个性和社会化等问题。

二、影响学习的心理因素

（一）学习目的

学习目的是指人在学习之初想要实现的行为目标或预期达到的行为结果。学习目的是学习的灵魂,规定着学习的价值和方向,并且贯穿于学习的全过程。

目的对人生有巨大的导向作用。有了目的以后,你会把精力集中到对实现你的目的最有意义的事情上去。要提高学习的效率与质量,就一定要为学习确立明确的学习目的及目标,对要学什么、学到什么程度、怎样学等都要有明确的认识和规划。

学习目的是随着人的认识的深化及境界的提高而不断调整和改变的。例如,有为了满足自己的好奇心与兴趣而学习的,有为考试考好而学习的,有为找个好工作而学习的,有为了职业发展需要而学习的,有为了健康而学习的,有为了养育孩子而学习的,有为了传承某种传统文化与技能而学习的,有为了探索研究自然奥秘和未知而学习的,有为了修炼身心而学习的,有为了自己的某种信仰而学习的,等等。

人与人的个性、需要及所处的环境不同,因此个人的学习目的亦会因时空差异和生存状态不同而丰富多样。但不管怎样,一个人必须确立自己正确的学习目的、目标及方向,并使之更加符合人生及社会的根本发展方向,只有这样,才能保证自己的学习理想、学习行为能为自己的人生幸福及社会的发展提供必要的保证。

(二)学习动机

学习动机是推动学生进行学习活动的内在原因,是激励、指引学生学习的强大动力。学习动机指的是学习活动的推动力,又称"学习的动力"。它并不是某种单一的结构,而是一种复杂的动力系统。学生的学习活动是由各种不同的动力因素组成的整个系统所引起的。其心理因素包括:学习的需要、对学习的必要性的认识及信念、学习兴趣、爱好等。

动机对人的行动具有强大的推动作用,这主要表现在三个方面。其一,激活功能。怀有某种动机的人,对那些与动机有关的刺激特别敏感,从而去从事某种与之有关的活动。例如,饥饿者对食物、干渴者对水特别敏感,因此也容易产生寻觅活动。动机越强,激活的能量越大。其二,指向功能。人的行为总是在一定的目标指引下进行的,动机不仅为行为提供动力,而且指向行为的目标。例如,在学习动机的支配下,学生的行为指向与学习有关的目标,如书本、课堂等;在娱乐动机的支配下,其行为指向与娱乐有关的目标,如娱乐活动或设施等。其三,维持功能。当个体的某种活动产生以后,动机针对一定目标维持着这种活动,并调节着活动的强度和持续时间。如果达到了目标,动机就会促使有机体终止这种活动;如果尚未达到目标,动机将驱使有机体维持和加强这种活动,以达到目标。

（三）学习方法

学习方法是学习者在完成学习任务过程中相对固定的行为模式,如记笔记、不断重复口述、分类和比较等,是外显的可操作的过程。

学生既要勤于学习,又要善于学习。善于学习就是能够在最短时间内,掌握更多的知识,也就是高效地进行学习。要想提高学习的效率,必须选择、掌握和运用正确的学习方法。

学习方法对学习效率的促进不是固定不变的。一种学习方法对一种学习有效,不意味着对其他学习也有效,所以学生在选择学习方法时不能机械地套用别的学科的方法,必须考虑一门学科的学习目的、学习内容,还要考虑学习者自身的学习能力和学习习惯。在综合考虑上述因素的基础上,才能选择出适合自己的学习方法,这样选择出来的学习方法才能对学习产生促进作用。

三、大学生学习心理的偏差与调适

大学是人生的关键阶段,对于身处这一阶段的学生来说,其核心任务——学习的重要性是不言而喻的。但是,在我国当前的教育现实中,大学生的学习和中学生的学习无论在学习目标、学习动机还是学习方法上都有着巨大的差别。刚进入大学的学生一时难以适应这种学习上的差别,不免会产生一些学习心理上的问题,这些问题如果处理不好,不但会影响大学生的学习积极性,更会影响大学生的心理健康。大学生学习心理问题通常表现为以下几个方面。

（一）目标缺失，为学而学

孙某说中学阶段他的生活"就像在黎明前漆黑一片的隧道中赛跑"，高考就是前方那一盏最明亮的灯，同学们你追我赶地向着这一目标奔跑，虽然身心疲惫，但目标十分明确，因而生活紧张却充实。没想到他顺利地进入大学之后，天虽已大亮，但高考这盏明灯却也熄灭了，生活中也就失去了目标和动力，周围全然一片陌生的景观。

大学生与中学生的学习非常不同。中学生读书是为了考大学，大学考上了，目标实现了，于是很多同学开始放松、放任甚至放纵。生活还在继续，很多人却发现没有了目标，心是浮的，人是散的，心无所属，劲无处使，往往觉得无事可干，容易迷失自我。一些大学生这样叹息：大学几年，真不知自己干了些什么！告别中学进入大学，每一个人都面临着目标的重新定位。

大学生在从目标失落到目标重建的过程中，要注意人与人之间的个体差异。在目标的确立过程中，要考虑自身的因素，如自己的学习兴趣、学习习惯、学习风格等，不能盲目跟风，匆忙定位。有些学生进校后就有较明确的学习目标，主导目标明确，这有助于其他目标的建立，这是较理想的状态。也有少数学生始终没有确立正确的目标，或由非学习目标代替学习目标，这会严重影响学习。还有些学生要么学习目标定得太低，只求考试过关，如期毕业，这会影响学习的效率和效果；要么学习目标定得太高，导致个体所追求的"理想"成为"空想"，从而逐渐丧失斗志。"大学生活自由得让人不知所措"，这是许多大学生的共识。

大学生可以根据自己的专业特点、特长或薄弱环节制订每日活动计划，确定每学期奋斗目标，如普通话、计算机、英语等达到几级水平，确定长远奋斗目标，如专科→升本→考研等。远近目标结合，形成目标体系，就不会出现目标迷失的状况。

（二）动力不足，学无热情

刘某是一位来自山区、家庭困难的大学生，学习成绩一直非常优异。上大学后,他忽然感到心中茫然,学习没动力,生活没目标,有时候想到辍学在家的妹妹和年迈的父母,也恨自己不争气,可是面对自己所学的专业和未来就业的前景,他又的确找不到奋斗的目标与学习的动力。因此,他学习上得过且过,生活上马马虎虎,上课打不起精神。无聊的他常常去网吧度日,他不是因为喜欢上网而荒废了学业,而是因为觉得学习实在没劲才去上网打发时间。为此,他自己也十分苦恼,可是却难以自拔。

由于高中的学习过于紧张,多数学生进入大学以后,都会有一种终于得到解脱的感觉,进而产生懈怠、惰性心理,一些人不满意自己所学的专业,也有一些人对大学学习期望过高,一旦面对大学学习的现实,学习的热情下降,许多学生往往产生"混"的学习心态,难以产生良好的学习效果。

大学生学习热情不足往往与大学生学习的内部动机缺失有关。内部动机是相对于外部动机而言的。外部动机是指对人的活动产生的驱动力来自外在环境因素而不是活动本身的动机,如学生为了得到奖励或逃避惩罚而学习。对外在动机而言,行为是为了获得外界奖赏或应付外界要求的工具。内部动机是指对人的活动产生的驱动力来自活动本身的动机,如学生认识到活动的意义和活动本身对学生产生了吸引力。对内在动机而言,完成行为本身即是一种快乐和奖赏,除此以外没有其他目的。学习的动力可以来自内在动机,这时学生对学习深感兴趣;学习的动力也可以来自外部动机,这时学习活动可能为学生带来某种他们所期望的结果。

学习热情不能完全靠内部动机激发,大学生学习热情不足也与大学生学习的外部动机不强有关。高尚、正确、长远的学习动机,对学习的驱动力较强,具有这种学习动机的人在学习上表现出三个特点:劲头足、意志坚、标准高。自私、不正确和短浅的学习动机对学习的驱动力较弱,具有这种学习动机的学生,往往表现出各种学习问题,如学习不用功、抄作业、考前突击、考试作弊等。所以,要激发学习的热情,就要不断地端正学习的动机,真正形成高尚、正确和长远的学习动机。这种转变和形成过程,一般指的就是立志过程。

大学生要激发自己的学习热情,也可以通过激发学习兴趣来实现。可以利用直接兴趣和间接兴趣的转化规律来激发自己的兴趣。有些学习是自己本身就感兴趣的,这是直接兴趣,直接兴趣能够较好地激发人的学习热情。有些学习我们对它不感兴趣,但对其带来的结果感兴趣,这就是间接兴趣,为了这个结果我们坚持下去,时间长了,在学习的过程中就会发现这种学习的意义,寻找到这种学习的规律,学习过程逐渐变得有趣了,这就实现了间接兴趣向直接兴趣的转化。

(三)毅力不强,学无恒心

王某有积极向上的愿望,也有未来的理想和目标设计。她志存高远,雄心勃勃,但她常常管不住自己,学习坚持不了多长时间就去玩,玩了之后又感到很愧疚,觉得自己浪费了太多时间,于是她下决心从此时开始要好好学习。她每次写计划书督促自己,可是坚持不了几天就全盘废弃,别人说她"常立志,不如不立志",她内心非常苦恼。

应该说,绝大多数大学生对学习的重要性是有认识的,也是希望好好学习的,但是,大学与中学的学习有着明显的不同。首先,长期在老师和家长的督促之下学习的中学生,进了大学以后,没有了外界的约束,自我监督和管理能力较差,管不住自己。一些人经过高考的煎熬之后,备尝艰辛,不愿意再辛苦学习,在学习上得过且过,滋生"60分万岁"的惰性心理。并且在大学里,除了学习以外,还有很多其他活动,如社团活动、网络冲浪、社会兼职等,大学生容易被学习之外的事情吸引,难以专心学习。

大学生要锻炼自己的毅力可以从以下方面进行:一是要强化正确的动机。人的行动都是受动机支配的。伟大的目标产生伟大的毅力。如中国古代的司马迁、现代的张海迪,外国的海伦·凯勒(Helen Keller)、奥斯特洛夫斯基(IV. A. Ostrovsky)等。二是从小事做起可以锻炼大毅力。地质学家李四光一向以工作坚韧、一丝不苟著称,这与他年轻时就锻炼自己每步走0.8米这类小事不无关系。人皆可以有毅力,人皆可以锻炼毅力,毅力与克服困难相伴而生。克服困难的过程,也就是培养、增强毅力的过程。三是由易入难。这样既可增强信心,又能锻炼毅力。有些人很想把某件事情善始善终地干完,但往往因为事情的难度太大而难以为继。对毅力不太强的人来说,在确定自己的奋斗目标、选择实现这一目标的突破口时,一定要坚持从实际出发、由易到难的原则。否则,在没有把握的情况下,提出过高的目标,很可能实现不了,信心就会锐减,纵使平时有些毅力的人,这时也可能打退堂鼓。

（四）方法不当,学无效果

李某学习勤奋刻苦,每天早晨5:30起床早读,晚上自习到10点多才回到寝室。他经常最先到教室,上课十分用心,他的笔记在同学们中广泛传阅。期中考试以前,同学们都认为他的成绩肯定会在班级名列前茅。但在期中考试中,他的高等数学和无机化学均考了不到40分。同学们十分惊讶,他自己也感到十分意外。但却仍然不知道自己的毛病出在哪,认为还是自己付出不够。

很多大学生进入大学以后,由于思维的惯性或是惰性,还是习惯于中学的学习方法,对不同学科、不同任务的学习方法不加区分,满足于机械记忆、题海战术,而很少对学习内容进行高水平的整体思考,将所学知识整合为一个知识体系,不明白系统性是大学专业学习的一个重要方面。

大学生学习方法问题主要表现为以下几方面:第一,学习方法沿袭高中的老路子,陷入做题→总结→再做题→再总结的死循环,认为搞题海战术就能把课本掌握得很好,而且所学的知识是在做题中总结的,忽视了教材在学习中的重要作用,忽视从教材中理解并且应用知识的能力。第二,团队协作意识不强,独来独往,喜欢自己钻研、死抠问题,往往在一个问题上浪费很多时间,而不善于与同学交流。第三,上课时间没有利用好。大学的课堂教学往往是提纲挈领式的,教师在课堂上只讲难点、疑点、重点或者是教师最有心得的一部分,其余部分就要由学生自己去攻读、理解、掌握。一些学生平时复习只看笔记,对笔记盲目崇拜,忽视了课本内容的整体性,所学的知识不能够连贯起来,融会贯通。第四,缺乏学习的积极性和主动性,平时学习不抓紧,临考前通宵达旦、废寝忘食,导致生物钟紊乱,学习效率下降。

　　大学生要掌握正确的学习方法,首先要有勤奋刻苦的学习精神。此外,更要掌握大学学习的特点,遵循大学学习的规律。大学学习的特点主要有以下几方面:第一,主动性。大学学习的深度和广度比中学时有了极大的拓展。大学学科门类多,学科的深度深、广度大,教师在课堂上只讲难点、疑点、重点或者是教师最有心得的一部分,其余部分就要由学生自己去学习。因此,必须培养和提高自学能力。大学生要学会合理安排学习时间,做好预习、复习和总结,善于运用各种学习资源。要区别自主学习和独自学习的不同。"独学而无友,则孤陋而寡闻",大学生要破除那种个人埋头苦读的陈旧读书观,要注意与他人交流沟通学习心得,抱持"三人行,必有我师焉"的学习态度,才能更好更快地提高自己。第二,大学学习具有专业性的特点。从被大学录取的那一刻起,大学生的方向就已经确定了。四年大学学习的内容都是围绕着这一大方向来安排的。大学的学习实际上是一种高层次的专业学习。这种专业性,是随着社会对本专业要求的变化和发展而不断深入的,知识不断更新,知识面也越来越宽。为适应当代科技发展的既高度分化又高度综合的特点,这种专业性通常只能是一个大致的方向,而更具体、更细致的目标是在大学四年的学习过程中或是在将来走向社会后,才能最终确定下来。因此,大学在进行专业教育的同时,还要兼顾到适应科技发展和社会对人才综合性知识要求的特点,尽可能扩大综合性,以增强毕业后对社会工作的适应性。一般来讲,专业对口是相对的,不可能达到专业完全对口。因此,在大学期间除了要学好专业知识外,还应根据自己的能力、兴趣和爱好,选修或自学其他课程,扩大自己的知识面,为毕业后更好地适应工作打下良好的基础。

第二节　心理测试的指导

心理测试一:学习方法测试

　　本测试共 28 道题目,请在你认为符合自己情况的题后回答"是",反之则回答

"否"。请认真阅读每一个问题并如实回答。

1. 每天是否提前做好上学的准备？

2. 是否经常迟到？

3. 每天的学习时间是否一定？

4. 是否经常感到睡眠不足？

5. 能否在规定的地点、时间进行学习？

6. 起床时间与就寝时间是否毫无规律？

7. 是否拥有切实可行的学习计划？

8. 游玩时间是否经常挤占学习时间？

9. 坐在桌前是否能迅速进入学习状态？

10. 学习时同学相邀去玩，是否欣然答应？

11. 除了运用公式、定理，你还深入探究它们是如何推导出来的吗？

12. 你对书中的观点、内容从来不怀疑和批评吗？

13. 是否经常去图书馆和阅览室？

14. 学习除了书本还是书本吗？

15. 遇到不明之处，是否有查阅字典、参考书的习惯？

16. 是否一边看电视或听收音机，一边学习？

17. 是否爱护教科书、参考书？

18. 是否有一边拿着点心或饮料，一边学习的陋习？

19. 上课或自习你都能聚精会神、很少开小差吗？

20. 是否对弱科、不感兴趣的学科就不愿去学？

21. 能否与同学互相学习、互相帮助？

22. 是否不愿在家学习，而经常去同学家学习？

23. 你能见缝插针，利用点滴时间学习吗？

24. 一次考试成绩不良是否总是挂念于心？

25. 考试时是否仔细工整地回答问题？

26. 考试后是否听完老师的讲评就对试卷置之不理？

27. 受到老师表扬后，是否就更喜欢学校生活，并对这位老师的课也兴趣倍增？

28. 受到批评，是否就耿耿于怀，愁眉不展？

计定方法

奇数题选择"是"记 1 分，选择"否"记 0 分；偶数题选择"是"记 0 分，选择"否"记 1 分。

将各题分数相加，算出总分。总分在 50 分以上，说明学习方法优良；40～49 分，说明学习方法较好；28～39 分，说明学习方法一般；28 分以下，说明学习方法较差，需要改进。

心理测试二：学习安排测试

本测试共 16 题，每题都有 3 个备选答案：A. 是；B. 有时如此（或不一定）；C. 否。请认真阅读每一道问题并如实回答。

1. 你是否拥有一份切实可行的学习计划？

2. 你是否能完成当天的学习任务和作业？

3. 你是否每个星期都安排有趣的休息活动？

4. 你是否有一个明确具体的学习目标？

5. 你是否能够按自己的学习计划安排自己的学习？

6. 你是否为假期编制特殊的功课表？

7. 你是否做完功课才离开书桌？

8. 在学习时，你是否不去看电视、接电话？

9. 是否能恰当分配各门功课的学习时间？

10. 考试时能否合理分配答题时间？

11. 你是否保持充足的睡眠？

12. 欣赏音乐时，你是否索性就不念书，尽情地欣赏？

13. 你是否经常运动,以保持身体健康?

14. 你是否努力排除一切足以影响读书的干扰?

15. 你是否经常检查自己的学习计划并进行适当的调整?

16. 你对自己的学习是否有一定的奖惩措施?

评定方法

每题选 A 记 2 分,B 记 1 分,C 记 0 分。

将各题分数相加,得出总分。总分在 27 分以上,表明你的学习安排得非常好;22~26 分,表明你的学习安排得较好;16~21 分,表明你的学习安排得一般;15 分以下,表明你的学习安排得很差,需要改正。

心理测试三:学习积极性测试

本测试共 32 道题目,请在与自己情况相符的题目后打"√"号,不相符的打"×"号。请仔细阅读每一道问题并如实回答。

1. 上课老师提问时,我喜欢听同学回答问题和老师进行总结。

2. 我的学习成绩比别人差,就会感到难过。

3. 做功课和接待朋友这两件事,我更喜欢后者。

4. 每天晚上和周末的学习时间,我都安排得井井有条。

5. 我觉得学习真是一种苦差事。

6. 作业中遇上难题,我喜欢自己动脑筋思考解决。

7. 我很少预习。

8. 假期里我也是每天学习,从不赶作业。

9. 不感兴趣的课程,我就不愿花很大的精力去学。

10. 我喜欢和别人讨论学习中的问题。

11. 学习成绩好不好,我不在乎。

12. 我听课时从不走神,总是尽量理解老师讲的内容和领会老师的讲课意图。

13. 我总是在考试前临阵磨枪。

14. 即便是我特别想看的电视节目,在没做完功课前也不看。

15. 老师留的选做题太难了,我一般都不做。

16. 就是想多学一点知识,考试不考试无关紧要。

17. 我在学习上有忽冷忽热的毛病。

18. 我喜欢琢磨习题的多种解法。

19. 上课没听明白的问题,也不愿意问老师或同学。

20. 我不埋怨老师讲得好不好,我认为学习主要靠自己努力。

21. 我喜欢解答能从教材中找到答案的问题。

22. 偶尔一次考不好,我也不气馁,相信自己总会赶上的。

23. 我在学习时,有点噪声就学不下去了。

24. 不管老师有没有布置作业,我都有自己的学习内容。

25. 我认为现在学习的东西,将来用不上,可能是白学了

26. 平时有个小病小灾的,我从不耽误学习。

27. 每次发下试卷,只要听明白老师的试卷分析就不再改正自己试卷中的错误。

28. 当天的功课当天完成,我从不拖拉。

29. 我不喜欢看课外参考书。

30. 有问题时非弄个水落石出不可。

31. 每天课后写完作业,我就觉得踏实了。

32. 每次考试后,都会分析自己的试卷,找到知识中的缺陷。

评定方法

偶数题选择"√"记 1 分,选择"×"记 0 分;奇数题选择"√"记 0 分,选择"×"记 1 分。

将各题分数相加,算出总分。总分在 29 分以上,积极性很强;22～28 分,积极性较强;16～21 分,积极性一般;15 分以下,缺乏积极性。

第三节 心理活动指导

心理活动一:时间分割

(一)活动目的

(1)通过扮演时钟,训练反应能力和协调能力。

(2)让学生懂得珍惜时间,学会合理安排时间。

(二)活动时间

大约需要 25 分钟。

(三)活动道具

事先准备好 1 厘米宽、100 厘米长的纸条(每人一条),印有圆形图案的白纸(每人一张),笔(每人一支),3 根为一套的、长短不一的小棍子(若干套)。

(四)活动场地

以室内为宜。

(五)活动程序

(1)个人扮时钟:请若干位同学自愿上台,发给每人长、短小棍一副,长棍代表分针,短棍代表时针。听主持人的口令扮演出时钟上时针与分针的关系,如:6 点、8 点、3 点 20 分、11 点 05 分等。

(2)小组扮时钟:请同学自愿组成三人组,主持人分别发给每人一根小棍子,最长的代表秒针、次长的代表分针、最短的代表时针。听主持人的口令,三人一起组合表示一个时间。

(3)撕纸条:主持人把事先准备好的 1 厘米宽、100 厘米长的纸条发给每位同学,告诉大家每个人手中的纸条代表时间,假如这个时间是一天,那就是 24 小时。请每个人想一想:自己的一天是怎样度过的,睡觉用了多少时间,把它撕去;吃饭、看电视、玩游戏、踢足球、聊天发呆等分别用了多少时间,把它们一一撕去,看看还剩多少时间是用来学习的。大家比一比谁留给学习的时间最多。

(4)发给每个人一张印有圆形图案的白纸,请大家想一想:假如这个圆表示一周的时间,你怎样进行管理,如何合理分配?请大家画出"时间管理拼图",画完后进行交流。

(六)注意事项

(1)棍子长短注意秒针、分针、时针的比例。

(2)画"时间拼图",一个圆可以代表一天,也可以是一周、10 天等。圆形分割可以用线条,也可以用彩色笔涂出色块。

(3)画"时间拼图"的目的是启发同学思考如何合理安排自己的时间,所以画完后的交流很重要,主持人根据同学的时间管理计划做出恰当的点评。

心理活动二:于无声处

(一)活动目的

(1)让学生体验心静的感觉,学会集中注意力,懂得聆听。
(2)用心感受通过眼神和身体接触(如手、背)彼此间传递及交流信息。

(二)活动时间

大约需要 20 分钟。

(三)活动道具

《天籁之声》的音乐。

(四)活动场地

以室内为宜。

（五）活动程序

（1）将全班学生分成 2 组，围成 2 个同心圆，里圈和外圈的人面对面坐好。轻轻地闭上眼睛，做 5 个深呼吸，慢慢地放松，静静地感受来自周围的声音……2 分钟后睁开眼睛，交流听到的声音。

（2）让里圈和外圈所有的学生面对面坐好，轻轻地闭上眼睛，做 3 个深呼吸，聆听《天籁之声》，慢慢地睁开眼睛注视对方，默默地去体会对方此时此刻的心情和想要表达的心境……

（3）让里圈和外圈所有的学生面对面坐好，轻轻地闭上眼睛，做 3 个深呼吸，聆听《天籁之声》，慢慢地伸出双手与对方的手轻轻地贴在一起，去感受对方要传达的信息……

（4）让里圈和外圈所有的学生背对背坐好，轻轻地闭上眼睛，做 3 个深呼吸，聆听《天籁之声》，慢慢地背靠背，去体会对方通过背脊要传达的信息……

（5）全班交流，分享感受。

（六）注意事项

（1）本游戏需要有非常安静、没有干扰的环境，在温度、湿度十分舒适的情况下，才能让人进入用心聆听、用心说话、用心体验的境界。

（2）本活动的感觉是细微和敏感的，所以对中学生来说，以同性学生一组为宜。

（3）音乐的选择非常关键，以聆听大自然的声音为宜，如流水声、雨声、涛声、虫鸟鸣叫声。

心理活动三：用途无限

（一）活动目的

（1）通过相互交流，彼此启发，开阔视野，丰富想象力。

（2）通过"头脑风暴"，鼓励积极思考、大胆倡议、科学选择，克服定势思维，激发创造力。

（二）活动时间

大约需要20分钟。

（三）活动道具

塑料可乐瓶、纸、笔。

（四）活动场地

以室内为宜。

（五）活动程序

（1）把全班学生分为若干个6～8人组，推选出一名组长。

（2）请组长到主持人处领取一只塑料可乐瓶、一张白纸和笔。

（3）小组成员在5分钟内讨论：塑料可乐瓶可以有多少种用途？讨论结果记录在纸上。

（4）全班交流，并在交流的基础上，小组成员将可乐瓶用途归类。

（六）注意事项

（1）在"头脑风暴"中，要激发学生想象出各种各样的用途，不要有过多的约束和顾虑，在充分想象的基础上再做合理选择。

（2）在整理用途时，要注意归类总结，尽可能丰富用途的类别，而不要只停留在一种类别的多种答案上。如可以做容器，用于盛水、盛油、盛可乐、盛糖……这样的答案，思路是封闭的。

心理活动四：寻找变化

（一）活动目的

（1）通过找变化游戏，让学生体验"变"的快乐，感悟"变"的意义。

(2)在改变自己的同时学会欣赏他人的变化,并在变化中成长和完善自己。

（二）活动时间

大约需要 20 分钟。

（三）活动场地

室内与室外均可以,但要有两个独立的空间。

（四）活动程序

(1)用连续报数的方法,确定实际参与游戏的人数,要求为偶数。如出现奇数,主持人也作为一员参与活动。

(2)如以 50 个学生为例,1～25 号学生排成一排,26～50 号学生在 1～25 号学生中,寻找一个"中意者",两两成对。

(3)"成对"的两个学生面对面站立,相互关注对方 1 分钟。1 分钟后,1～25 号学生留在原地,26～50 号学生离开原地,走到 1～25 号学生看不到的另一空间,所有学生在 2 分钟内对自己的外形做 3 个改变。

(4)"成对"学生分别找出对方的 3 处改变。完成后,请 26～50 号学生留在原地,1～25 号学生离开到另一空间,所有学生在现在的基础上分别做 5 个改变,5 分钟内完成。

(5)"成对"学生分别找出对方的 5 处改变;

(6)主持人请出有代表性的 3 对学生做全体分享。

（五）注意事项

(1)在寻找"中意者"时,要求学生最好寻找自己不熟悉者"成对",这样可以避免因彼此熟悉而轻易发现对方的"改变"。

(2)鼓励学生做出多于主持人规定的 3 个、5 个"改变",充分发挥想象力和创造力,设计出富有个性的"改变"。

（3）主持人要注意捕捉有创意的"改变"，进行全体分享。对有些无法找到对方"改变"的情况，可以作为典型案例，让全体学生共同寻找。

（4）对没有积极参与、没有响应"改变"的个别学生，主持人要及时暗示、启发、建议，让其投入游戏之中，避免影响学生的情绪、伤害其自尊心。

心理活动五：集思广益

（一）活 动 目 的

（1）让学生树立求助意识，借助他人的智慧解决自己的难题。

（2）培养学生的关爱之心，乐意帮助别人解决难题。

（二）活 动 时 间

大约需要30分钟。

（三）活 动 道 具

一些塑料饮料瓶（漂流瓶）、一些信封和一些白纸。

（四）活 动 场 地

以室内为宜。

（五）活 动 程 序

（1）全班分成4～6人的小组若干。

（2）"献策"：

①每位同学可以自己选择是使用漂流瓶还是使用信封，并将漂流瓶、信封和白纸发给每一位学生。

②每位同学在事先准备好的白纸上写下自己最头痛、最想解决的问题（如学习问题、交往中的问题等，通过描述，自己脑中对问题有个明确的概念），然后把这张

纸装在准备好的漂流瓶或信封里。

③以小组为单位,把每个小组同学的"求助信"在全班范围内"漂流",每位同学负责对"漂流"到自己手里的"求助信"献策,并在策略末尾写上自己的名字。(注意:如果学生不愿意留下自己的名字,可以不留;尽量多地把"漂流瓶"传到不同同学的手里)最后,"物归原主"。每人不必拘于只献一计。

④在班内将自己收获到的"计策"进行交流。

(3)"感谢":请向为你提供可行且有效方法的同学表示感谢。走过去握手,并说"谢谢你"(或者用你自己的方式表达)。

(六)注意事项

(1)问题的署名。有的同学在寻求别人帮助的时候,由于害怕自己的隐私被暴露,不敢写其内心真正困惑的问题,所以主持人在宣布写疑难问题的时候,根据实际情况,纸条上可不署自己的名字,这样可以让学生们在心理上有一种安全感,有助于提高求助问题的真实性。

(2)鼓励大家提出尽可能多的解决问题的方法。在献策时应注意,提出解决问题的建议,任何想法想到了就写下来。不管听起来有多么荒谬,也不要"删改"太多,类似于头脑风暴。

(3)为了调节气氛,主持人可请同学们在自己收到的(或小组其他成员收到的)方法中评选以下奖项:最佳方法——最佳创意奖;最奇特方法——别出心裁奖;最容易完成的方法——善解人意奖;方法最多的同学——"智多星"荣誉称号。

(4)如果时间充裕,主持人应该就这些"方法"和"建议"进行讨论,让学生能更好地知道提出解决问题的办法时应注意哪些方面,如何使自己的"建议"和"方法"更为有效。

第四节　心理案例及评析

心理案例一

我今年已经大三了,一直优秀的我一向对自己要求很高,当然这也与家庭的期望有关,父母都是具有高级职称的知识分子,在他们的言传身教下,我从小就知道努力与奋斗。在大学,我进行了认真细致的生涯设计,一步一个脚印向前走:成绩要拔尖,大二通过国家英语六级和托福考试,为将来出国留学做好准备;大三入党,使自己的政治生命有所"皈依";与此同时,锻炼自己各方面的能力。于是,在大学我像一只陀螺飞速运转着,珍惜大学的分分秒秒,因为我相信:付出总有回报。但在大学生活中却发现离自己的目标越来越远,我忽然怀疑起自己的学习能力,我感到自己在学习上的优势在消失,甚至多年积累的自信也开始受到挑战,对未来,我忽然担心起来,我该如何办?

案例分析:

这名学生的问题是学习动机不当造成的。学习动机不当包括学习动机不足和学习动机过强,这两者都会影响大学生的学业效能感。学习动机不足的主要表现为:无明确的学习目标,为学习而学习,甚至厌倦学习和逃避学习;学习动机过强的主要表现为:成就动机过强,奖励动机过强,学习强度过大。学习动机过强的调节方法有:一是正确认识自己的潜质,制定恰当的学业目标与学业期望,调整成就动机,与此同时,脚踏实地,循序渐进,不好高骛远;二是转换表面学习动机为深层学习动机,淡化外在奖励特别是学业成就的诱因,正确对待荣誉与学业成绩;三是端正学习态度,树立远大理想,保持旺盛的学习热情,坚持不懈,便会取得预期效果。

心理案例二

张某,大二学生,2岁时父母离异,从小跟随母亲长大。由于长期受到母亲溺爱,该学生从小到大一直非常贪玩,经常不能控制自己,也喜欢上网打游戏。2年前他考入一所三本高校,学习一年半之后,感觉学校不好,学风差,并且就业率也不高,觉得继续待下去毫无前途,就退学重新参加高考,结果比第一次高考多考了100多分,过了二本线,虽然所学专业为调剂专业,但是和之前三本院校相比,学校已经好了很多,其母亲和学生本人都很高兴,因而大一第一学期初该学生还能认真学习,可是由于离开了家庭,没有了母亲的约束,又因为自己喜欢玩耍,慢慢地开始喜欢去网吧,经常翘课,学习成绩下降,期末挂科一门。大一第二学期翘课次数更多,有时会有夜不归宿情况出现。

案例分析:

该学生的问题是学习毅力不强造成的。该学生从小没养成好的学习习惯,虽然有学习的动机和学习的能力,但由于自我约束能力差,学习目标又不甚明确,经不住网络游戏的诱惑,发生荒废学业的情况。习惯的形成需要经历很长的时间,所以该生首先要认识到改变习惯是可以实现的,但是改变需要时间,需要一个过程,有了这个心理准备才不会中途放弃,才有坚持下去的勇气。其次是改变需要方法。想要改变并不难,难的是不要虎头蛇尾,中途放弃。如何才能坚持下去呢,有两个技巧:一个是找监督,一旦没有做好能够及时提醒并给予鼓励和支持,例如可以请求同学、室友监督提醒自己;另一个是自我暗示,在墙壁上或者书的第一页写一些提示的话(我要怎么样……),每天看,经常看,不断提醒自己。最后是改变需要有切实可行的行动计划,要根据自身的特点,逐步减少上网时间,增加学习时间,定期检查自己的计划执行情况,及时发现自己的细小进步,自我鼓励,持之以恒,不良习惯才能得到改变。

心理案例三

男生小 A,来自偏远山区,从小天赋优秀,再加上自身的努力,终于考入某名牌大学。到了学校,与来自全国各地的同学在一起,突然产生强烈的自卑感。他不太会使用计算机,不懂足球和网络游戏,英语发音不纯正。更可怕的是,第一学年自己放弃了很多其他的活动,非常认真地学习,可是成绩平平,连奖学金也没拿到……他从此对学习失去了兴趣,整天沉迷于网络游戏,最终修习学分达不到学校的规定,面临退学的危险。

案例分析：

该学生的问题是学习不适应造成的。大学生的学习目的、学习内容、学习方式等都有别于中学生。因此，在适应大学学习环境的过程中，可能会出现各种各样（如动机、兴趣、方法、用脑等）的问题。此外，角色地位的改变，也是每个大学生所要面临的问题。多数大学生在入学前，是当地的学习尖子、老师家长的宠儿、同学朋友心目中的榜样，自我感觉良好。但进入大学后，跻身于这个集中了各地优等生的新群体中，就不可能人人都是宠儿，都是优等生了，原来的优越感不复存在。能否继续保持优势，或者能否接受"自己是平凡一员"这一事实，是摆在每个大学生面前的问题。有的大学生在客观现实面前，能调整自身的认识，重新树立起自己的人生目标，使之符合客观现实的要求，而有些大学生则企图逃避与现实的矛盾冲突，出现消沉、颓废、苦闷、抑郁等心态，或耽于玩乐、放纵，以此来麻痹自己的心灵。如果不能正确地接受和对待这种现实，采取逃避或否认等防御方式，就会引发心理卫生问题。

第五节　心理知识链接

心理知识链接一：心理实验

心理学家塞利格曼（Seligman）曾做过一个实验。他先把实验组的狗放进无法逃脱的笼子里，这个笼子里面还有电击装置。实验开始后，给狗施加电击，其强度能够引起狗的疼痛但不会伤害狗的生命。实验结果发现，狗在一开始被电击时，拼命挣扎着逃脱笼子。经过再三努力后，狗发现无济于事，于是挣扎的程度就逐渐地降低了。

随后，再把这些狗放进另一个笼子里，这个笼子是由两部分组成的，中间用隔板隔开，隔板的高度是狗能够轻易跳过去的。隔板的一端有电击，另一端没有电击。实验发现,狗在刚开始的半分钟内十分惊恐,此后就一直卧倒在地接受电击,不再尝试逃离。很明显,一种绝望感控制了狗,塞利格曼将这种绝望称为"习得性无助"。

塞利格曼的"习得性无助",在我们每个人身上都可能表现出来。在面临困难或挫折时,一些人会抗争一下后就选择放弃,而另一些人却能够坚定地拼搏下去,直到取得成功。这说明,在这个世界上,没有绝望的环境,只有绝望的人。永不言败,是成功者的座右铭,而破罐子破摔,则是失败者的墓志铭。

后来,塞利格曼又做了另一个实验。他让狗在接受"无法摆脱的电击"之前,先学会如何逃脱电击。方法是让狗接受电击时,只需轻轻一跳,就可以免受电击的痛苦。狗学会了电击时逃离到另一边后,再按照前面的实验对它们进行实验,结果发现狗不那么绝望了。

我们从塞利格曼的实验中可知,获得成就感是多少重要。对于个体而言,要善于采用一些策略来保持自己的信心。比如,确立一些自己能够达到的目标,使自己不断地有成功体验。大凡获得成功者,都有一个秘诀——任何时候都不泄气。

心理知识链接二:每天做好一件事

有一位画家,举办过十几次个人展,参加过上百次画展。无论参加者多与少,有没有获奖,他的脸上总是挂着开心的微笑。

在一次朋友聚会上,我问他:"你为什么每天都这么开心呢?"他微笑着反问我:"我为什么要不开心呢?"而后,他给我讲了他儿时经历过的一件事情。

"小的时候,兴趣非常广泛,也很要强。画画、拉手风琴、游泳、打篮球,样样都学,还必须都得第一才行。这当然是不可能的。于是,我闷闷不乐,心灰意冷,学习成绩一落千丈。有一次我的期中考试成绩竟排到全班的最后几名。"

"父亲知道后,并没有责骂我。晚饭之后,父亲找来一个小漏斗和一捧玉米种子,放在桌子上。告诉我说:'今晚,我想给你做一个试验。'父亲让我双手放在漏斗下面接着,然后捡起一粒种子投到漏斗里面,种子便顺着漏斗滑到了我的手里。父亲投了十几次,我的手中也就有了十几粒种子。然后,父亲一次抓起满满一把玉米粒放到漏斗里面,玉米粒相互挤着,竟一粒也没有掉下来。父亲意味深长地对我说:'这个漏斗代表你,假如你每天都能做好一件事,那你每天都会有一粒种子的收获和快乐。可是,当你想把所有的事情都挤到一起来做,反而连一粒种子也收获不到了。'"

"20多年过去了,我一直铭记着父亲的教诲:'每天做好一件事,坦然、微笑地面对生活。'"

心理知识链接三:学习与思考

(一)赢在思考

一个人到宠物商店买鸟,先挑了只美丽又会唱歌的,老板要价5000元,之后客人改选颜色较差的鹦鹉,老板却要价1万元,因为它会讲5种语言,客人因而改要一只看起来最不起眼的鸟,这回老板竟要价5万元,客人质疑,老板回答:因为它会思考。这个故事说明思考的重要性。在经济发展的新时代,好家世、好文凭都不能成为你的骄傲,唯有不断思考、创新才能缔造新局面。

故事在现实中也有了印证。20世纪40年代,有一个德国工人在生产一批书写纸时,不小心调错了配方,生产出了大批不能书写的废纸,这个工人因此被解雇了。看到他生活、心情都陷入低谷,他的一位朋友劝解他说:"把问题变换一种思路看看,说不定能从错误中找到某些有用的东西。"一句不经意的话,有如一丝火花。不久,他惊异地发现,这批废纸的吸水性能相当好,可以很快吸干手稿墨迹和家具上的水分。

于是,他从老板那里将所有废纸买下来,再切成小块,换上包装,取名"吸水纸",拿到市场上去销售,竟然十分抢手。后来,他申请了专利,并组织了大批量生产,结果发了大财。

我们往往会遇到这样的情况:只从一个方向考虑问题,路子越走越窄,甚至通常还会走入死胡同。这时,我们不妨换个角度来想一想,或许会出现意想不到的收获。

（二）爱因斯坦的独立思考

著名的德国物理学家爱因斯坦,在物理学的许多领域都有重大贡献,其中最重要的是建立了相对论学说,揭示了空间、时间的辩证关系,加深了人们对物质和运动的认识。相对论无论在科学上,还是在哲学上,都具有重要的历史意义。

这位被人们称为有"超级"智慧的科学家,是如何思考问题的呢?

1922年,爱因斯坦到美国时,好奇的美国人向他提出了许多问题:

"你可记得声音的速度是多少?""你如何记才能记下这么多东西的?""你把所有的东西都记在笔记本上,并且把它随身携带吗?"

爱因斯坦回答说:"我从来不带笔记本,我常常使自己的头脑轻松,把全部精力集中到我所要研究的问题上。至于你们问我,声音的速度是多少? 现在我很难确切地回答你们,必须查一下辞典才能回答。因为我从来不记在辞典上已经印有的东西,我的记忆力是用来记忆书本上还没有的东西的。"

爱因斯坦的回答,使那些美国人感到很惊奇。今天读来,也使我们受到很大启发。爱因斯坦成功的一个重要原因,就是他不但有非凡的独立思考能力,并且非常重视这种能力的培养。他在《论教育》一文中写道:"学校的教育目标应当是培养独立行动和独立思考的人。""发展独立思考和独立判断的能力,应当始终被放在首位。"

当代大学生的学习,应侧重培养独立思考的能力。大学生要养成思考的习惯,要探索"书本上还没有的东西",当然不是要我们丢开书本知识不学;相反,只有首先掌握书本上已有的东西,才有思考和探索的基础,才能在前人的基础上有所发现,有所前进。

培养独立思考能力,需要我们经常自觉地进行锻炼。碰到问题要想一想,当时可能没有什么大用途,但有助于我们养成思考问题的良好习惯。科学上的发现,都是日积月累的结果。对一个平常注意思考问题的人来说,有些问题早已想过,这样,他学习起来、搞起研究来,就可以比别人少用时间,而且也有可能比别人看得更远,想得更深、更透,更容易出成果。

心理知识链接四:学习的策略

(一)学习三境界

第一境界是"苦学"。提起学习就讲"头悬梁、锥刺股""学海无涯苦作舟"。处于这种境界的同学,觉得学习枯燥无味,对他们来说学习是一种被迫行为,体会不到学习中的乐趣。长期下去,对学习必然产生一种恐惧感,从而滋生厌学情绪,结果,在他们那里,学习变成了一种苦差事。

第二境界是"好学"。所谓"知之者不如好之者",达到这种境界的同学,学习兴趣对学习起着重大的推动作用。对学习的如饥似渴,常常达到废寝忘食的地步。他们的学习不需要别人逼迫,自觉的态度常使他们能取得好的成绩,而好的成绩又使他们对学习产生更浓的兴趣,形成良性循环。

第三境界是"乐学"。学习本身也是一门学问,有科学的方法,有需要遵循的规律。按照正确的方法学习,学习效率就高,学得轻松,思维也变得灵活流畅,能够很好地驾驭知识,真正成为知识的主人。达到这种境界的人,学习对他们不是负担,而是享受。

目前,大学生的学习中,第一境界居多,第二境界为少数,第三境界极少。我们应当明确,学习的一个重要目标就是要学会学习,这也是现代社会发展的要求。21世纪中的文盲将是那些不会学习的人。所以,同学们在学习中应追求更高的学习境界,使学习成为一件愉快的事,轻轻松松学好各门功课。

(二)学习的好习惯

学习成绩的好坏,往往取决于是否有良好的学习习惯,特别是思考习惯。学习的好习惯有以下三种:

（1）总是站在系统的高度把握知识

很多同学在学习中习惯跟着老师一节一节地走,一章一章地学,不太在意章节与学科整体系统之间的关系,只见树木,不见森林。随着时间推移,所学知识不断增加,就会感到内容繁杂、头绪不清,记忆负担加重。事实上,任何一门学科都有自身的知识结构系统,学习一门学科前首先应了解这一系统,从整体上把握知识,学习每一部分内容都要弄清其在整体系统中的位置,这样做能更容易把握所学知识。

（2）追根溯源,寻求事物之间的内在联系

学习最忌死记硬背,而应弄清楚道理。所以不论学习什么内容,都要问为什么。即使你所提的问题超出了学科知识范围,甚至老师也回答不出来,也没关系。重要的是对任何事都要有求知欲、好奇心,这往往是培养学习兴趣的重要途径。更重要的是养成这种思考习惯,有利于思维能力的训练。

（3）发散思维,养成联想的思维习惯

在学习中我们应经常注意新旧知识之间、学科之间、所学内容与生活实际等方面的联系,不要孤立地对待知识,养成多角度地去思考问题的习惯,有意识地去训练思维的流畅性、灵活性及独创性,长期下去,必然会促进智力的发展。知识的学习主要通过思维活动来实现,学习的核心就是思维的核心。知识的掌握固然重要,但更重要的是通过知识的学习提高智力。智力提高了,知识的学习会变得容易。

上面讲的三个学习习惯实质上是三种思维习惯。学习的重点就是学会如何思考。

（三）学习三要点

（1）多读书,注意基础

要想学习好,基础知识的掌握尤为重要,而基础知识就是指课本知识。但在学习中,很多同学却不重视课本的阅读理解,只愿意去多做一些题,因为考试就是做题。实际上这是一种本末倒置的做法。应当说,课本与习题这两方面都很重要,互相不能替代,但课本知识是"本",做题的目的之一是能更好地掌握知识。所以我们主张多读书少做题,不主张多做题少读书。

(2)多思考,注重理解

"学而不思则罔",思考是学习的灵魂。在学习中,知识固然重要,但更重要的是驾驭知识的头脑。如果一个人不会思考,那么他只能做知识的奴隶,知识再多也无用,而且也不可能真正学到知识。知识的学习重在理解,而理解只有通过思考才能实现。思考的源泉是问题,在学习中应注意不要轻易放过任何问题,有了问题不要急于问人,应力求独力思考,自己动手动脑去寻找问题的正确答案。这样才有利于思考能力的提高。

(3)多重复,温故而知新。

《论语》开篇第一句"学而时习之",道尽学宗,不断地重复显然是学习中很重要的一个方面。当然,这种重复不能是机械地重复,也不只是简单地重复记忆。我们主张每次重复应有不同的角度、不同的重点、不同的目的,这样每次重复才会有不同的感觉和体会,一次比一次获得更深的认识。知识的学习与能力的提高就是在这种不断的重复中得到升华,所谓温故而知新也。

心理知识链接五:学习兴趣

(一)杨露禅偷拳

杨露禅(1799—1872 年),名福魁。河北广平府(今邯郸市永年区)人。他自幼好武,因家贫,迫于生计,在广平府西关大街中华医药老字号"太和堂"中干活。这药店为陈家沟人陈德瑚所开。陈德瑚见杨为人勤谨,忠实可靠,又聪明能干,便派他到故乡陈家沟家中做工。适逢陈长兴借陈德瑚家授徒。杨心中十分羡慕,有心拜师学艺,但一者事繁,二者又怕其不收自己。他虽然懂得江湖禁忌,但因学艺心切,便在陈氏师徒练拳时,在一旁观看,用心记下某些招式,无人时便私下练习,久而久之,竟有所得,后被陈长兴发现。陈长兴见其是可造之才,不但没有怪罪他,反而大胆摒弃门户之见和江湖禁忌,和陈德瑚商量,准其在业余时间正式学习太极拳。这样,杨露禅才得以正式拜陈长兴为师。他后来在陈氏太极拳的基础上,创编了杨氏太极拳。

（二）诸葛亮喂鸡

诸葛亮少年时代，从学于水镜先生司马徽。那时，还没有钟表，计时用日晷，遇到阴雨天没有太阳，时间就不好掌握了。为了计时，司马徽训练公鸡按时鸣叫，办法就是定时喂食。诸葛亮天资聪颖，司马先生讲的东西，他一听便会，不解求知饥渴。为了学到更多的东西，他想让先生把讲课的时间延长一些，但先生总是以鸡叫为准，于是诸葛亮想：若把公鸡鸣叫的时间延长，先生讲课的时间也就延长了。于是他上学时就带些粮食装在口袋里，估计鸡快叫的时候，就喂它一点粮食，鸡一吃饱就不叫了。

过了一些日子，司马先生感到奇怪，为什么鸡不按时叫了呢？他经过细心观察，发现诸葛亮在鸡快叫时给鸡喂食。司马先生在上课时，就问学生鸡为什么不按时叫。其他学生都摸不着头脑。诸葛亮心里明白，他是个诚实的人，就如实地把自己在鸡快叫的时候喂食以延长老师授课时间的事说了出来。司马先生很生气，当场就把他的书烧了，不让他继续读书了。诸葛亮求学心切，不能读书怎么得了，可又不能硬来，便去求司马夫人。司马夫人听了诸葛亮喂鸡求学遭罚之事，深表同情，就向司马先生说情。司马先生说："小小年纪，不在功课上用功夫，倒使心术欺蒙老师。这是心术不正，此人不堪大用。"司马夫人反复替诸葛亮说情，说他小小年纪，虽使了点心眼，但总是为了多学点东西，并没有他图。司马先生听后觉得有理，便同意诸葛亮继续读书。

心理知识链接六：学习的信心与毅力

在大学生生活中，时常也听到这样或那样的抱怨：怨生不逢时，怨没有出生在好家庭，怨过去学习基础没有打好，等等。这样的想法对吗？让我们看看伟大的物理学家富兰克林的成才经过吧。

富兰克林出生于一个手工业者的家庭，父亲做肥皂和蜡烛，母亲生了 17 个子女,他是最小的一个。家庭人口众多,经济负担沉重,富兰克林上到小学三年级就被父亲拖回来做工了,剪灯芯,做蜡烛,干着苦活。后来,父亲看到他喜爱看书,就把他送到富兰克林的哥哥办的一家印刷厂当了一名印刷工。在这样的条件面前,他并没有屈服,而是"在不利与艰难的遭遇里百折不挠"(贝多芬语)。例如,他为了有书看,他和离印刷所不远的一个小书店的伙计交上了朋友,同伙计商妥,在书店关门前把书悄悄借走,第二天开门前把书归还,为的是绝不让老板知道。就这样,富兰克林每天白天上班,夜晚读书到深夜。

富兰克林的成才经历告诉我们,生活中给我们的启示是很多的,其中最重要的一点是:"请记住,环境愈艰难困苦,就愈需要坚定毅力和信心,而且懈怠的害处也就愈大。"(托尔斯泰语)

无须慨叹,更不应颓唐,而应像遭受种种打击的贝多芬那样"要扼住命运的咽喉",用积极的精神向前奋斗。

第五章　大学生恋爱心理的指导

爱情是个美丽的字眼,是令人难以忘怀的人生体验。爱情同样拨动着大学生的心弦,令人寻觅和向往。大学生的恋爱也早已不再"犹抱琵琶半遮面"了,在大学生中已成为相当普遍的一种现象。一方面,爱情可以让大学生陶醉,获得全新的自我体验和人格重塑,更好地学习、生活;另一方面,不成熟的恋爱心理也会带来一些负面影响,有的迷失自我,彷徨痛苦,有的还会被吞噬了理智而走向疯狂,严重影响自己的学习、生活乃至身心的健康发展。随着性心理的成熟,对爱情的向往与追求,自然会在大学生的内心萌发。然而,爱的能力需要学习与培养。因此,引导大学生认识爱情,树立正确的爱情观,学会正确处理爱情与友谊、爱情与学业、爱情与婚姻的关系,培养和发展爱的能力,也是大学生心理健康教育的一个重要课题。

第一节　理论知识的指导

一、爱情的内涵

(一)什么是爱情

所谓爱情,是一对男女基于一定客观物质条件和共同的人生理想,在各自内心中形成的相互间最真挚的爱慕,并渴望对方成为自己终身伴侣的最强烈、专一和稳定的感情。爱情是存在于人类两性之间的一种崇高的情感,是"人类男女间基于生命繁衍的本能和确保身心最大快慰而产生的互相倾心和追求的生理和社会的综合现象"。人类男女间的爱情一般源于人的自然属性即人的生物属性,但爱情又并非只决定于人的自然属性,它还受人的社会属性,即受人们在社会生活中的活动、地位、需要以及社会的伦理观念、价值观念等的支配。它具有特定时代、民族、阶级、国家的具体特点,在爱的形式、内容、求爱方式等方面各不相同。爱情是婚姻的基础,但并不等同于婚姻。

爱情的内容主要涉及生物因素、精神因素和社会因素三个方面。生物因素是指爱情产生于男女两性之间,异性相吸的生物本能使人产生性欲,从而具有与之结合的强烈愿望;精神因素主要是指爱情是一种高尚的情操,健康的爱情会愉悦身心,使人产生美好的心理体验;社会因素是指爱情是社会现象,一方面受社会道德、法律规范制约,另一方面还涉及生儿育女、传宗接代的社会功能。

爱情是人的自然属性和社会属性的统一。爱情的自然属性就在于它是以性欲、性心理为自然基础并由此而发展起来的;爱情的社会属性则在于它是在男女两性自由、互爱基础上产生的渴望在肉体和精神上融为一体的强烈倾慕之情。现代的爱情同单纯的性欲及古代的爱情是根本不同的,它是两性间的一种特殊的社会精神关系,有其鲜明的现代待征:自由、平等、强烈、持久、排他,必须以互爱为前提。同时,爱情还具有崇高的道德价值。作为一种社会现象,一种特定的人际亲密交往,要求情侣双方遵守社会的道德规范。确立正确的道德观念正是爱情的社会属性的本质要求,而爱情又有助于促进建立、完善和贯彻正确的道德规范。

（二）恋爱心理阶段

人们常把异性间择偶、培养爱情的过程称为恋爱。恋爱是以性为根,以爱为叶,是对爱情美的选择和追求,是男女双方在建立爱情之前必定要经历的阶段。

1. 初恋阶段

当一个年轻人将爱情的信息传递给自己所爱慕的异性,并得到对方肯定的反应时,他便会体验到从未有过的兴奋与激动,可以说,此时,这个年轻人就进入了初恋阶段。

初恋是爱情交响曲的第一乐章,是两颗心灵的第一次碰撞。绝大多数初恋者在心理上都会产生奇异而难忘的强烈感受。

初恋是强烈的,它是爱的首次爆发,是青春火焰的点燃,其力量足以震撼人的心灵。

初恋是纯洁的,犹如初开的花蕾,素雅、清新、令人心颤。这花蕾一生只绽开一次,因而更显其珍贵。初恋双方经常感到神圣、甜蜜、兴奋不已。初恋的感情是纯洁美好的,像一块纯洁的白玉,较少有利益的计较和世俗的污斑,很少考虑感情以外的其他因素,如金钱、地位和对方家庭境况等。它是完全以感情为联系的纽带,每一个青年人都十分珍惜自己的初恋,对它寄托着美好的希望、幻想和深情。在一些大学生的日记上,总是用最美好的词语记载着初恋的感受。

初恋是含蓄的,初恋的激情和冲动往往以隐蔽的形式表露出来。因此,初恋一般是旁人难以觉察到的,尤其是在大庭广众之下,较少流露出过分的亲昵,而是暗送秋波,彼此领会。但是,这种含蓄的爱情往往容易引起误解。有人把友好的表示理解为爱情的信号,给自己带来无端的烦恼,造成"恋爱错觉"。还有的人由于粗心,没有注意到初恋的暗示,不理解或疏忽了对方爱的表示,无意中伤害了对方的感情,错过姻缘。

2. 热恋阶段

经过初恋阶段的相互了解,彼此之间产生一种难舍难分的眷恋之情,这表明双方进入热恋阶段。

在行为上,恋爱关系公开化。现在的大学生往往喜欢把恋爱关系向周围人公开,并利用各种机会将恋人介绍给自己的同学、朋友和家人,使对方更多地介入自己的生活。这些都是热恋阶段强烈情感的自然表露,无可厚非。不过,也有的同学表露过分。他们整天形影不离,出双入对。学习时两人共用一张课桌,吃饭时两人共用一套餐具,散步时两人相互依偎。更有甚者,在公共场所,在大庭广众之下,竟然旁若无人,做出过分亲密的动作,如拥抱、接吻,情感上如痴如醉,如胶似漆。

热恋者的这些行为和心态,是正常的生理和心理反应,虽不足为怪,却必须把握尺度。

处于热恋阶段的青年男女,心理常会发生如下的改变:

(1)在认知上,易于把恋爱对象偶像化和完美化。这种认知使得热恋双方容易产生幻想和憧憬,形象思维和直觉思维占上风,抽象思维和逻辑思维难以发挥作用。热恋使青年男女的眼睛被罩上一层纯情感的光圈,总是自觉或不自觉地用一种欣赏和钟情的目光看待对方的一切。连通常是缺点、不足的地方,也会看成是优点,或者认为是一种独特的美,产生"情人眼里出西施"的效应。这种美化对方的认识倾向有一定的积极意义,它可以提高对方在自己心目中的地位,增强对方的吸引力,促进爱情的进一步发展。但是,这种美化对方的倾向也掩盖了对方的一些缺点,影响自己客观地看待对方。当热恋的浪漫过去之后,会越来越看清对方的缺点,就会产生心理落差,感到不满意,甚至失望、后悔,给爱情的发展带来障碍。

(2)在情感上,容易产生情感依附。热恋中双方的情感交流,有利于满足情感需要,有利于加深相互理解、相互信任。但是,在强烈感情的冲击下,有的大学生忘却了学习、忘却了事业,把自己的一切都寄托在恋爱对象身上。这样一来,一旦失恋,就认为一切都完了,心理上无法承受。所以,失去人格的独立,依附于对方,这样的爱情不是真正的爱情。真正的爱情,必须保证人格的独立性,保证双方处于平等的地位,保持一定的心理距离。一个人的独立性越强,在遭到爱情挫折时其承受力就越强。也只有保持自己的相对独立性,在独立的空间里完善自己、丰富自己,才能增强自身的魅力,给对方更多的惊奇和喜悦,才能使爱情的内容更丰富,使爱情更具有生命力。

3.理性阶段

经历了初恋和热恋之后的男女大学生进入理性爱情阶段,冷静地从感性的爱情经验得出理性的结论,开始审视爱情观,确立起具有理性色彩的爱情条件和模式。比如,男生心目中的女生可能是美丽、大方、温柔的;女生心目中的男生可能是学业有成,事业有前途,体贴入微的。

4.现实阶段

最后,恋爱中的大学生变得成熟起来,抛弃了较为浪漫或不切实际的理想爱情,现实地对待感情。大学生面对种种处境,不得不考虑如何处理爱情与学业或事业的关系,如:毕业后是否能在同一地方就业,双方父母是否同意交往,建立家庭后是否幸福长久等。爱情所具有的社会属性,使得大学生在选择恋人时是和一定的社会条件相结合的,所以家庭经济条件、家庭观念、社会地位等都对大学生选择恋人产生重要的影响。这时所考虑的问题都很现实、具体,不再热烈、浪漫。有了对爱情的责任感和义务感,才能为以后的婚姻生活打下坚实的基础。

二、爱情的理论

爱情的现象可以去理解,可以去描写,可以去解释,可以去研究……但爱情的美只能在感动中体会,那是一个充满了想象与超脱现实的生命经验。为什么一个人可以那样去爱另一个人？在心理学家的眼中,有着各式各样的爱情理论,其中以爱情三角形理论最为著名。

罗伯特·斯滕伯格(Robert Sternberg)认为,三块不同的基石能够组成不同类型的爱情。爱情的第一个成分是亲密,包括热情、理解、交流、支持及分享等特点。第二个成分是激情,以身体的欲望激起为特征。激情的形式常常是对性的渴望,从伴侣处得到满足的任何强烈的情感的需要都属于这一类别。第三个成分是承诺,包括将自己投身于一份感情的决定及维持感情的努力。承诺主要是认知性的,亲密是感情性的,而激情是动机性的。爱情关系的"热度"来自激情,温暖来自亲密;相形之下,承诺所反映的则完全不是出于感情或性情的决定。

在斯滕伯格的理论中,这三个成分被看作描述两个人分享的爱情三角形的三个边。随着认识的时间增加及相处方式的改变,上述的三种成分将有所改变,爱情的三角形会因其中所组成元素的增减,形状与大小也跟着改变。三角形的面积代表爱情的质与量,面积越大,爱情就越丰富。

根据爱情三种成分的变化,斯滕伯格把恋爱关系分为八类:无爱,爱情的三种成分都没有,是随机的人际交往;喜欢,只有亲密,如友情使人感觉到亲近;迷恋,只有激情,例如单相思、一见钟情;空爱,只有承诺,如那些依"父母之命、媒妁之言"结成的、没有感情的婚姻;浪漫之爱,由亲密和激情组成,恋爱中的男女渴望亲近、感情强烈,但他们未必认为这是一种长期的关系,"不在乎天长地久,只在乎曾经拥有";伴侣之爱,包括亲密和承诺,如结婚多年之后,激情已经退却,感情趋于平淡,但双方仍然相互依赖,共同经营着长期的婚姻关系;荒唐之爱,只有激情和承诺,这样的爱情就像"干柴烈火",来得猛烈迅速,但由于没有亲密来维持,消退的速度也很快;完满之爱,是亲密、激情、承诺的结合,是最令人向往的一种爱情。

爱情是一个动态变化的过程。随着时间的推移,爱情的成分会发生变化,成分的强度也不一样,自然彼此之间的关系也就不一样了。

三、大学生恋爱的种种困惑及应对

在大学生的恋爱过程中,最常见的是以下几种心理困惑。

(一)友情与爱情

友情和爱情,是有本质区别的。在大学生的学习生活中,男女同学相互接触,亲密交往,建立友谊,是人际交往的重要方面。但有的人一看到男女同学相互接触多一些,就捕风捉影,评头论足。也有的人认为男女之间只有爱情,没有友情。有的同学对异性的友谊感到茫然,采取逃避的态度。到底怎样看待异性之间的友好感情,什么是友情,什么是爱情,不少大学生并不清楚。

对大学生来说,在两性交往中,分清友情与爱情至关重要。在文艺作品中,由于分不清楚这两者而做出错误的判断,酿成悲剧的描述不少。例如鲁迅笔下的阿Q,吴妈只是同他"谈闲天",他便以为是"小孤孀"对自己有意思,于是演出了一场下跪求爱、挨打、被罚的"恋爱悲剧",这是误把友情当爱情。至于《梁山伯与祝英台》

则是误把爱情当友情的悲剧。

实际上,友情是爱情的基础和前提,爱情是友情的发展和质变。两者有联系,也有质和量的区别。友情可能发展成爱情,也可能不发展成爱情。法国的莎布列夫人曾经说过:"恋爱有独特的性质,即无法瞒住自己在谈恋爱,也无法假装正在谈恋爱。"对大学生来说,能够对是友情还是爱情,冷静地、理智地做出正确的判断,对于正确处理两性关系问题具有十分重要的意义。

小仙漂亮、活泼、能歌善舞,是班上的文娱委员;小王英俊潇洒、才华出众,是一班之长。每当学校开展文体活动,他们都要一起商量本班的"参赛大计",并常常为班上赢得荣誉。她英语学得顶呱呱,他专业成绩名列前茅;她常陪他朗读英语课文,他常教她解答难题;她在台上唱歌跳舞时,他为她的精彩表演拍得手都痛,他在场上踢球、奔跑时,她为他的英勇拼搏喊得嗓子哑。两人的家也相距不远,有时上学放假也结伴同行……连同学们都在暗地里开玩笑说,他们真是"天生的一对,地造的一双"。终于,似乎机会来了,情人节那天,他买了玫瑰花,鼓足勇气去向她表白,结果却被她大骂一顿。后来两人便形同路人……

如果你是小仙,你日常的表现好吗? 如果你是小王,你该怎么办呢?

在分清友情和爱情的问题上,应注意以下问题:朋友可以有很多个,而恋爱对象或配偶只能有一个,这是爱情的"排他性"决定的。如果男女之间的关系可以和其他关系并存,这是友情;如果不能和其他类似的关系并存,会引起妒忌、痛苦和冲突,那么这是爱情。

爱情具有"秘密性",情感和行为不愿让别人知道,而一般只能"你知我知,天知地知";友情则完全可以直率地、无顾忌地向人们公开。

如果一时分不清对方对自己的态度是友情还是爱情,可以将对方对他人的态度和对自己的态度进行对比,如果都差不多,那么就不必想入非非;如果有所不同,对自己比较特殊,那么就可以进一步考虑了。

(二)爱情与学业

爱情绝不只是风花雪月的浪漫,大学生的爱情多是纯洁的,恋人间多是只注重

145

感情的因素。有的大学生整日沉溺恋爱之中,以为爱情就是卿卿我我,因此容易把爱情看成人生的全部,影响正常的学习;有的整天形影不离,深陷两个人的狭小圈子之中,和其他同学日渐疏远,逐渐脱离集体。这当然不是爱情的错误,只是当事人不懂得什么是真正的爱情。

恋爱中的同学,一定要正确处理好学业与爱情的关系。在交往过程中,不要花太多的财力、时间和精力到对方身上。不要缠绵于两个人的世界,成为爱的囚徒,要把握自己的感情,相信自己能管住自己,振奋精神,明确生活目标,更多地学习各学科的知识,更多地参加社会活动,适时适当地拉开与恋人的距离,减少两人单独相处的机会,正确对待与恋人的暂时分离。正像舒婷所说:"不怕天涯海角,岂在朝朝夕夕,你在我的航程上,我在你的视线里。"两个人都重新制定新的目标,全身心地投入到学习中,严格按要求完成学习任务,就能清醒理智地认识自我,评价对方,减少热恋中的盲目性,让丰富多彩的大学生活充实心灵,让爱情在共同的事业追求中开出绚烂之花。歌德说:"爱情如果不生根于对社会共同的信心与事业的志趣上,那是浮萍的爱,极易随风飘去。而单纯靠感情冲动造成的爱,则像建筑于泥沙上的塔一样,总是要倒塌下来的。"

关于爱情与学业的关系,著名心理学专家、清华大学王龙教授的说法,也许更容易为大学生理解和接受。他说在大学里学业是大学生的主修课,爱情是选修课;无论选修课学得多么好,主修课学不好的话同样拿不到毕业证,因此建议大学生在完成主修课的前提下,再根据自己的实际情况考虑选修课的问题,否则就是舍本逐末了。

(三)单相思

单相思是以一方对另一方的一厢情愿的倾慕与热爱为特点的畸形爱情。单相思又可分为有感单相思和无感单相思。有感单相思,是一种对方知道你在恋他,但他并不恋你的单相思;无感单相思,是一种一方深深地恋着对方,而对方并不知晓的单相思,这多属于幻想的单相思,相思者对相思对象抱着高不可攀、神圣非凡的畏惧之心。单相思者常会有如下心理倾向：①关注——对所恋对象强烈地倾慕,长时间地、细致地对之进行观察。②亲物——对相思对象的物品进行抚摸把玩,对其住处流连难离,表现出变态性的亲近。③幻想——单相思者常呈白日梦状态,经常和反复想象能与对象公开相爱的情景。爱情是美丽的,可一旦深陷单相思,行为就不再受理性思维支配,而是受制于潜意识中的幻想,这种爱则是折磨人的。

怎样摆脱单相思的苦恼呢？①爱欲分流。当你发生单恋的时候,从精神分析学的观点看,实际上就是你把爱欲投注到了他(她)的身上,于是,这个人的光环就艳丽灿烂,甚至连缺点也成了魅力所在。只有积极扩大社交范围,才能把这种淤积的爱欲分流、外化,从而建立新的平衡。同时应多参加自己感兴趣的运动,消耗部分淤积于体内的能量,从而使人情绪高昂,获得自信。②向知心朋友倾诉。③勇敢地向意中人表白爱慕之情。无论是有感单相思还是无感单相思,相思者与其忍受着软弱和怯懦的折磨,不如直接向被恋者表白自己的爱慕,你只要记住“人人都有爱人的权利,也都有拒绝别人爱的权利”这条公理,你就可以这样去做。表白需要勇气,需要强大的心理承受力。也许,在表白的瞬间,你会感到窒息,不知所措,甚至无法承受,但是,若不表白,自己不仅长期处在幻想和煎熬之中,而且可能错过一段真挚的情感。表白的结果无非成功或失败。若对方接受,当然最好。若对方拒绝,你也可以痛苦得明明白白。美梦惊醒那一瞬间虽然痛苦,但你很快会发现这并非世界末日,吸引你的事情还会不断出现。

(四)爱情错觉

爱情错觉是指在异性间正常的交往中,一方错误地把另一方正常的行为——好感与友情理解为对自己有爱意,从而错误地认为爱情已经到来的一种感受。爱情错觉可能是由于相思者对单相思对象的幻想和过分敏感,错误地领会了对方的正常行为,比如有时她疏远他、冷淡他,他以为这是她对他的考验;她回绝他,他以为这是她的矜持;她不回信,他认为她是让他再进攻,有的甚至是一些自己并没有觉察到的带有暗示性的行为,从而给接受的一方造成了误解。应当指出,很多书上把爱情错觉当成了单相思的一种,这是不正确的。单相思是指一方有意、一方已明确表示无意或一方有意、一方并不知晓两种情况,他们的痛苦来源于表白无效或不敢表白,而爱情错觉并不存在不敢表白与表白无效的情况,他们痛苦的根源是错把"无爱"当"有爱",或者说他们的爱情痛苦源于误会。

可以依据以下的几个特点来校正自己的错觉。①排他性。如果你同其他异性亲密往来,他(她)无任何不满嫉妒。②冲动性。对你的试探性的言语、行为、表情,他(她)反应得不在乎或反感,无脸红、紧张等激动表情;③隐曲性。他(她)对你的关怀、帮助不回避,与你谈话从不悄声悄语,总是随随便便、大大方方,从不给你暗示的眼神和动作,对你们两人的接触从不躲闪回避,而你约他(她)单独外出看戏看电影他(她)却不同意。凡是出现这样一些情况,多能说明你对他(她)的爱是错觉。出现爱情错觉,可以将错就错,进一步去接近他(她),培养爱情,或进一步向他(她)表白心迹。若是"落花有意,流水无情",可以等待更好的机会,要相信,除他(她)之外,一定还会有许多异性吸引你。

(五)失恋

失恋是指恋爱的一方否认或中止恋爱关系给另一方造成的一种严重挫折。从心理角度来看,失恋可以说是大学生求学期间最严重的挫折之一。失恋通常会带来一系列心理问题,为此需要进行积极的心理调节,要正确对待失恋,摆脱自卑的束缚。失恋之后往往心理会变得很脆弱,郁郁寡欢中又容易让人失去自信,认为失恋是自己无能的表现。实际上,失恋是很自然的事情,有相恋就会有失恋,这是恋爱过程中的正常现象。因为每个人都有追求爱情的权利,对方也就有接受爱或拒绝爱的权利,而且往往是在相处之后才知道合适不合适,是不是能一路前行。当失恋不可避免的时候,超然与雍容的态度是可取的。如果彼此不合适,不继续,不纠缠,或者分手本身就是幸运,如果因为自己的经验不够或是某方面的不足导致的,那么失恋就是成长的阶梯。失恋是失意,但不是失败。

失恋的种种不良心态会严重影响青少年的身心健康,甚至会导致一系列社会问题。失恋者可以寻找一些具体的方法帮助自己尽快地从失恋的阴影中走出来。

（1）倾诉。失恋者精神遭受打击，被悔恨、遗憾、愤怒、惆怅、失望、孤独等不良情绪困扰，应主动找朋友倾诉，释放心理负荷。可以用口头语言，把自己的烦恼和苦闷向知心朋友毫无保留地倾诉出来，并听听他们的劝慰和评说，这样心里会平静一些。也可以用书面文字，如日记或书信把自己的苦闷记录下来，给自己看，或寄给朋友看，这样便能释放自己的苦恼，并寻得心理安慰和寄托。

（2）移情。及时适当地把情感转移到失恋对象以外的其他人、事或物上。发展密切的朋友关系，交流思想，倾吐苦闷，陶冶性情；投身到大自然的博大胸怀中，从而得到抚慰。

（3）升华。把失恋的痛苦升华为对事业的奋力拼搏，这样做不仅可以转移失恋带来的悲伤，而且可以提高自身的社会价值。哲学家培根（F. Bacon）说过：一切真正伟大的人物，没有一个因爱情而发狂，因为伟大的事业抑制了这种软弱的情感。古往今来许多伟人在爱情遭受挫折以后，并没有被失恋的痛苦压倒，而是将痛苦升华为动力，最终在事业上取得了非凡的成就。歌德（J. W. Don Goethe）失恋后没有陷入深深的痛苦之中，而是把自己破灭的爱情作为创作的素材，写成了《少年维特之烦恼》，以此成为他事业成功的起点。年轻的居里夫人（M. Curie）因失恋有过向尘世告别的念头，但她很快就从失恋的痛苦中崛起，投身于科学事业之中。她在四年的大学生活里，把全部的精力都用在学习上，最后以优异的成绩获得两个学位——物理学硕士和数学硕士。罗曼·罗兰（R. Rolland）也曾饱尝过被心上人抛弃的痛苦，情场受挫后，他置一切于度外，集中精力奋发创作，经过十年构思，十年写作，完成了轰动世界文坛的名著《约翰·克利斯朵夫》。由此可见，治疗失恋的最佳途径是情感升华。自古雄才多磨难。经历了失恋磨难的人，一旦重新站立起来，将会显示出倍加强大的精神力量！

（六）三角恋

在三角恋情中，由于爱情的排他性和独占性，三方都很痛苦。调整三角恋的原则是各方都进行积极的自我调控。

(1)被爱角色的心理调适。作为被爱者,幸福的同时也感到抉择和拒绝的痛苦。但是,必须做出选择,不可脚踏两只船,否则将后患无穷。在进行选择时,首先要尊重自己真实的内心情感,再比较双方的人品、才华、相貌等。需要注意的是,在抉择之前,彼此的交往不可超越友谊的范围。若你与一个异性相处了一段时间,彼此有了一定感情,此时在你的生活中又出现了另一个人,他的风度和品格的魅力比前面的情人更有吸引力,你可以抛弃前面的情人吗? 按照东方的传统观点,会认为这是"喜新厌旧",是对爱情的背叛。有的人就是受此观念的桎梏而犹豫不决,不仅带来多方面的感情创伤,而且引起不应有的悲剧。其实,只要你不是"泛爱论"的追随者,你可以寻求新的生活伴侣,也有权去实现新的生活理想。关键是自己要认真做决定,不能摇摆不定、反反复复。

(2)竞争角色的心理品质。有人问:假设你的好朋友与你同时喜欢一个人,你会退出吗? 不退出会表示你没有道德吗? 首先要明确,爱情的平等竞争与道德品质无关,每一个人都有追求自己幸福的权利。勇敢地追求爱情,意味着积极进取。一味放弃,不仅没有体现"高风亮节",反而是懦弱无能的表现。因为只有勇于竞争,勇于在异性面前表现自己,才有可能获得爱情的果实。在爱情竞争中,外部表现的是如何赢得对方的爱,而实质上是实现自我、发现自我和显露自我价值的过程。

(3)成功者的心理保护。同事业一样,爱情必然会有成功与失败。在三角恋中,只要你用光明正大的努力取得了对方的青睐,你可以为新的幸福而喜悦。但是,不要得意忘形,尤其是不要对失败者冷嘲热讽,落井下石。据一所高校对因恋爱而打架斗殴的统计调查,约有40%是由于成功的一方言行不当而激化矛盾造成的。他们中有的当众羞辱爱情失败的一方,有的故意在对方面前与情人做亲昵的动作。显然,这都是不可取的。

(七)网恋

鱼对水说:"你看不见我的眼泪,因为我在水里。"

水说:"我能感觉到你的眼泪,因为你在我心里。"

这是一部网络小说中的经典对白,曾经广为流传。而如今,随着网络的迅速发展和普及,网恋这种特殊的恋爱方式,正在成为当代大学生的"缘分天空"。网恋通常有两种形式:一是在网上认识、网上恋爱,甚至在网上结婚组织网上家庭,但现实生活中双方完全不接触,这更像是柏拉图式的精神恋爱。二是在网上认识,双方有了进一步交流、了解意愿后,从网上走下来开始传统的恋爱过程。在大学生中确实有一些在网上交流学习心得、人生看法,逐渐情投意合而发生网恋的。但多数则是经不起外界的诱惑而参与的。一些学生把网上谈恋爱作为上网的目的之一,在网恋中表现得十分轻率。有的人同网友聊过一次天,发过一次电子邮件后,便一见钟情,就激情满腔地"我要娶你""我要爱你到永远",并迅速在网上确立恋爱关系。由于青年期的生理心理特点,大学生的网恋一般很容易上瘾,而一旦上瘾,就会沉溺于网络中不能自拔,加班加点在网上谈恋爱,上课时无精打采甚至连续逃课,把网上爱情视为生活的唯一追求目标,减少了与老师、同学的交流,不愿参加集体活动,性格变得孤僻,甚至造成人格分裂。其中一些网恋失意者,还不得不到精神卫生中心求治,问题严重的则会出现精神崩溃。

其实,网络只是一个虚拟的世界。网恋是发生在虚拟空间中的感情,而爱情却是要建立在诸多现实条件基础之上的。我们要以一种正常的心态去看待网恋问题,既不让自己迷失于网恋,也不盲目排斥一切网络交往。我们要保持一颗平常心,理智地穿越网恋的迷雾和层云,用心描绘真实的美丽人生。

第二节　心理测试的指导

心理测试一:你是否恋爱了

下列说法中,你认为完全正确的记1分,不正确的记—1分。

1. 他（她）似乎总在我心里。

2. 如果他（她）离开我，我会感到失望。

3. 当我做什么事使他（她）幸福的时候，我也会感到幸福。

4. 我很想了解他（她）的一切。

5. 当我看到他（她）时，我有时会兴奋得身体颤抖。

6. 我不愿意和任何人在一起，只愿意和他（她）在一起。

7. 在和他（她）接触时有一种似曾相识、老朋友的感觉。

8. 我喜欢研究他（她）的身体运动和角度。

9. 在我看来他（她）是完美无缺的恋爱对象。

10. 我希望他（她）了解我的一切（包括我的思想、恐惧、希望等）。

11. 如果我认为他（他）爱上了别人，我会嫉妒。

12. 当他（她）在我眼前时，我热切地希望我接触他（她）、他接触我。

评定方法

将以上 12 道题的得分相加，如果得分超过 8 分，则说明已进入恋爱阶段，对方是你喜欢的人，否则还没有进入恋爱阶段。

心理测试二：你处理恋爱难题的能力

如同生活中一帆风顺的事情很少一样，令人心旷神怡的恋爱生活有时也会遇到各种各样的难题。在恋爱的难题面前，采取什么态度，选择什么办法，往往能反映你的理智程度和道德水平。

通过对 10 个问题的回答，你可以对自己在处理这方面问题上的能力和态度，有一个基本的评价。

1. 当你发现自己所爱的异性已有恋人时，你的态度是

A. 佯作不知，继续求爱

B. 千方百计把对方从其恋人手中夺过来

C. 不再同对方保持友谊

D. 克制自己的感情,愉快地同对方分手

2. 当你同时被两个异性追求时,你的态度是

A. 和这两个异性同时保持恋爱关系

B. 先保持友谊关系,发现哪一个更合适时,再同哪一个确定恋爱关系,当然也有可能都不合适

C. 急于同其中一个明确关系,使另一个另择所爱

D. 不知所措

3. 当你和你的好友同时爱上同一个异性时,你的态度是

A. 把好友当作"情敌",而"情敌"是无所谓友谊可言的

B. 向好友倾诉你是如何钟情于那位异性,请好友高抬贵手

C. 自己主动退让,成全好友的心愿

D. 把自己的感情光明正大地告诉好友,让她在时间的流逝中做出她的选择,认为这并不妨碍你同好友的友谊

4. 当你发现恋人的意外缺点时,你的态度是

A. 诚恳地向恋人指出,希望并帮助对方改正

B. 严肃地向恋人说明自己的态度,如对方不在限期内改正,就同他(她)分手

C. 先分手再说话

D. 闷在心里难过,不敢向恋人启齿

5. 当你不爱的人来求爱时,你的态度是

A. 态度暧昧,不置可否

B. 为对方的痴情所动心,接受对方的爱

C. 用恰当的方式把自己的态度告诉对方

D. 冷淡地对待对方

6. 当你打算中断和对方的恋爱关系而对方坚决不同意时,你的态度是

A. 不管对方是否同意,以后不再和他(她)来往

B. 通过朋友、熟人做说服工作,尽可能使对方自愿脱离关系

C. 可怜对方,继续同他(她)保持联系

D. 嘲笑对方"单相思",激起对方的不满,使对方不再缠住自己

7. 当你的父母坚决反对你的恋爱对象时,你的态度是

A. 屈服于父母的压力,同恋爱对象分手

B. 同父母大吵大闹,甚至提出脱离关系

C. 瞒着父母继续恋爱

D. 通过各种渠道,耐心做父母的工作,同时让父母明白自己的态度是坚定的

8. 当你发现自己的恋人同时在和几个人谈恋爱时,你的态度是

A. 气愤地责骂恋人是"爱情骗子",同时同对方分手

B. 想办法把恋人的其他恋爱关系统统破坏

C. 佯作不知,对恋人更加热烈,以此加速恋人明朗态度

D. 向恋人严肃地指出这个问题,并视对方的态度决定自己和恋人的关系

9. 当你发现自己的恋人很不理想,而自己已是一个大龄青年时,你的态度是

A. "男大当婚,女大当嫁",凑合算了

B. 维持但不发展现有的关系,看看生活的视野里有没有更理想的异性出现

C. 和对方一起努力,使对方向理想的方向发展

D. 同对方分手,宁肯独身,也要求一个理想的配偶

10. 在你认为条件还不成熟时,而你的恋人却提出了结婚要求,你的态度是

A. 接受对方的要求,认为这是对方爱自己的表现

B. 明确而又恰当地表明自己的态度,希望对方和自己一起努力,加速爱情的发展

C. 拒绝对方的要求,怀疑对方是别有用心

D. 采用借口,对对方的要求不置可否,以便等待条件的成熟

评定方法

上述 10 道题,你可在 ABCD 四种答案中任选一种,然后按下表计分。

题号	A	B	C	D	题号	A	B	C	D
1	1	0	2	3	6	2	3	0	1
2	1	3	2	0	7	0	1	2	3
3	0	1	2	3	8	2	0	1	3
4	3	2	1	0	9	0	1	3	2
5	1	0	3	2	10	1	3	0	2

总得分越高,表明你处理恋爱难题的理智程度和道德水平越高。当你的总得分在 24 分以上时,说明你处理恋爱难题的能力是相当不错的,相信经过你的努力,这些难题也是会迎刃而解的。当你的总得分在 14 分以下时,说明你处理恋爱难题的能力很值得怀疑,在这些难题面前,你很可能采用非理智甚至非道德的态度,其后果是令人担心的。

心理测试三:恋爱态度量表

到底什么是爱情,该怎么看待爱情呢? 请仔细阅读每道题目,然后选择符合你的答案。

1. 我爱他(她),他(她)就应该爱我。

2. 只要能和对方在一起,我可以抛弃一切。

3. 我特别想找个异性安抚我。

4. 只求曾经拥有,不求天长地久。

5. 爱情是生活的全部。

6. 不谈恋爱说明自己没有魅力。

7. 人生就是追求快乐,谁给我快乐,我就和谁谈恋爱。

8. 恋爱对象多多益善。

9. 恋爱是你情我愿的,不需要负什么责任。

10. 爱一个人,就要想办法改掉他(她)身上的缺点。

11. 对有些人来说,同性恋是正常的。

12. 摆脱失恋痛苦的最好办法,是尽快找到另一个恋爱对象。

评定方法

选"符合"得 1 分,选"不符合"得 0 分,将得分相加,得分越高,对爱和恋爱的认识越偏激。如果得分高于 10 分,则说明你对爱情、恋爱的看法可能会影响你的恋爱关系,需要好好反思。

心理测试四:友情与爱情区分量表

测试(一)

下面有 13 个句子,选出符合你的情况的句子。

1. 当我和他(她)在一起时,我发觉好像两人都有相同的心情

2. 我认为他(她)非常好。

3. 我愿意推荐他(她)去做为人尊敬的事情。

4. 依我看来,他(她)特别成熟。

5. 我对他(她)有高度的信心。

6. 我觉得大部分人和他(她)相处,都会对他(她)有很好的印象。

7. 我觉得和他(她)很相似。

8. 我愿意在班上或团体中,做什么事情都投他(她)一票。

9. 我觉得他(她)是许多人中,容易让别人尊敬的一个人。

10. 我认为他(她)是十二万分聪明的。

11. 我觉得他(她)是我认识的所有人中,非常讨人喜欢的。

12. 他(她)是我很想学的那种人。

13. 我觉得他(她)非常容易赢得别人的好感。

测试(二)

下面有 13 个句子,选出符合你的情况的句子。

1. 他(她)觉得情绪很低落的时候,我觉得很重要的职责就是使他(她)快乐

起来。

2. 在所有的事件上,我都可以信赖他(她)

3. 我觉得要忽略他(她)的过失是一件很容易的事情。

4. 我愿意为他(她)做所有的事情。

5. 对他(她)我有一种想占为己有的想法。

6. 若我不能和他(她)在一起,我会觉得很不幸。

7. 假使我孤独,首先想到的就是去找他(她)。

8. 实际上也许我关心很多事情,但最重要的事情就是他(她)幸福不幸福。

9. 他(她)不管做什么,我都愿意宽恕他(她)。

10. 我觉得他(她)的幸福是我的责任。

11. 当我和他(她)在一起时,我发现自己什么事情都不想做,只想用眼睛看着他(她)。

12. 若我也能让他(她)百分之百的信赖,我觉得十分快乐。

13. 没有他(她),我觉得难以生活下去。

评定方法

测试(一)和测试(二)中符合你的情况的句子分别有多少?如果测试(一)中符合你的句子多于测试(二),那么你对对方喜欢的成分多过爱,你们之间是友谊而非爱情;反之则是爱情;而非友情。

第三节　心理活动的指导

心理活动一:男孩女孩共同成长

目标:了解两性的心理与行为的差异;探讨对异性的角色期待;学习两性沟通的技巧;澄清爱与喜欢的不同,探讨如何表达对对方的关心和支持。

活动过程:

环节一：喜相逢。成员配对与相互认识。运用第一印象、配对接力赛等活跃气氛，导入交往的主题。

(1)第一印象。先将所有参加人员按性别分成男女两组，再让男女成员通过抽签两两配对，并相互说出自己的名字、来自哪里和能代表自己特质的一个短语。然后让每组男生自我介绍后再将与自己配对的女生介绍给大家认识。

(2)抢椅子。椅子摆成一个圆形，活动者按顺时针方向绕椅子走，组织者一喊停大家就要抢坐在椅子上，最后抢到椅子的人先介绍自己然后表演节目。

环节二：了解性别角色特质。

(1)认识异性角色的差别与相对性。在黑板上画出男女两个头型。参加成员在异性头像内填上自己对异性角色特征的认识，然后由配对的另一方给予评论。指导者画一个圆，将圆三等分，把上述男女特质分列在左右两边，中性特质放在中间，使成员对性别角色有一个完整的了解。

(2)认识自己的性别角色特质。请每一个成员按照指导者的方法，将自己的性格特质分别填入圆的三栏中，并探讨自己满意和不满意的特质及特质优点。同时，团体其他成员对其进行面质。

环节三：有一点心动。通过两性之间的价值观异同的比较、讨论和分享，加深相互的认识和了解。

(1)谁更受欢迎。请成员观察人际关系较佳的人，其受同性或异性欢迎的特质有哪些，并说明原因，由指导者进行总结。

(2)我的5条恋人标准。各成员分别写下自己最看重的5条恋人标准，然后进行团体分享和讨论，最后由指导者进行整合，澄清爱情中的价值观。

环节四：加深认识。

(1)喜欢和爱。交叉呈现喜欢和爱的题目，请大家分辨，然后团体讨论，分清喜欢和爱的不同概念和内涵。

(2)组织观看电影《情书》，然后进行讨论：当异性对你有何种行为表现时，你会认为他(她)可能对你有意思？如何表达对他人的好感？当表达好感后受挫时，如何疏导情绪,平衡自我?当你发现对方与自己并不合适时,你将如何中止原来的关系?此环节帮助成员最大限度地了解与感受他人。

注意事项:由于本活动环节较多,时间较长,所以可分几次完成。

心理活动二:我眼中的他(她)

以"我眼中的他(她)"为题,进行课堂调查,并当场统计结果,组织讨论。

1. 男生眼中的女生(男生填写)

你认为女生最吸引你的三项特质,依次为＿＿＿＿＿＿。

(1)温柔;(2)漂亮;(3)贤惠;(4)热情;(5)真诚;(6)稳重;(7)聪明;(8)勤奋;(9)身材好;(10)有修养;(11)好运动;(12)有主见;(13)活泼、外向;(14)内向、沉稳;(15)善于打扮;(16)穿着大方;(17)爱好相近;(18)家庭背景好;(19)其他(列出上面未说明而你认为重要的特质)

2. 女生眼中的男生(女生填写)

你认为男生最吸引你的三项特质,依次为＿＿＿＿＿＿。

(1)高大;(2)英俊;(3)幽默;(4)真诚;(5)稳重;(6)热情;(7)聪明;(8)勤奋;(9)讲义气;(10)好运动;(11)有主见;(12)有修养;(13)出手大方;(14)乐观、外向;(15)穿着潇洒;(16)爱好相近;(17)乐于助人;(18)家庭背景好;(19)其他(列出上面未说明而你认为重要的特质)。

(统计并公布调查结果,并由此展开讨论)

A. 女生为什么看重男生的这些特质?(对男生的启示)

B. 男生为什么看重女生的这些特质?(对女生的启示)

C. 你现在具备哪些条件和品质?如何去培养哪些优秀而自己缺乏的品质呢?

心理活动三:请看《渡河》心理故事

某地有一条布满鳄鱼的河流,河上只有一座桥。在河的两岸分住着一对恋人,姑娘与小伙子每天都要见一次面。一日山洪暴发,唯一的那座桥被冲垮了。姑娘挂念着恋人,到处求人渡她过河。别人因为害怕危险而拒绝了她。这时有一个年轻人愿意冒险帮助她,但有个条件:"我很喜欢你,如果你肯同我过一夜,我就渡你过河。"姑娘当即否决,试图再寻找其他办法。连续几天,仍然下雨,水流很大,除了乘船之外没有别的办法。姑娘左右为难,万般无奈地答应了。随后年轻人依约渡她过河,送她到她的恋人身边。但恋人知道了姑娘是怎么过来的,怒不可遏地扇了她一巴掌,把她推到年轻人的船上。年轻人见状气愤不平,冲上岸来把小伙子狠狠地揍了一顿。

请你思考:这 3 个人之中,你最欣赏哪一个? 最同情哪一个? 最讨厌哪一个?说明你的理由并与同伴分享。请将思考的结果填入表格中。

人物	最欣赏	最同情	最讨厌	理由
姑娘				
小伙子				
年轻人				

心理活动四:失恋助我成长

(一)活动目的

通过活动,让学生掌握一些恋爱中常见问题的处理技巧。

(二)活动方案

1. 齐心协力,寻找失恋的十大好处

失恋尽管是痛苦和不幸的,但并非绝对就是坏事,在某种意义上还可以说是好事。请同学们以各小组为单位,分别列举出失恋的好处,每个小组最多可以列举 10 条建议,之后在全班范围内由全体同学共同评比出最合理、最可行的建议,并将此作为本班同学共同的情感自卫盾牌。请以下面的句型为模板,完成 10 句话。

(1)因为我失恋了,所以我获得了 _____。

(2)因为我失恋了,所以我获得了 _____。

(3)因为我失恋了,所以我获得了 _____。

(4)因为我失恋了,所以我获得了 _____。

(5)因为我失恋了,所以我获得了 _____。

(6)因为我失恋了,所以我获得了 _____。

(7)因为我失恋了,所以我获得了 _____。

(8)因为我失恋了,所以我获得了 _____。

(9)因为我失恋了,所以我获得了 _____。

(10)因为我失恋了,所以我获得了 _____。

2. 七嘴八舌,探索放松失恋心情的开心渠道

尽管失恋后我的心情很不好,但是我不会永远这样的,朋友们告诉我,我可以用这样的方法调整我的情绪。

方法 1:_____。

方法 2:_____。

方法 3:_____。

方法 4:_____。

3. 冷静思考,分析失恋的原因

这一次我在_____方面没有做好,痛定思痛,以后我将在_____方面改进。

第四节　心理案例及评析

心理案例一

某寝室有 6 位女生,先后有 3 位女生交了男朋友,周末经常被邀请出去看电影、聚会。回寝室后,她们会讲起自己的感受,令小张非常羡慕。正好高年级的一位男生说很喜欢和她在一起,并希望能进一步发展关系。小张虽不是很了解对方,但觉得自己的魅力不比别人差,为了证明给别人看,她接受了那个男生的追求。从此,两人开始形影不离。在路上走时,小张依偎着那个男生,那个男生也搂着小张的腰,非常亲昵。一次晚自习课后,小张半倚半躺在那个男生身上,男生用手轻拂小张的头发,丝毫不顾及左右,结果受到班主任老师的批评。小张想不通,来到心理咨询室,向咨询老师诉说心中的烦闷,说:"这是我们自己的方式,老师管得太宽了。"

案例分析:

这一案例中有两点值得深思:一是小张与男友的恋爱动因是看到别人谈恋爱了,自己也跟着去学,不管有无感情,找一个先谈谈看,以证实自己的魅力。这是一种典型的从众心理和虚荣心理,最后对自己造成的负面影响是非常严重的。二是爱情的表露方式不妥,不要认为越亲热越能显示自己的魅力,这是一种认识误区。爱情是纯洁的、美丽的、高尚的人类情感,它的内涵是神圣的,它的外显也应是纯洁、美丽和神圣的。不同民族有不同的爱情表达方式,"而中国之礼则主于敬让,其情发乎理性,虽其表示亦不能有借于身体,而温文尔雅,含蓄有致,却实在离身体很远"。作为修养和素质较高的大学生,恋爱行为不能粗俗不堪。马克思说:"在我看来,真正的爱情是表现在恋人对他的偶像采取含蓄、谦恭,甚至羞涩的态度,而绝不是表现在随意流露热情和过早的亲昵。"苏联教育学家苏霍姆林斯基说:"一个人把应当隐藏在内心深处的、隐秘的、不可侵犯的感情拿出来示众,是一种愚蠢和下流的行为。"由此可见,大学生对情感和爱的表达应分清场合,在公众场合应尽量含蓄而文明。

心理案例二

王某(男)和李某(女)是高中同学,一起考上了大学,在同一个城市里,但并不在同一所学校，相距大概一个半小时的车程。他们在高中的时候都忙着高考，关系一般，上大学以后也联系不多，他们在上大学半年以后的一次同学聚会中再次相遇了，由于在大学压力较小，大家都比较放松，他们见面之后聊起高中时候的事情，一起回忆以前班级上的一些事，并介绍了各自在学校的一些情况，聊得很高兴，慢慢感觉亲近了很多。王某觉得大家的变化很大，以前没发觉，现在看着李某觉得还挺有魅力，因此越发热情起来，李某受此感染也很开心。之后聚会的气氛热烈，大家都喝了很多酒，王某以前在班上也比较活跃，所以喝的酒比较多，加上其他同学的恶作剧，王某很快被灌醉了。由于之前和王某聊得很开心，李某很自然地照顾起王某，大家在KTV通宵，第二天王某醒来，几个要好的哥们都开玩笑说："李某照顾了你一晚上，你小子有福了，要追就赶紧了。"王某听了也很心动。

同学聚会结束后，大家都各自回学校，此后王某经常给李某打电话，聊一些学校里的事，两人的关系渐渐地发展起来了，两个月后，两人正式成为男女朋友。刚开始的时候，两人的感情进展很快，感情也很热切，一到周末就在一起，尽管也有吵闹，但都很快就解决了。相处半年之后，李某发觉王某给自己打电话的次数少了，并且周末来找自己的次数也少了，李某问及原因，王某总是说学校事情多。李某知道事情不对，就托与王某同校的朋友打听，才知道最近王某经常与本校的一个女生在一起，还很亲密。李某很生气也很难过，在一个周末，偷偷去到王某的学校，在王某宿舍楼下等了一个下午。见到王某和一个女生牵着手回来，李某顿时觉得自己受到了欺骗，上去就给了王某一巴掌，并提出了分手，然后愤怒地回到了学校。事情败露，王某和两个女生都反目成仇，甚至在自己的朋友面前互相言语攻击对方。这件事情弄得两人在以前的同学面前都抬不起头，一对好好的情侣变成了陌路人。

案例分析：

以上案例存在的问题如下：

第一，王某和李某的交往很仓促，甚至有点盲目。他们在高中的交往并不多，上大学以后也对对方的性格等各方面不是很了解，只是因为以前是同学，并且还比较谈得来就选择交往，这是很草率的。首先，这种基础上产生的爱情存在很多问题,可能是受到现在社会发展的影响,大家都大学谈恋爱很浪漫,看着别人都是出双入对,自己一个人很寒碜,总想也能找个人陪着自己,照顾自己。这并不是真正的爱情,只是对现实现象的一种盲从。其次,大学生的生理和心理也趋于成熟阶段,大家都会不自觉地向往与异性的交往,想在异性面前有所表现并得到异性的肯定,这使大学生不自觉地产生了一段段恋情,但这种不稳定的恋情往往结束得也很快。再加上大学里大家都很自由,有很多空闲时间,有时往往找不到事情来做,大家为了填补精力上的空白,因而催生了一段段畸形的恋情。王某和李某的恋情正是在这些情况下催生出来的。

第二,王某和李某最终会出现这样的结局还与王某的不忠有关。这也反映了现在大学生恋爱中存在较多的一种现象——始乱终弃,喜新厌旧。由于大学生毕竟还没有经过社会的洗礼,也没经历过组建家庭的过程,他们的心理还没有完全成熟,无法好好体会爱情的意义和真谛,往往只是为了浪漫、喜欢而在一起,却没有一起经历各种考验的准备,只是因为很表面的欣赏、好感而爱慕,这样的感情基础薄弱,往往禁不起风浪。他们把喜欢和爱混为一谈,没有把握到爱的可贵。他们没想过,既然能够因为对一个人有好感而在一起,那么就有可能因为对另一个人有好感而和另一个人在一起,这样很容易导致滥情事件的发生。王某就是一个例子。

第三,案例中王某和李某感情失败后没能好好地反省自己,而是把责任归咎于对方,导致反目。这也是现在大学生恋爱中存在的一个比较普遍的问题。大学生心理还不成熟,从小学到大学都在父母的关爱下成长,虽然说大学相对自由,但毕竟还没有完全独立,还不能够靠自己养活自己,没有经历过社会上各种压力的洗礼,所以承受挫折、自我反省的能力相对较弱。他们对感情上遭受的挫折,往往不能正视或者过于悲观。因为很多人把爱情想象得过于虚幻和完美,当爱情遭遇挫折之后,他们要么是把错误归咎于对方,以此来逃避自己的责任,要么是出现自卑、轻生等情绪。这都不够成熟的表现。真爱就是要能包容对方,理解对方,分手后觉得对方浑身是缺点而相互攻击,那根本不是爱。

最后做一下总结:出现以上问题的原因主要是大学生的心理不够成熟,易冲动,做事不考虑后果,对爱情的理解不够等,很多大学生谈恋爱只是为了找个人来陪自己,驱除寂寞,这不是真正的恋爱。同时,大学生也处于爱幻想的年龄阶段,总把什么事情都想得很美好,也包括爱情,而一旦出现问题便接受不了,甚至可能做出一些过激的事情,最后导致后悔莫及。

心理案例三

人物:研究生吴雨　　　背景陈述:爱上大众情人

为了提高自己,我参加了一个英语口语班。我们班有个外教叫Joe,30多岁,美国人,深蓝的眼睛,高高的个子。我第一眼见到他就被他深深吸引了。Joe的课风趣幽默,他在教室里走来走去,讲得兴高采烈时还会唱起歌来。Joe也很注意我,我总感觉我和他的关系似乎要比他和其他人更近一些。连Joe家里的保姆都是我介绍的。

Joe是个绅士,和他在一起感觉很舒服。比如他会殷勤地照顾我,一起走路时都会站在有车的一面,几乎每天晚上给我打电话,跟我聊他的家乡、他的趣事,总是用欣赏的态度对我。有时也会说一些听起来很暧昧的话,比如"感觉和你在一起很快乐""你是我在中国最好的朋友""我很愿意和你在一起"等,让我总有种"我对他很重要"的感觉。

我原先有一个男朋友,但彼此间总那么不咸不淡的。认识Joe后,我更觉得和他在一起特没劲。一次闹别扭后,我提出了分手。

和Joe的交往有甜蜜也有烦恼。Joe认识好多女孩子,听保姆说,常有女孩子给Joe打电话。我们口语班里有个叫莉莉的女孩,她和Joe的交往好像也很密切,她看Joe的眼神总是含情脉脉。而且她常常会跟我讲她和Joe的事情。看着她兴奋的样子,我心里酸酸的。但我相信Joe心里其实是对我好的。

我曾经跟Joe表白过,Joe的反应很高兴,但给我的回答却是他不值得我这样做。这让我很痛苦。事后,他依然像以前那样和我交往。我的心就在甜蜜与失落中来回挣扎。我追问过他是不是喜欢莉莉,他说莉莉只是他的好朋友。

听保姆说和 Joe 交往的还有一个 40 多岁的女人……

我知道这些都不是我应该关心的,但心里真放不下。我既被他吸引,同时又有些恨他。但当他继续频繁和我联系时,我又拒绝不了。这些带给我的是更深地陷于其中。

现在我是不可能和以前的男朋友和好了,因为我跟他在一起已经找不到和 Joe 在一起的那种感觉了。Joe 是一个很了解女孩儿心思的人,说的话、做的事都那么让人舒服。这些都让我有种错觉——他对我太好了。

说实话,我总感觉他对我是和别人不一样的。我不理解他为什么不能接受我,也不理解不接受我为什么还对我那么好。我恨他的暧昧,更恨自己的难以自拔。

可是,他真的不爱我吗?

案例分析：

吴雨和原男友也许迟早会"劳燕分飞",但现在的分手肯定和"比"有关。Joe 有许多部分中国男人不具备的特点,诸如"绅士风度"、对女孩儿心思的了解、说话做事带给人的舒服感觉等。但是如果掉过来,用原男友的优点和 Joe 相比,你会发现 Joe 并不具备中国男人特有的气质。因此,把"比"作为衡量爱的尺子,你将不断发现新男友,却也无法把心思放在任何一个新男友身上。因为不论多新,都会被更新的"比掉"。

表面上看吴雨对 Joe 是很倾心的,但仔细品味,这种倾心暗含着很深的不安全感。吴雨意识到 Joe 有点像大众情人,喜欢他的中国女孩儿多着呢,而 Joe 也并未承诺把吴雨作为爱的寄托。这样一比就比出两个问号。问号一:Joe 会不会像原男友那样给自己一份稳定的关系? 问号二:即便和 Joe 真的好了,自己有没有被别的女孩儿比下去的那一天?

比,常给人一种认真负责、从长计议的错觉。但其实"比"的根源是心中没底,面对众多选择寻不到爱的定力。

其实,爱的寻找是既不需要高科技也不需要重体力的。面对伴侣选择的可能性,只需扪心自问两句话:"我爱他吗"?"他爱我吗?"

爱的扪心自问是要一点勇气的。"我爱他吗?"要勇于体察自己是否真的心魂震动,谨防一些庞杂的考虑乔装成喜欢;"他爱我吗?"要勇于分辨他对你是整体的悦纳还是看上你万千优点中的哪一两点,甚至是否把你对他的喜欢硬塞到他的眼神里。

就这么简单。不信你看看天上的比翼鸟,双方顺心就成双;你再瞅瞅水中的比目鱼,双方顺眼就成对。如果说人的爱情一定要比花鸟鱼虫多一点儿什么,除了要看顺心顺眼之外,还要看这份感情是否能为两个人的成长和奋斗提供持续的推动力,这一推动力才是爱的定力。

第五节 心理知识链接

心理知识链接一:真爱的特征[①]

神话中丘比特问爱神:"LOVE 是什么意思?"

爱神说:"I—Listen,就是倾听;O—Obligate,就是感恩;V—Valued,就是尊重;E—Excuse,就是宽容。

奥地利心理学家弗兰克尔(V. E. Frankl)认为爱的态度有三个层次。最原始的态度是针对他人身体而引起的性冲动,是性的态度,属于生理层次。其次是迷恋,要求深入到对方的内心,但仍达不到对方的核心,属于心理层次。最后是针对对方精神层次的爱,针对对方人格的爱,爱不再停留在身体或情绪上,而是在精神上深深地被对方的人格感动。真实的爱以对方的精神人格的独特性为对象,因此不可能"转移"到别人。真实的爱在时间上是永恒的,它与性兴奋状态所表现的短暂性不同。

---

① 节选自:桑志芹.爱情进行时——爱情心理发展.北京:高等教育出版社,2008.

心理学家认为真爱的特征有：

(1)两人世界。爱情的独特性一定是两人世界，这里讲的也一定是异性之间的两人关系，第三者不能替代。

(2)爱的回应。爱是应该有回应的，如果仅仅是一方的承诺，那不是爱情，很可能是单相思。

(3)互相渴求的期盼。在爱的关系中，互相之间有一种默契，有共同的期盼，比如希望共度人生。

(4)可以分享和分担。相爱的双方分享人生的快乐与分担生活的遭遇，理解和信任，并依赖着对方。

(5)与对方相处特别快乐。真实的爱使双方强大，不仅接纳对方的优点，而且包容对方的弱点和不足，所以，彼此渴望在一起享受快乐。

(6)在爱中会为对方着想，在爱中成长。爱表现在对所爱的人的幸福表现出关注，而且这种关注对彼此是一种成长，是一种支持，是一种信赖，彼此渴望对方幸福，在爱中成长。

(7)有深刻的融洽，有相互的共鸣、同感。爱使双方彼此理解和熟悉，能够洞察所爱的人的需要和思想，是一种心心相印的感受。

(8)相处时有坦然的安全感、信任感(像小孩、真我)。两个相爱的人有良好的自我意识，尊重自我也认识彼此，有良好的沟通，在彼此的关系中是一个真实的自我。

(9)开心。会很开心，渴望对方成为生命、生活的一部分，渴望结婚。

心理知识链接二：男人和女人各有 6 种不同爱的需要[①]

女人需要：关心、理解、尊重、忠诚、体贴、安慰。

男人需要：信任、接受、感激、赞美、认可、鼓励。

---

① 节选自:格雷.男人来自火星,女人来自金星.于海生,译.长春:吉林文史出版社,2005.

6 种爱中每一种对男人和女人都同等重要。当然每个人最终都需要全部 12 种爱,但只有这 6 种爱满足了,他或她才会感激其他 6 种爱。

心理知识链接三:推荐视听

(一)电影《当哈利遇见萨莉》

毕业时,哈利在旅途中偶遇了萨莉,哈利认为男女之间不可能有真正的友谊,萨莉却不以为然,于是不欢而散。几年后,当再次相逢时,两人都因感情出现了危机而有了共同语言。哈利此时也有些相信男女之间可以有纯洁的友谊了。他们相互为对方介绍对象,不想找来的一男一女却陷入了热恋之中,令人哭笑不得。随着理解的加深,两人之间超出了友谊的界限。新年之夜,哈里忽然悟到友谊和爱情可以同时存在,于是他疯狂地去找萨莉。友情与爱情是人际情感中的积极情感,对人的一生都有重要意义,两者存在着相互包容与转化的趋势。爱情与友情的联系和区别是什么呢? 看完这部影片,或许会给你收获。

(二)电影《乱世佳人》

《乱世佳人》这部传世经典影片讲述的是在美国南北战争期间郝思嘉与白瑞德之间的爱情故事。郝思嘉想得到阿什利,但阿什利却要和他纯洁的表妹结婚。在十二橡树举行大型舞会这一天恰好南北战争爆发,舞会上出现了一个新面孔——白瑞德。后来两个人历经磨难,郝思嘉一直不承认自己对白瑞德的感情,直到南北战争结束后,白瑞德最终离开她时,她才意识到自己内心深处其实是爱白瑞德的。什么是爱? 什么是恨? 爱和恨可以像两条永不相交的平行线,爱和恨也可能只需要"一缕阳光"就可以消融。珍惜拥有的人是幸福的,因为我们总是并不确切知道我们需要的到底是什么。太多的人只有在失去的时候,才知道去珍惜。泰戈尔有一句诗:如果错过了太阳时你流泪了,那么你也要错过群星了。历尽沧桑,你要学会忽略过去,因为——tomorrow is another day!

（三）图书《爱的艺术》

《爱的艺术》是通俗心理学的成功范本。弗罗姆（E. Fromm）在书中以平易浅白的文笔书写着人类生活的重大主题。在弗罗姆看来，爱情不仅需要投入真正的感情，还是一种需要加以认知和实践的艺术。爱不仅是"falling in love"，它更是"being in love"，在如痴如醉的疯狂爱恋之后，持久的爱才是成熟的爱。

心理知识链接四：8 种不会有结果的爱情

（一）你在乎对方比较多

你在谈恋爱，却不确定对方的想法；你觉得你们很合适，他好像不以为然；他不在时你很想他，你不在时他好像没差别，这表示什么？

两人若不同心，岂能同行呢？有时候会有一方爱另一方较多的情形，若是在健全的感情中，会有交替的现象，两人轮流扮演追求和被追求的角色；但如果有一方总是扮演追求者，这样的感情不健全，长久下去，你会对爱饥渴，你会觉得受对方控制，你会感到愤怒、受骗、痛苦。

（二）你爱的是对方的潜力

你爱的是对方的潜力，而不是对方真正的样子，你爱的是对方未来可能的样子，那他根本不是你的伴侣，而是你改造的对象。

如果对方 50 年内都不会改变，你会满意吗？如果你一直希望能改变对方，才觉得比较满意，那就不是爱，而是赌博，用双方的快乐当作赌注。

你跟一个人交往时，要爱和尊重对方的本相，而不是他未来的样子，你可以期望他继续成长，但你必须满意他现在的样子。

（三）你想要帮助对方

你常觉得对方很可怜吗？你觉得自己有责任帮助对方振作起来吗？你会不会害怕如果离开对方，他会受不了打击？如果是，你恐怕是个"救难狂"。

"救难狂"不会去找一个合适的对象,而是找一个他所同情的、可以帮助的对象;找一个受过创伤、感情脆弱、依赖别人、不被人爱、受到委屈的人,你由怜生爱,他会对你心生感激,这样的感情像是一项救援任务,而不是健全、平衡的感情。

这里要牢记的关键是"尊重",你爱的对象必须是你能够尊重的人,你必须以对方为荣,你的伴侣不要你的救援,而是要你真正了解他。

(四)把对方当作崇拜的对象

年轻的女明星爱上导演,大学生爱上教授,秘书爱上老板……爱上所崇拜的对象,这种感情很难维持正常,因为两人之间无法平等对待。

男女双方必须要平等对待。这里的平等不是指地位,而是指态度,不能过度崇拜对方。爱上所崇拜对象的人,通常自信心低落,觉得自己很糟糕。

(五)你只是被对方外表吸引

每个人都会这样,对吗?如果你发现自己被对方的某个特质深深吸引,要问自己,若对方没有那双蓝色的大眼睛、磁性的声音……若对方不是模特儿,不会打篮球……我还会跟他在一起吗?

(六)短暂朝夕相处的机会

你和对方分担某个工作,常常要一起加班,于是你觉得爱上了对方……你去度假三周,认识一个也来度假的男人,你觉得好像坠入情网……短暂的朝夕相处,是指在特殊情况下凑在一块,并不是常规,这种感情不能持久,因为短时间的朝夕相处,无法使你完全了解对方的个性。

(七)为了叛逆才选择这个对象

父母老是跟你强调,要找个有钱的对象,偏偏你每个男朋友都是穷光蛋;从小父母就对你管教严格,偏偏你每个女朋友都很随便;从小父亲就耳提面命——传香火是最重要的事,偏偏你的女朋友不是不能生,就是不想生……

如果你所选的对象,老是令父母生气,很可能你只是想叛逆,你觉得一定要证明什么来反击,当你不能控制自己的选择,你并不是真心爱对方,这段感情注定没有结果。

(八)对方不是自由身

这根本不能算是感情。选择终身伴侣的第一个前提——对方是"自由身"。"自由身"就是可以自由和你交往,没有结婚,没有订婚,没有固定的交往对象,是单身,只和你交往。

如果你爱上的那个男人答应会早点和另一个女人分手;或是他说他不爱那个女人,他爱的是你;或是他原来的对象接受你的存在,他们不打算分手,但他想跟你在一起一阵子;或是他刚分手,但可能破镜重圆……他不是自由身。

别和已婚或有对象的人交往,不管是什么借口,结果都一样,你注定要心碎。别忘了,你只是接受了另一个人用剩的部分。

选择权在你手上,责任在你身上,你要选对人。如果你有交往的对象,而且你的感情是上面谈到的8种感情之一,去找辅导老师,别再浪费时间了,还有更好的对象在等你。

心理知识链接五:大学生恋爱常见问题——从众心理

有的同学谈恋爱不是为了寻觅知音,不是认为自己恋爱条件已成熟,而是缺少自主性,看到其他同学谈恋爱自己不甘示弱也得效仿,无论结果如何,先找一个再说。其做法是不负责任、不严肃的,后果更是危险的。

据报道,某高校曾经发生过一起和尚闯入女生寝室持刀行凶的事。调查发现,受害者曾与和尚谈恋爱。原来这个女大学生根本不喜欢和尚,但她看到同宿舍的女生都找到了男朋友而自己孤零零的很失落,很没面子,于是,她向和尚发出了求爱的信号,和尚挡不住女大学生美色的诱惑,义无反顾地和女大学生谈起了恋爱。和尚陷入了情网,女大学生清楚地知道这是个无言的结局,她与和尚恋爱只不过是想在同学中找回一点尊严,当然她没有告诉同学自己的男朋友是个和尚。当这个女大学生不再利用和尚,宣布恋爱结束时,这个和尚失去了理智,持刀闯入宿舍行凶后,自己跳楼身亡。

调整方法:

(1)矫正认识。充分认识恋爱从众心理是不正常的,甚至是有害的。一个人什么时间谈恋爱没有固定的模式,要根据自身实际情况和需求。如果盲目选择对象,就会给自己带来不幸和痛苦。

(2)确立婚恋目标。大学期间以学习目标为主,婚恋可作为高年级或毕业以后的目标。

(3)增加集体交往,在集体活动中增加同异性同学之间的友谊。

(4)放松以缓解紧张、焦虑的情绪反应。

(5)消除虚荣心,增加对不同舆论压力的承受能力。

(6)培养独立思考、独立处理问题和解决问题的能力,培养把握和驾驭自己的能力。

心理知识链接六:苏格拉底与失恋者的对话

苏格拉底想看看 2000 年后的世界与他的时代有什么不同。他一来到人间,就见到一位年轻人,茶饭不思,精神萎靡,其状甚哀。

苏格拉底:孩子,你为什么悲伤?

失恋者:我失恋了。

苏格拉底:哦,这很正常。如果失恋了没有悲伤,恋爱大概也就没有什么味道了。可是,年轻人,我怎么发现你对失恋的投入比对恋爱的投入还要倾心呢?

失恋者:到手的葡萄丢了,这份遗憾,这份失落,您非当事人,怎知其中的酸楚啊?

苏格拉底:丢了就是丢了,何不继续向前走呢?鲜美的葡萄还有很多。

失恋者:等待,等到海枯石烂,直到她回心转意向我走来。

苏格拉底：这一天也许永远不会到来。你最后会眼睁睁地看着她向另一个人走去。

失恋者：那我就用自杀来表达我的诚心。

苏格拉底：如果这样，你不但失去了你的恋人，同时还失去了自己，你会蒙受双倍的损失。

失恋者：踩上她一脚如何？我得不到的别人也别想得到。

苏格拉底：可这只能使你离她更远，而你本来是想与她更接近的。

失恋者：那我该怎么办？我真的很爱她。

苏格拉底：真的很爱？

失恋者：是的。

苏格拉底：那你希望你所爱的人幸福吗？

失恋者：那是自然。

苏格拉底：如果她认为离开你是一种幸福呢？

失恋者：不会的！她曾经跟我说，只有跟我在一起的时候她才感到幸福！

苏格拉底：那是曾经，是过去，她现在并不这么认为。

失恋者：这就是说，她一直在骗我？

苏格拉底：不，她一直对你很忠诚。当她爱你的时候，她和你在一起。现在她不爱你，就离去了，世界上再没有比这更大的忠诚。如果她不再爱你，却还装得对你很有情谊，甚至跟你结婚、生子，那才是真正的欺骗。

失恋者：那我为她投入的感情不就白白浪费了吗？谁来补偿我？

苏格拉底：不，你的感情从来没有浪费，根本不存在补偿的问题。因为在你付出感情的同时，她也对你付出了感情；在你给她快乐的时候，她也给了你快乐。

失恋者：可是，她现在不爱我了，我却还苦苦地爱着她，这多不公平啊！

苏格拉底：的确不公平，我是说你对所爱的那个人不公平。本来，爱她是你的权利，但爱不爱你则是她的权利，而你却想在自己行使权利的时候剥夺别人的自由，这是何等的不公平！

失恋者:可是,现在痛苦的是我而不是她,是我在为她痛苦。

苏格拉底:为她而痛苦? 她的日子可能过得很好,不如说是你为自己而痛苦吧。明明是为自己,却还打着别人的旗号。年轻人,德行可不能丢。

失恋者:这么说,这一切倒成了我的错?

苏格拉底:是的,从一开始你就错了。如果你能给她带来幸福,她是不会从你的生活中离开的。要知道,没有人会逃避幸福。

失恋者:可她连机会都不给我,您说可恶不可恶?

苏格拉底:当然可恶。好在你现在已经摆脱了这个可恶的人,你应该感到高兴,孩子。

失恋者:高兴? 怎么可能呢? 不管怎么说,我是被人给抛弃了。

苏格拉底:被抛弃的并非就是不好的。

失恋者:此话怎讲?

苏格拉底:有一次,我在商店看中一套高贵的西服,爱不释手,营业员问我要不要。你猜我怎么说,我说质地太差了,不要! 其实,是我口袋里没有钱。年轻人,也许你就是被遗弃的西服。

失恋者:您真会安慰人,可惜您还是不能把我从失恋的痛苦中引出。

苏格拉底:时间会抚平你心灵的创伤。

失恋者:但愿我也有这一天,可我的第一步该从哪里做起呢?

苏格拉底:去感谢那个抛弃你的人,为她祝福。

失恋者:为什么?

苏格拉底:因为她给了你忠诚,给了你寻找幸福的新机会。

第六章　大学生挫折心理与应对的指导

"没有挫折就没有成长"，大学生在成长的过程中，必定会遇到各种挫折，这些挫折在给人带来巨大心理压力与情绪困扰的同时，也为大学生带来了成长的契机。

第一节　理论知识的指导

一、挫折的含义

邵瑞珍主编的《教育大辞典·教育心理学》中这样描述："挫折是当个人的动机性活动受到阻碍或干扰、需要得不到满足时所产生的紧张状态与情绪反应。"

在人们日常生活用语中，"挫折"一词是失败、阻碍、失意的意思。在生活中，每个人会不断产生各种各样的需要。人的需要主要包括生理需要和社会需要。需要是人活动的基本动力和源泉。在需要的推动下，人们就会产生动机，引导行为指向一定的目标，并力求实现这一目标。而一旦目标受阻，无法实现，就会给人带来挫折感。

由于人类社会生活的复杂性，挫折的概念有狭义和广义之分。广义的挫折泛指一切能够引起人们精神紧张，造成疲劳和心理反应的刺激性生活事件。狭义的挫折，指有目的的活动受到阻碍或者失败时产生的消极情绪反应。一般认为，挫折是人们在从事有目的的活动的过程中，因主观或客观的原因而受到阻碍或干扰，致使原有动机不能实现、需要不能得到满足时的焦虑、悲伤、气愤等消极的情绪体验。

挫折的概念通常包括三方面的要素：一是挫折情境，指在有目的的活动中，使需要不能获得满足的障碍或干扰的一种情绪状态。二是挫折认知，指受挫者对挫

176

折情境的感知、体验和评价,它受个体的认知结构影响。挫折认知一般可分为两种情况:第一种是受挫者对真实挫折情境形成的认知,这是真实的挫折认知;第二种是对想象挫折情境形成的认知,这是想象挫折认知。三是挫折反应,指伴随着挫折认知,受挫大学生在自己的需要不能满足时产生的情绪和行为反应,常见的有焦虑、紧张、愤怒、攻击或躲避等。一般挫折情境、挫折认知和挫折反应三者同时存在时,即构成了典型的挫折心理。但在有些情况下,即使没有挫折情境,只有挫折认知和挫折反应这两个因素,也能构成挫折心理。有时甚至事实上存在一个挫折情境,但由于没有把它看作挫折情境,个体也不会产生挫折心理。只有当个体感知或意识到挫折情境时,才会产生挫折心理。可见,挫折情境和挫折反应之间并非必然的联系,往往要通过挫折认知来确定。挫折反应的程度主要取决于挫折认知。若个体主观上将严重的挫折情境,感知、评价为不严重,他的挫折反应就会很小;反之,如果他将别人认为不严重的挫折情境,感知、评价为严重,那么就会引起很强的情绪反应。此外,受挫者的挫折认知与受挫次数具有一定的关联,随着受挫次数的增加,个体的挫折认知将发生变化,或提高,或降低,或自暴自弃。因此,在构成挫折心理的三个要素中,挫折认知是最重要的,它决定着挫折反应的强度。所以,在挫折面前一定要保持清醒的头脑,要对挫折有正确的认识,不要过分夸大挫折的消极影响。

二、挫折形成的条件

挫折的形成必须具备一定的条件,必须有需要、动机、目标和实现目标的实际行为。只有挫折情境和人们对挫折的知觉与体验,才能形成为人们所能感受到的现实的挫折。具体条件如下:

(1)具有必要的需要、动机和目标。在生活中,每个人都会不断产生各种各样的需要。人的需要是现实生活中所存在的一切现象的动因和根由,是产生行为的原动力,也是个体积极性的源泉。需要是制定目标的前提,动机是实现目标的条件。如果只有强烈的动机,而没有实际有效的行动,则遇到挫折的可能性最大。但是,假如一个人既没有必定的需要,又没有明确的目标,就不可能有强烈的动机。这样的人,任凭风吹浪打,也不会有明显的挫折感。

(2)要有满足动机和实现目标的实际行为。为了满足需要和动机,人们必须采取实际行动去实现一定的目标。当满足动机和实现目标的实际行为由于客观或主观的因素而受阻时,就会产生真实的挫折感。如果满足需要的愿望只是停留在口头上而没有付诸实际行动,那么即便有挫折感,也仅仅是想象中的挫折。

(3)要有挫折情境发生。人们在实现目标的过程中如果一帆风顺,并不会产生挫折感,而如果遇到了不能克服的阻碍就会发生挫折情境。这种阻碍一般来讲应该是真实的、实际存在的,对于有的人来说,也可能是对想象中的困难、阻碍所产生的挫折情境。

(4)挫折必须被知觉(认知)。人们在实现目标的行为受到阻碍的时候,必须对挫折有所知觉或认知。如果客观上有阻碍存在,但人的主观上并无知觉,当然就不会有紧张情绪产生,也就不会构成挫折情境。挫折认知是构成挫折的必要条件。

(5)对挫折的情绪反应。对于挫折,既要有认知,一般也要有相应的情绪反应。对挫折的反应,只是表现方式和反应程度存在差异,如果没有任何反应表现,就很难确定是否遭受了挫折。所以,伴随着对挫折的认知体验而产生的情绪反应,也是构成挫折的必要条件。

三、大学生常见的挫折心理

(一)就业型挫折心理

(1)专业烦恼和自身能力认识不足产生就业心理挫折。目前许多大学生因高考不理想而被调剂到所学的专业,对自己所学的专业没有正确的认识,或者对自己所学的专业没有足够的兴趣,因此在就业方面往往存在被动心理。另外,很多大学生对自己的能力没有一个客观的认识,或目空一切,眼高手低,或盲目自卑,找工作过程中挑三拣四,不能充分发挥自己的优点,以至于错失机会。如此种种,都使得大学生不能找到满意的工作,从而引起强烈的挫折心理。

(2)自身素质不佳而产生的就业心理挫折。据一位大四的学生反映,班级大多数学生都在为找工作而四处奔波,可班上有个男生却无动于衷,整天躲在寝室里。同学催他去找工作,他一会推说用人单位只找有工作经验的,一会又说自己竞争不过其他同学,反正就是不出去找,结果错过许多机会。这种学生表现为典型的自信心不足,而其自信不足的根本原因在于自身素质不过硬。

(3)就业不公正现象也会导致择业能力弱的学生产生挫折心理。大学生在择业中渴望公平的竞争环境,希望人人平等,这是有一定的积极意义的。但是,由于目前的就业形势和社会环境等方面的影响,就业方面仍存在很多不公平的因素,如有的单位只接收男生而不接收女生,或者对名校和普通院校的毕业生区别对待等。另外,由于市场发育的不完善,难免有"走后门"现象。这些都让不少大学毕业生深感不公平,有的抱怨自己"生不逢时",有的大学生求职者受挫便一蹶不振,陷入失望、苦闷的情绪之中,有的甚至出现社会适应恐惧症。

(二)学习型挫折心理

大学的学习并不像有的学生上大学前所想象的那么轻松,学习内容高深而广泛,学习形式复杂而多样,这对大学生的素质是个综合考验。绝大多数的学生存在着学习上的困难和挫折,主要表现为以下几个方面:

(1)学习适应性不良,特别是学习条件和学习方法的变化引起挫折心理。这种变化主要表现在两个方面。一方面,对于中学时候在班级成绩比较好的学生,到了大学,竞争对手不一样了,大家水平差不多,这时如果不能转变角色,对自己的要求过高,还想保持中学时期"优等生"的地位,就会产生很大压力。另一方面,学习方法不当,不了解大学学习的特点和规律导致学习挫折。高中生的学习方法,一言以蔽之:做题。如在大学中仍然单纯沿用此种学习方法,学习成绩可想而知。特别是语言类的学习,中学与大学的授课方式、学习内容和方法都有很大的差别,如果不能及时转变,会给学习带来压力,出现紧张、失落等情绪反应。有的无法适应这种落差,认为是自己的学习能力差,甚至发展到否定自我,觉得自己没有前途,从而产生很大的挫折心里。一位大二女生谈道:"从小到大第一次面临考试不及格,心里难过了好几天,自己很努力,但成绩与预期相差很远。"很多女生也表示有过类似感受。在这个问题上,男生比女生的承受力也强不了多少,表面看平静,内心却同样痛苦。一位大一男生说:"高考没有进入自己理想的学校,对我来说是有生以来最大的打击。当家人劝解时,我虽没说什么,但心里十分难过。"

(2)宽松的大学生活与目标失落感导致挫折心理。进入大学后,许多大学生不能适应大学生活里较充足的自由时间,普遍缺乏自控能力和自主学习能力。例如互联网上诱惑很多,很多学生上网只是打游戏或聊天,能真正把网络当作学习工具来使用的,在我们大学生群体中很少,而且上网时间无法自控,长时间上网甚至通宵上网的大有人在,影响了学业。这种现象在大学新生中表现更为明显,有新生说:"进了大学校门,从心理上摆脱了高中时的沉重压力,思想上也逐渐松懈,新的目标还没有明确形成,所以学习的动力不如中学时强。"

(3)对所学专业不感兴趣而产生挫折心理。大学的专业学习对很多学生而言是陌生的,学管理的一位大二女生表示:"当初对自己的专业还是挺感兴趣的,可当开始接触专业课程时,发现课程安排是那么不合理。现在我常常问自己:'我对自己的专业满意吗?'"像她一样对所学专业不大"感冒"的大有人在,很多学生的专业是家长指导填报的,并没有充分考虑学生的志向。不少学生对专业的选择具有很大的盲目性,进入大学后,专业学习与个人意愿的矛盾就显露出来,如果所学的专业与自己的志向不一致而又没有能力转专业或者没有魄力重新参加高考,学生就会感到苦恼、迷茫、失落。现实中,大多数学生会选择坚持读完大学,这样就必须要调整心态,培养专业兴趣,否则,很容易陷入挫折心理而不能自拔。

(三)自我实现型挫折心理

截至目前,自我实现这一定义仍然十分模糊,用美国心理学家马斯洛的话说就是"对天赋、能力、潜力等的充分开拓和利用",这样的人能够实现自己的愿望,对他们力所能及的事总是尽力完成。人都有成长、发展、利用潜力的需要,即自我实现的需要,大学生也不例外。就像一颗树苗迫切需要长成参天大树一样,大学生有自我实现的需要是十分自然的。这一方面推动着他们自我实现需要的发展,另一方面一旦在自我实现过程中受到阻碍,又容易产生挫折心理。分析其原因,主要表现在以下两个方面:

(1)理想与现实的差异造成大学生的挫折感。很多学生在自我理想设计时,多从主观愿望出发,缺乏对自身充分、客观的认识,他们的设计难免有许多虚幻的成分,与现实生活存在矛盾,这使"现实人生道路"与"理想人生道路"产生分离,难免导致碰壁或失败。

(2)自我中心倾向较强,忽视社会价值的实现。由于受西方文化思潮的冲击,受市场经济利己观念的支配,以及独生子女以自我为中心的思想和习惯等的支配,部分大学生在自我实现的过程中表现出很强的自我中心倾向。他们往往以自我为中心,任性,不尊重他人,不关心他人,不能与人为善,只关心自己的需要,只想利己,甚至损人利己。

(四)适应型挫折心理

大学生因适应问题产生的挫折心理,主要包括对环境、学习、人际等方面的适应。在调查中发现,适应问题在大学生特别是新生中表现比较明显,主要表现在以下几个方面:

(1)学习方法、特点、内容等方面的不适应。大学的教学相对于中学来讲,在特点、方式和内容上有很大不同。大学老师一堂课讲授的内容多,学生难以及时消化,而且内容有时会与教科书上有很大出入。大学老师的教学方法也与中学有差别,大学的学习既要求掌握比较深厚的基础理论和专业知识,还要求重视各种能力的培养。同时,大学教育具有明显的职业定向性,要求大学生除了扎扎实实掌握书本知识之外,还要培养研究和解决问题的能力。因此,要特别注意自学能力的培养,学会独立地支配学习时间,自觉地、主动地学习。

（2）新环境的不适应。刚刚跨入大学校门的大一新生来自全国各地,面对全新的学习生活环境和陌生的人群,大多数新生都会产生一种孤独无助的感觉,而这都是新环境、新群体不适应症候群的表现。特别是在同一寝室中,有着不同的生活环境和文化背景的学生同处一室,矛盾更加明显。有一位大学新生说:"我们寝室有一名上海学生,什么都不会干,脏衣服、脏鞋子扔得哪儿都是,严重影响寝室卫生,说了几次都改不了。"还有一位女生表示:"从小到大都没离开过家里,一直都有父母照顾。所以刚入学时,很不习惯新的生活环境,特别是新校区地处偏僻,交通和配套设施都不好,天天想家,吃不好,常失眠。"

（3）自我的不适应。大学生往往存在过多的以自我为中心和过多的从众心理的矛盾,过强的自尊心和虚荣心的矛盾以及过强的独立意向和逆反心理的矛盾,导致他们在许多矛盾中挣扎和彷徨,容易使得大学生失去自我,失去生命的价值感和存在感,陷入苦闷、绝望的泥潭,严重者一旦遇到小挫折则产生轻生的念头。可以说,大学是学生脱胎换骨的时期,很多人在大学蜕变,日趋成熟,也有小部分人走向堕落和毁灭。

（五）人际交往型挫折心理

人际交往障碍是大学生遇到的主要困惑之一。人际关系的好坏往往影响到大学生的学习、生活、工作等各个方面,影响到大学生对自我的正确认知,进而影响其心理健康。大学生人际交往并没有明确的指标,程度也不相同,造成障碍的原因也有差异。仅就心理方面而言,有认知障碍、情感障碍、意志障碍、行为障碍、人格障碍、能力障碍等。笔者认为,产生大学生挫折心理的人际交往,主要是由于交往需要与人际交往障碍而导致的挫折心理。当代大学生思想活跃、精力充沛、兴趣广泛,希望别人能够承认自己的价值,接纳自己,喜欢自己,因而人际交往的需要极为强烈。但是,由于大学生来自全国各地,在习惯、文化、性格、观念等方面都有较大的差别,加之社会阅历有限,心理不够成熟,对一些问题缺乏较为深刻的认识,容易产生偏激心理。如有的大学生容易以自我为中心,把人际关系不好的责任归结到别人身上,每天只能独来独往,感到失落、孤独;有的则过于自卑,觉得自己处处不如他人,在交往中缺乏自信而带来心理创伤;还有的学生把老师或同学的善意批评、建议看作是故意刁难,产生隔阂、冷漠。

四、大学生受挫后的行为反应

大学生要生存和发展,就一定会有需求,但在现实生活过程中,他们的需求不可能都得到满足,所以产生挫折就不可能避免了。学生在产生挫折时,总会有一些外在行为反应,通常会出现如下的行为反应。

(一)攻击行为

攻击行为是指有些人产生挫折后,直接对造成其挫折的对象进行攻击。如一些大学生因争风吃醋而大打出手就是这种现象的典型。也有一些人在遭遇挫折时向一些无辜的对象进行发泄,如一些学生因对学校不满而毁坏公物、一些人在外面受了气而回家找家人发泄等。

(二)冷漠

有些人多次受挫后,对改变现状感到无能为力时,常会出现心灰意冷、麻木不仁的现象,这就是冷漠。冷漠是受挫者对现状不满时表现出来的一种无奈,也有可能隐含着愤怒。如一些人因失恋而看破红尘,一些大学生因屡次英语四、六级考试不及格而出现精神沮丧的现象。这种冷漠的心态如果得不到解除,将会对挫折者的心理产生严重的伤害,严重者还有可能出现自杀的现象。

(三)心理防卫机制

弗洛伊德(S. Freud)认为,人寻找满足的过程通常是不顺利的,往往与社会文化相冲突,冲突必然会导致焦虑。人为了缓解焦虑,就会不自觉地形成心理防卫机制。心理防卫机制很多,主要有如下几种。

1. 压抑

压抑是把不愉快的经历和体验压抑到潜意识中,不再去提及,努力忘记。压抑作用的结果虽然使个体暂时减轻焦虑,获得安全感,但长此以往会影响心理健康。如有些人因爱情发生变故而发誓终身不嫁(不娶),这种现象不能说受伤者没有了爱情欲望,只是害怕再度受伤才出现这种心理。合理的需求长期被压抑,会使人产生心理失常、性情孤僻等异常心理现象。

2. 退行

个体的行为发展是有一定规律的,即随着年龄的增长,行为逐渐成熟起来。有些人出现挫折后,表现出与自己的年龄和身份不相称的幼稚行为,如有些成年人遇上挫折时,表现出大吵大闹,失去了成人应有的沉着与冷静,这种现象就叫退行。有些大学生在考试不及格时,到老师面前哭哭啼啼,苦苦哀求,这种现象也是退行的表现。

3. 合理化或文饰作用

合理化或文饰作用就是以社会认可的好理由,取代个人内心的真理由。所谓"吃不到葡萄说葡萄是酸的"就是这种心理。如有些大学生失恋了,净挑对方的毛病,以弥补内心的失落。

4. 反向

反向就是以与真实愿望相反的方式行事。如有些大学生本来很想接近某个异性,在对方出现时却表现出回避或疏远。

5. 投射

投射就是将自己内心不为社会认可的欲望加在别人身上,认为别人也有这种欲望。我们通常说的"以小人之心度君子之腹"就是投射现象。如有些人不承认自己对别人有非分之想,反说别人诱惑自己。

6. 转移

转移就是将对某对象的强烈情感转到另一个对象上。如有些大学生在看足球时,当看到自己喜欢的球队失败时砸水壶、扔杯子进行发泄;一些大学生刚和前任恋人分手,马上又找一位异性来填补等均属转移现象。

7. 补偿

补偿是替代作用的一种,是指个体在行为受到挫折,或因其他方面的缺陷而无法达到目标时,自己便努力发展其他方面的特点,以其他方面的成功来弥补因失败而丧失的自尊与自信。"失之东隅,收之桑榆"便是这种心理。如一些大学生学习成绩平平,不能满足自己的内心需求,便发展自己的特长,用特长的成功来弥补内心的缺失。

8. 升华

升华是一种高级的替代作用,是一种富有建设性的心理防卫机制。如有些学生因生理上的缺陷而转向发奋学习,最终在学业上取得突出的成绩。

五、大学生挫折心理的应对方式

(一)正确认识挫折

人生犹如天气,有阳光灿烂,也有狂风暴雨;有风和日丽,也有雾霭风沙。挫折是不可避免的。雨果(V. Hugo)说:"尽可能少犯错误,这是人的准则;不犯错误,那是天使的梦想。"一个在生活中充满幸福感的人,不是在生活中不遭遇挫折,而是能坦然面对挫折,并能客观地分析挫折产生的根源,尽可能不犯同样的错误。

事实上,任何事情都有两面性,既有积极的一面,也有消极的一面,挫折也是如此。从消极方面看,一个人在遭遇挫折时,就挫折事件而言,是令人痛苦的。从积极方面看,在挫折面前若能冷静下来,沉着面对,挫折就有可能成为激发人上进的力量,在与挫折的抗争过程中,自己的性格和意志还能得到磨炼,使自己在挫折中成熟起来。相反,一个人总是生活在顺境中,可能会使人过于安逸,在真正遇到困难时反而会使人措手不及。所以,挫折是一种困境,但也是一个机会,只要能坦然面对,并树立起战胜挫折的信心,就可能从困境中解放出来。要知道,不经风雨,怎能见彩虹?

(二)客观分析挫折原因

正确认识挫折,只是战胜挫折的心理基础,而要能战胜挫折,还必须对挫折产生的原因进行客观分析。若不能正确分析挫折产生的原因,找不到挫折的根源所在,对挫折就不会有针对性的应对策略,就会使人深深地陷入挫折的泥潭,不能自拔。

学生在挫折的归因问题上常会出现两种倾向:极度的外部归因和极度的内部归因。极度的外部归因是指把挫折归因于外部的、不可控制的因素,而不考虑自身的因素。极度的内部归因则正好相反。如一些大学生考试失败后,认为是老师出题太难,评分过于严格,这就是极度的外部归因。有的学生则往往把失败归因于自己,认为是自己能力有限、学习不够努力、太笨等,过多地责备自己。这两种归因如果得不到纠正,会导致学生的自我效能感丧失,对其学习将会产生严重的负面影响。因此,学生在遇到挫折后,要冷静分析挫折产生的原因:只有找到造成挫折的真实原因,才有可能找到"症结",才有可能战胜挫折。

(三)根据实际情况调整抱负水平

抱负水平是指人在从事活动之前,对自己要达到的目标所规定的标准。从本质上说,目标是一种愿望,与活动的实际结果不一定是相符合的,但若抱负水平不当,可能会引发挫折感。由抱负水平不当引发的挫折感通常有两种情况:一是抱负水平过高。抱负水平过高的人,追求尽善尽美,但由于目标的实现往往并不取决于个人的因素,还有许多不可控的因素,尽管为实现目标倾尽了全力,最后的结果依然,可能是远远低于自己的预定目标,这样就会产生挫折感。要知道,希望越大,失望可能也就越大。二是抱负水平过低。抱负水平低的人,目标容易实现,似乎不会出现挫折感,其实不然。抱负水平过低,虽然容易实现目标,但这一目标的实现不会给人带来真正的满足感,对自信心、自尊的增强没有太大的帮助,反而会埋没潜能,压抑个性。当前不少大学生感到"郁闷",常常是由于抱负水平过低造成的。

(四)合理运用心理防卫机制,缓解心理压力

挫折不可避免,人在遭遇挫折时原有的平衡心理会遭到破坏,这时会出现焦虑、烦躁、痛苦、郁闷等负面的心理反应,这都是正常的心理现象。在没有找到克服失败的方法之前,适度的宣泄是有必要的。为了避免挫折给自己带来更大的伤害,这时就要适当运用心理防卫机制。

心理防卫机制有积极的,也有消极的,但它对个体缓解心理压力、减轻焦虑和紧张情绪、维护个人的自尊、保持心理的相对平衡是有很大价值的。如学生遇到情感挫折时大哭一场,在与人交往中发生矛盾时去打一场球,在情绪激动时去听一段优美的音乐,在心中有烦恼自己又无法排解时去找人倾诉等。这些心理防卫机制的运用,能使自己的焦虑情绪得到一定的宣泄,对心理压力的缓解是有帮助的。

但我们应该清楚,心理防卫机制只是"止痛药""麻醉剂",不是根治挫折的"良药"。要使自己能从挫折的困扰中彻底解放出来,应先用一些积极的心理防卫机制进行宣泄,使自己在冲动中平静下来,然后客观地分析挫折产生的原因,找到症结所在,再找到出路,从而轻装前行。

(五)注重自身修养,提高思想境界

孔子说:"君子坦荡荡,小人长戚戚。"君子之所以坦荡,是因为君子修养高,对名利淡泊;小人之所以"长戚戚",是因为小人对蝇头小利也不放过,对鸡毛蒜皮的小事也耿耿于怀。这说明,一个修养高的人,对挫折的承受能力也提高。郑板桥有两幅很有名的条幅:一幅是"难得糊涂",另一幅是"吃亏是福"。"难得糊涂"说明一

个人要生活得自在,对一些小事不应太过于精明,该糊涂时就糊涂。"吃亏是福"说明一个人做事不要斤斤计较,要不怕吃亏,勇于吃亏,善于吃亏,在吃亏中展精神,在吃亏中长智慧。这两个条幅体现了郑板桥较高的思想境界。

高的修养、高的思想境界是增强挫折抵御能力的重要法宝。个人修养的提高来源于两条基本途径:一是学习书本知识;二是积极参加各种社会实践。

第二节　心理测试的指导

心理测试一:测测你的挫折承受力

1. 在过去的一年中,你自认为遭受挫折的次数

A. 0～2 次　　　　　　B. 3～4 次　　　　　　C. 5 次以上

2. 你每次遇到挫折

A. 大部分都能自己解决　B. 有一部分能解决　　C. 大部分解决不了

3. 你对自己才华和能力的自信程度如何

A. 十分自信　　　　　　B. 比较自信　　　　　　C. 不太自信

4. 你对问题经常采用的方法是

A. 知难而进　　　　　　B. 找人帮助　　　　　　C. 放弃目标

5. 有非常令人担心的事时,你

A. 无法工作　　　　　　B. 工作照样不误　　　　C. 介于 A、B 之间

6. 碰到讨厌的对手时,你

A. 无法应付　　　　　　B. 应付自如　　　　　　C. 介于 A、B 之间

7. 面临失败时,你

A. 破罐破摔　　　　　　B. 使失败转化为成功　　C. 介于 A、B 之间

8. 工作进展不快时,你

A. 焦躁万分　　　　　　B. 冷静地想办法　　　　C. 介于 A、B 之间

9. 碰到难题时,你

A. 失去自信 　　　　　　B. 为解决问题而动脑筋　　C. 介于 A、B 之间

10. 工作中感到疲劳时

A. 总是想着疲劳,脑子不好使了

B. 休息一段时间,就忘了疲劳

C. 介于 A、B 之间

11. 工作条件恶劣时,你

A. 无法工作 　　　　　　B. 能克服困难,干好工作　　C. 介于 A、B 之间

12. 产生自卑感时,你

A. 不想再干工作 　　　　B. 立即振奋精神去干工作　　C. 介于 A、B 之间

13. 上级给了你很难完成的任务时,你会

A. 顶回去了事 　　　　　B. 千方百计干好 　　　　　C. 介于 A、B 之间

14. 困难落到自己头上时,你

A. 厌恶之极 　　　　　　B. 认为是个锻炼 　　　　　C. 介于 A、B 之间

评定方法

1—4 题,选择 A、B、C 分别得 2、1、0 分;

5—14 题,选择 A、B、C 分别得 0、2、1 分。

19 分以上:说明你的抗挫折能力很强。

9～18 分:说明你虽有一定的抗挫折能力,但对某些挫折的抵抗力薄弱。

8 分以下:说明你的抗挫折能力很弱。

第三节　心理活动的指导

心理活动一:挫折体验活动——同舟共济

(1)活动规则:以小组为单位排兵布阵,在四开的报纸上站好,站得越多越好,

怎么站都可以,但不能超过报纸的范围,手也不能触到地面,如果超过了范围就不能再站到报纸上了,而且还要保持十秒钟才算是胜利。

(2)活动准备:每组8名成员,拥有一张大报纸。

(3)活动步骤:小组成员将报纸铺在地上,代表汪洋大海中的一条船。8名成员必须同时站在船上,同生死共命运。成功完成任务后,可以将报纸面积减半,继续试验,完成后可将面积再减半,依此递减,直到游戏结束。

(4)活动感悟:

请各组成员派代表分享体验:

刚才你失败的原因是什么?感受怎么样?如果再让你重新参加活动,你打算怎么做?

同学们,请回顾一下,在刚才的"同舟共济"活动中,当你面临挫折时,你是怎么做的?

(5)活动小结:人生旅途我们共同走过,只有相互扶持才能共渡难关。

心理活动二:成长三部曲

(1)活动步骤:开始每个人都是蹲着的,代表鹅蛋。然后两两猜拳,赢的由蹲着变成半蹲,表示由鹅蛋变成了丑小鸭,输者仍然是鹅蛋。随后同类找同类猜拳,鹅蛋赢了变丑小鸭,丑小鸭赢了变白天鹅,由半蹲变成直立并舞动双臂,输者降级。白天鹅猜拳时,赢者将变成观察员,站在圈外观看。

(2)活动感悟:当还剩下少数几个鹅蛋时叫"停",小组成员分享。

①刚才你从鹅蛋→丑小鸭→白天鹅→观察员的过程中感受如何?②最后几个依然是鹅蛋同学的感受如何?③如果再让你重新参加活动,你打算怎么做?④当你面临挫折时,你是怎么做的?

(3)活动小结:"不经一番寒彻骨,怎得梅花扑鼻香。"虽然我们成长的道路不会一直平坦,但努力过后,我们仍会收获成功的喜悦。

心理活动三：心有千千结

(1)活动步骤：先把成员分成若干组，各组同时进行。各组同学手拉手围成圆圈，并记住自己的左手和右手分别拉的是谁；记住后，当听到老师说放手时，大家立刻放手，并在一定范围内走动，要求走得越乱越好，当听到老师说"停"时，大家都立住不动，迅速找到原来左、右手所牵的那两只手；当手牵住后，再在一定时间内恢复到起初的完整的圈。

(2)活动感悟：请各组成员分享体验。

(3)活动小结：放平心态，团结协作，方能解开千千结。感悟挫折，拥抱阳光，让我们做自己梦想的主宰，勇敢地用心去赢得未来。

心理活动四：蜗牛的家

(1)活动步骤：参加的同学围坐成一圈，把身体前屈成90°后，用手从背后托起椅子，背在背上。每个人与前面的人保持距离，防止椅子相互碰撞。然后，保持弯腰驼背的姿势，所有学生转向顺时针的方向，跟着前面一个同学。教师提供指导语，想象我们都是一只小小的蜗牛，背上背着重重的壳。

控制行走的速度，不要完成得太快，留出足够的时间让学生体验蜗牛壳的压力。所有的学生走完一圈，回到原地，放下椅子，坐好。

(2)活动感悟：

讨论：①刚才背上压着东西是什么感觉？②这种感觉在生活中是否也存在？③蜗牛背着它的房子，那么，每天压在我们背上的是什么？

(3)活动小结：即使负重前行，也可采用积极的方式方法应对挫折。

心理活动五：抗压天使

(1)活动步骤：三人一组，大家轮流扮演天使、凡人与恶魔。担任凡人者说出自己觉得有压力的事件;恶魔的目的是让凡人压力更大,说出使人压力更大的话;天使则必须帮助凡人解除压力。每次由天使先说 30 秒,再换恶魔说 30 秒,每个人皆轮过三个角色为止。

(2)活动感悟:每个人轮流在组内说出刚刚扮演不同角色的感受,或邀请愿意主动发表的同学分享。

(3)活动小结:消除压力的方法有很多,有一种方法就是多听自己的天使说话,让恶魔闭嘴,多想一些乐观的、理性的、积极的想法。

第四节　心理案例及评析

心理案例一:考试作弊后

求助者殷某,男性,22 岁,汉族,大学二年级学生。其主诉大二上学期期末考试中一门专业课程作弊,被学校教务处给予处分,觉得影响了自己的前途,使自己原先心中的愿望(考取公务员)破灭,心情烦闷、焦虑。殷某来访者自述大一时自己是班长,现在也觉得那个阶段自己表现得比较好,自己也觉得整个大一阶段还是过得比较充实的。但其反映自己不喜欢现在所读的专业,没有兴趣,觉得自己的人格没有那么高尚,无法从事这种助人的工作。大一时,殷某就有一个目标,很想从事公务员的工作。他经常看公务员考试的书籍,有时上课也看,大一时成绩总排名还是不错的。同一个专业有 116 人,他在自己的班级排第 20 名,在年级排第 30 名。上了大二后,他的状态有了一些改变,觉得有些课程也没有什么意思,平时也不看什么专业书籍。大二上学期期末考试中一门专业课程作弊,学校教务处给予他处分。当时他所在的班级正处于评优,结果因为他的作弊行为,致使班级被取消评优资格。这件事情对他打击很大,觉得不仅影响了自己的前途,原来心中的愿望(考上公务员)破灭了,而且还影响了班级的评优。自己由原来大一时的班长到现在做出对不起班级、对不起同学的事情。大二下学期开始,他上课时不能集中注意力,白天无精打采,学习效率下降。原来他考公务员的想法破灭后,直到现在也没能找到一个新的目标,心情烦闷、焦虑。

案例分析:

本案例可以采用理性情绪行为疗法。理性情绪疗法是建立在这样一种理论假设基础上的:一个人的非理性信念导致了错误的、歪曲的和有破坏性的自我评价,情绪障碍就是由非理性信念、绝对性思考和错误评价造成的。

应该通过与求助者交谈,找出他情绪困扰和行为不适的具体表现(C),以及与这些反应相对应的诱发性事件(A),并对两者之间的不合理信念(B)进行初步分析。这一阶段主要是让求助者能够接受这种理论以及对自己问题的解释。首先,帮助求助者认识到 A、B、C 之间的关系,并使他能结合自己的问题予以初步分析。求助者目前在情绪及行为上的表现(C)有:沮丧、意志消沉、上课注意力不集中等。求助者认为这是自己经历了考试作弊受到处分(诱发性事件 A)之后才变成的这个样子。其次,帮助求助者分析 A 与 C 之间的不合理信念(B):①这件事情对我来说糟糕至极;②这件事情已经严重影响了我在大学的发展;③事情应该按照我的意愿发展,否则太糟糕了。

求助者的糟糕至极的想法是与他对自己的绝对化要求相联系的,即将考取公务员作为单一目标,必须要考取,应该要考取,结果没有像他所期待的那样发生,他就感到无法接受这样的现实,认为事情已经糟糕到了极点。合理情绪想象技术。求助者的情绪困扰,有时就是自己经常给自己传播不合理信念,在头脑中夸张地想象各种失败的情境,从而产生了不适当的情绪和行为反应。首先,应使求助者在想象中进入产生过不适当的情绪反应或自感最受不了的情境之中,让他体验在这种情境下的强烈情绪反应(对自己的前途很担忧、很焦虑、很沮丧);其次,要帮助求助者改变这种不适当的情绪体验,并使他能体验到适度的情绪反应(帮助求助者把之前的强烈情绪转变为仅仅是有些遗憾和失落);最后,停止想象,求助者讲述自己觉得事情不是像他想的那样糟糕,对求助者情绪和观念的积极转变,及时给予强化,以巩固他获得的新的情绪反应。

心理案例二：当分手已成事实

小 E，女，19 岁，高职学院二年级学生。其自述近一个月以来内心非常痛苦，有时候难受得用头撞墙，甚至想到了自杀，但始终没有勇气那样做。寒假里，男友向她提出了分手，她一直无法接受，感到很伤心、很无助、很不甘心，同时又很压抑。她心里总是想着以前两人在一起时开心快乐的时光，现在面对他冷漠无情而又决绝的态度，她总是不能相信那是真的，总是幻想着两个人还能和好。她心里很苦很累，这一两天更是感觉自己快要崩溃了，再也承受不起了。

案例分析：

失恋带来的悲伤、痛苦、绝望、忧郁、焦虑、虚无等情绪使当事人受到伤害。失恋是人生中最严重的心理挫折之一。失恋所引起的消极情绪若不及时化解，会导致身心疾病。失恋是恋爱中经常遭遇的挫折现象，许多青年为此而痛不欲生。小 E 应面对现实，接受分手的事实，而不应一味地停留在过去的回忆以及和好的幻想里；应进行积极的自我心理调适，比如找亲人或知心好友倾诉，适当地把情感转移到其他的人或事物上，学会辩证地看待问题等。如此方能尽快地消除心灵的创伤，恢复心理的平衡与健康。

心理案例三：在失恋的背后

男，22 岁，工科四年级学生。该生自述，在校外学习外语时，认识了本校一女生，对她印象不错，遂主动接近。该女生比他高一年级，当时已面临毕业。四月中旬的一天，他突闻姥姥去世，悲痛欲绝，找到该女生向其倾诉从小与姥姥共同生活的情景，以及对从姥姥处得到的母亲般的深深眷恋。该女生听后，非常感动，马上表示要与他交朋友。他像抓住了救命稻草，立刻把全部感情投入其中，在以后的交往中，他的感情越陷越深，不能一日不见，一时不想。可该女生自答应与他交朋友后，又十分后悔，觉得自己欠考虑，特别是她父亲非常反对他们之间的交往，因此多次表示结束恋爱关系。可他不同意关系的断绝,曾写过血书,表示过要断指、自杀。由于他的情绪一直处在极度的波动中,并把主要精力放在处理他们的关系上,期末考试有三门不及格。该女生毕业后,分到本地工作,表示与他只能做一般的朋友,希望他不要再打扰她,并退回了他给她的所有信件。他一时冲动,到该女生的单位动手打了她,致使该女生和单位的领导找到学校。他当众流着眼泪表示不再与她来往。可他的内心仍觉得自己是真心爱她的,不想失去她,控制不住自己的感情。特别是到了节假日,他经常打电话、写信,甚至到该女生家门口或上班的路上等她。他知道这只能使她离他更远,而且也违背自己做人的原则,但不能自控。眼看已接近元旦,情绪更是难以自制,既怕做出失控行为,更怕考试再亮红灯。因他已累计八门课不及格,学位已没有,若最后一学期的毕业设计再出问题,将无法毕业。他内心痛苦至极,不知怎么办才好。

案例分析:

该男生失恋后的情绪反应比常人要强烈得多,持续的时间也长。那女孩与他分手已近半年,他仍不能自制,情绪激动,这其中有更深层次的心理原因。他不愿失去她的原因,是觉得她是他的第一个真正的恋人,是他离开姥姥以后的十余年里,第一次感到被人爱,被人珍惜。她的爱使他多年的情感饥渴得到了补偿。他怕再回到以前的状态,不愿意恋爱失败,所以总是纠缠不放,希望能挽回。可他的做法不但不能帮自己摆脱情感纠葛,反而会让自己陷入更加糟糕的境地。该男生应认识到自己的问题,把精力转移到学习中去,从自己的内心世界中走出来,不能只沉浸在对过去的回忆中,要努力战胜自己。

心理案例四:人际交往受挫

我今年十八岁了,但人际交往能力很差,常常被孤立。一开始我很自卑,现在我开始硬着头皮主动跟人交往。可是因为长期的挫折,我极度自卑且脆弱,总是小心翼翼,不知所措,有时候曲意逢迎,有时候像个刺猬,得不到认可,更别说面对一些刁难了,我很痛苦。

我总觉得自己一无是处,情不自禁地忽略自己的优点,我也常常逼自己鼓起勇气,可是只能维持一段时间。随着挫折越来越多,勇气所维持的时间也越短,后来干脆不管用了,喜欢否定自己,总觉得自己过去做过的事都是错的,并耿耿于怀。

我喜欢逃避问题,害怕做决定,觉得怎么样都是错的。因为在学校的人际关系不好我休学了,这让我变得更喜欢否定自己,更喜欢逃避,而且长期失眠,越来越严重。老师说,如果我想回校去的话十几天以后去考试,我不想错过这次机会,想看看书去考试,可我状态很差,失眠,抑郁,害怕,想发火又要忍,听听音乐还好,耳机一摘就不行了,什么都做不了。我该怎么办?

案例分析:

从心理上讲,每个人都是天生的自我中心者,每个人都希望别人能承认自己的价值,支持自己,接纳自己,喜欢自己。然而对于大学生而言,他们对人际关系的追求往往带有较多的理想化色彩,希望交往不带任何杂质,同时他们也常常以理想的标准要求对方,一旦发现对方某些不好的品质就深感失望。其实大家渴望友谊和交往,有着人际交往的迫切需要,但有一些人还是不愿意向周围同学说,而是深深埋在心底。长期的积郁,使大学生的人际适应力下降。和其他人群相比,大学生人际关系的挫折感较强,容易由于交往受挫引发心理障碍。这种心理处理不当,可能会带来严重的后果。

心理案例五:当理想的就业机会遥遥无期时

小王非常优秀,临近毕业有十分远大的抱负。因此,一般的单位给予的面试机会他根本不重视,马虎应付了事。他希望等待一个最适合他的机会,但是这个机会迟迟不来,他陷入了迷茫之中……

案例分析:

部分毕业生自认为高人一等,傲气十足。在择业时,他们往往好高骛远,期望值很高,对用人单位横挑鼻子竖挑眼,因而很难找到自己满意的工作。一旦产生自傲心理,很容易脱离实际,以幻想代替现实,使自己的择业目标和现实产生很大反差,如果未能如愿,他们的情绪就会一落千丈。

第五节　心理知识链接

心理知识链接一:两块石头的命运

一座山上并排立着两块石头,一天,第一块石头对第二块石头说:"与其在这里养尊处优,默默无闻,还不如去经历一番外界的艰险和坎坷,做一些实事。这样可以见识一下旅途的风光,也不枉白活一世了。"

"你这是何苦呢?"第二块石头嗤之以鼻,"安坐高出可以一览无余,身边花团锦簇,为什么要愚蠢地在享乐和磨难之间选择后者,再说那路途的艰险磨难会让你我粉身碎骨的!"

第一块石头不以为然,于是,它随山溪滚涌而下,虽然受尽了风风雨雨和世间的种种磨难,但它依然义无反顾,执着地在自己选择的路途上奔波。第二块石头见它如此辛苦,讥讽地笑了。他在山顶坐享着安逸和幸福,享受着周围花草簇拥的畅意抒怀,享受着大自然的美好景致。许多年以后,饱经风霜、历尽沧桑、千锤百炼的第一块石头,被有心人发现了,并收藏在博物馆中,成了世间的珍品、石中的奇葩,被千万人赞美称颂,享尽了成功的喜悦。第二块石头知道后,有些后悔当初的决定,它也想投入到世间风尘的洗礼中,然后得到像第一块石头拥有的成功和高贵,可是一想到要经历那么多的坎坷和磨难,甚至疮痍满目、伤痕累累,还有粉身碎骨的危险,便又放弃了。

一天,人们为了更好地珍藏第一块石头,准备特意为它重修一座更加精美别致、气势雄伟的博物馆。为了找石头作为建造材料,他们来到高山上,把第二块石头砸成碎块,为第一块石头盖起了房子。

德谟克利特（Demokritos）说："勇气减轻了命运的打击。"人生中经常要面临这样的选择：安逸和苦难。

选择了安逸，也许一生就注定要碌碌无为，像第二块石头；而选择了苦难，则会像第一块石头那样，成为美石，被人珍藏。历经苦难的磨砺，人生就会熠熠生辉。台湾著名作家李敖说过："不怕苦，苦半辈子；怕苦，苦一辈子。"青春才扬帆起航，生命的花朵需要风雨的洗礼才能结出硕果来。

心理知识链接二：让自己变成珍珠

一个女孩自视甚高，以为自己无所不能。然而毕业后她却屡次碰壁，一直找不到理想的工作。她觉得自己怀才不遇，对社会非常失望。她觉得，是因为没有伯乐来赏识她这匹"千里马"。

痛苦绝望之下，她来到海边，打算就此结束自己的生命。在她正要自杀的时候，正好有一个老妇人从这里走过，救了她。老妇人就问她为什么要走绝路，她说自己不能得到别人和社会的承认，没有人欣赏并且重用她……

老妇人从脚下的沙滩上捡起一粒沙子，让女孩看了看，然后就随便扔在地上，对女孩说："请你把我刚才扔在地上的那粒沙子捡起来。"

"这根本不可能。"女孩说。

老妇人没有说话，接着又从自己口袋里掏出一颗晶莹剔透的珍珠，也随便扔在了地上，然后对女孩说："你能不能把这颗珍珠捡起来呢？"

"这当然可以。"

"那你就应该明白是为什么了吧？你应该知道，现在你自己还不是一颗珍珠，所以你还不能苛求别人立即承认你，如果要别人承认，那你就要先由一粒沙子变成一颗珍珠才行。"

约翰逊（S. Johnson）说："信心与能力通常是齐头并进的。"怀才不遇是很多年轻人会遇到的问题，很多人甚至会因此而变得愤世嫉俗、自暴自弃。当你觉得怀才不遇时,不妨想一想故事中老妇人所讲的话,静下心来,努力提升自身的素质,当你由一粒沙子变成一颗珍珠的时候,自然就会脱颖而出,成为大家瞩目的焦点。

心理知识链接三:永不放弃你的希望

有一位心理学家做过这样一个试验:将两只大白鼠丢入一个装满水的器皿中,它们都会拼命挣扎,但只能维持8分钟。然后,在它们挣扎得筋疲力尽时,放入一个可以让它们爬出来的跳板,让它们活下来。一个月后,再将这对大难不死的小白鼠,放入同样的装满水的器皿中,结果令人吃惊:两只大白鼠竟然可以坚持24分钟!

这确实让人非常吃惊,甚至有的人怀疑:难道这两只大白鼠的体力更加充足?错了,这两只大白鼠靠的不是自身的体力,而是心中永不破灭的希望。因为它们始终坚信,总会有一个能救它们的跳板出现,使它们能够坚持更长的时间。这种精神的力量,就是积极的心态,或者说是内心对一个好的结果心存希望。

希望永远都会蕴藏在你的心里,重要的是,你愿不愿意去坚持。它就像一盘棋,即使你仅仅只有最后一个小小的"兵",也要坚持走到最后,因为你没有全军覆没,你还有获得成功的力量与希望!

希望它也像一盏永不熄灭的灯,当你陷入绝望时,它就会照亮你的内心,让你清楚无论黑夜怎样悠长,白昼总会到来。

希望,是春天的嫩芽,是夏天的凉爽,是秋天的绿叶,是冬天的温暖!朋友,在困难中,在黑暗中,永不放弃你心中的希望,坚强地踏平人生的坎坷,相信平坦的大道就会向你招手!

心理知识链接四:永远不卖的石头

生长在孤儿院里的一名小男孩常常悲观地问院长:"像我这样没人要的孩子,活着有什么意思呢?"

院长笑笑没有回答,取出一块石头让男孩拿到市场上去卖,条件是无论别人出多少钱,绝对不能真卖。男孩蹲在市场的角落里,意外地发现有好多人对他的石头感兴趣,而且价钱越出越高。

当男孩高兴地向院长报告时,院长让男孩第二天拿到黄金市场去卖,结果有人开价比前一天高十倍。最后,院长让男孩拿到宝石市场去展示,结果石头身价又涨了十倍,由于男孩坚持不卖,一块石头竟被传扬为"稀世珍宝"。

生命的价值首先取决于你自己的态度,就像这块石头一样,在不同的环境下会有不同的意义。我们能不能像这块石头一样,自我珍惜,让生命变得更加有意义、有价值呢?

心理知识链接五:苦难与挫折的意义

有一个农夫,他有一块贫瘠的农田。他抱怨着:"如果神让我来控制天气,一切事情都会变得更好,因为——很显然,神不是很懂得农作物需要的天气。"神对他说:"我会给你一年的时间让你控制天气,你想要有什么天气,就可以有什么天气。"

这个农夫非常高兴,马上试着说:"我现在要晴天。"然后太阳就出来了。后来他又说:"下雨吧!"然后就下雨了。这一整年他就这样先让太阳出现,然后再下雨。种子越长越大,看着农作物成长变成了一种快乐。他很得意地说:"现在神可以了解如何控制天气了吧!"这些农作物的叶子从来没有那么大,颜色从来没有绿得那么深。

丰收的时候到了。农夫带着他的镰刀去收割小麦,但是他的心沉到了谷底,因为植物的茎上面什么都没有。神去找他:"你的农作物怎样了?"这个人开始抱怨:"很惨,我的主啊,非常惨!""你不是如愿以偿控制了天气吗?你想要的东西不是都变得很好吗?""当然!这就是我困惑的地方,我得到了我想要的雨水与阳光,但是还是没有收成。"然后神对他说:"你从来没有要求风、暴雨、冰雪以及每一件会净化空气与让根更坚硬、更有抵抗力的东西,这就是长不出果实的理由。"

只有经历挑战才可能有生命的果实。当你拥有好天气与坏天气、喜悦与痛苦、冬天与夏天、沮丧与快乐、不适与舒服时,才可能有生命的果实。生命在这两极之间移动。在两极之间,如何寻找一个平衡点,其实是人生中的一种考验。

在舒适和一帆风顺的环境中成长,最后收获的只能是浅薄。

心理知识链接六:驴的哲学

有一天,某个农夫的一头驴子不小心掉进一口枯井里,农夫绞尽脑汁想救出驴子,但几个小时过去了,驴子还在井里痛苦地哀号着。

最后,这位农夫决定放弃,他想:这头驴子年纪大了,不值得大费周章把它救出来,不过无论如何,这口井还是得填起来。于是农夫便请来左邻右舍帮忙一起将井中的驴子埋了,以免除它的痛苦。

农夫的邻居们人手一把铲子,开始将泥土铲进枯井中。当这头驴子了解到自己的处境时,它哭得很凄惨。但出人意料的是,一会儿之后这头驴子就安静下来了。农夫好奇地探头往井底一看,出现在眼前的景象令他大吃一惊:当铲进井里的泥土落在驴子的背部时,它将泥土抖落在一旁,然后站到铲进的泥土堆上面!就这样,驴子将大家铲倒在它身上的泥土全数抖落在井底,然后再站上去。很快,这只驴子便得意地上升到井口,然后在众人惊讶的表情中快步地跑了出来!

这个故事告诉了我们一个深刻的道理:在生命的旅途中,有时我们难免会陷入"枯井"中,会有各式各样的"泥沙"倾倒在我们身上,而从"枯井"脱困的秘诀就是——将"泥沙"抖落,然后站到上面去!

战胜困难是成功的第一步,永远不要被困难吓倒。

第七章　大学生生涯规划的指导

第一节　理论知识的指导

一、生涯规划概述

"生涯"一词最早见于《庄子·养生主》："吾生也有涯"，原意为生命有边际、限度，故而"生涯"意指生命、人生。现在"生涯"解释为从事某种活动或职业的生活。"生涯"不等于"活动"或"职业"，它是人在活动或职业中的生命发展历程。因而，生涯的发展具有持续性，贯穿人的整个生命过程，而且具有很强的个体性特点。每个人的生涯过程都是独一无二的。

生涯规划是对人的生命发展历程进行规划，是人为实现自我发展目标，结合自身情况及各种客观因素，对其一生中所承担的各种活动和职业的预期和计划。大学生在大学阶段面临着完成学业和职业预备的双重任务，因而大学生生涯规划包括学业规划和职业规划两项内容。

二、大学生生涯规划的意义

大学生生涯规划的目的是帮助大学生更好地了解自己，使大学生对自己的兴趣、爱好、能力等有清晰的认识，在客观分析自我因素和外部条件基础上对大学期间及进入社会之后的人生历程进行科学规划，以实现自我价值，获得幸福人生。

（一）提升自我意识，帮助大学生形成清晰的自我认知

进入大学对很多学生而言意味着开始脱离父母和家庭的保护圈，在生活上和思想上走向独立，开始有更大的选择权和决断权。然而大学生面对众多必须由自己来决定的选择时往往不知所措：一部分学生目标模糊，对自己没有清醒的认识，不知道大学要学什么，自己适合做什么；还有一部分学生虽然有目标，但确定的目标脱离实际，因理想和现实的冲突而感到困惑和无奈。生涯规划有利于大学生正确合理地进行自我认识与自我评估，从兴趣、特长、性格、能力、道德水准等方面深入了解自我，分析自己对什么感兴趣，最想做什么，适合做什么，以及自己有哪些优势和不足，在清晰自我认知的基础上确定适宜的发展目标。

（二）促进理性规划，帮助大学生合理计划学习和职业发展

与高中时期相比，大学的自主学习时间多，如果大学生不能合理规划学习，很容易陷入跟学业无关的琐事中，虚度大学美好光阴而无所成就。生涯规划对大学生的日常学习具有指导作用，大学生通过对当前学习生活和未来职业发展的规划，明白现在做的每一点都是实现未来目标的一部分，使自己的活动具有计划性，并通过具体的行为一步步实现目标。学业规划和职业生涯规划是相互衔接的，合理的学业规划能使大学生建立明确的学习目标，将旺盛的精力投入到学习之中，并将学习计划和职业理想联系起来，明白大学阶段的学习是为即将开始的职业生活准备的，从而使大学生的发展具有持续性。

（三）引导就业探索，帮助大学生提升竞争能力，适应职业需求

当今社会职业竞争激烈，大学生毕业即面临着择业、就业的难题。其实当前大学生的就业难题主要表现为职业需求和人才能力不匹配，大学生只有提高自己的职业竞争力，才能在激烈的竞争中脱颖而出。职业生涯规划是大学生生涯规划的重要内容，通过指导大学生评估职业能力倾向、测定职业兴趣爱好、确定职业目标等，使大学生认清就业市场的需求和变化，了解"现在社会需要什么样的人才""当

前的就业形势如何",从而对社会职业需求和职业发展状况形成整体认识;帮助大学生找到自身特点、专业特长和社会需求的结合点,明确"大学毕业后我能干什么""我为将从事的职业准备了哪些个人条件",从而指导大学生以自身能力、兴趣为基点,以适应市场需求为导向,制定出合理可行的职业生涯发展规划。

三、生涯规划的理论

(一)霍兰德职业兴趣倾向理论

美国心理学家霍兰德(J. Holland)认为,职业选择是个人人格的延伸,人们普遍倾向于去选择那些同个人的特质相匹配的职业,这样才能适应工作,并且使个人和社会同时受益。他将人格分为六种类型,即现实型、研究型、艺术型、社会型、企业型、传统型,每一种人格类型都有相对应的职业兴趣,个体总是根据自己的人格类型所赋予的职业兴趣去选择职业。

(1)现实型的人性格坦率,注重实际,有着刚毅稳健的良好品质。他们操作技能精湛,喜欢有规则的具体劳动,但往往因为缺乏人际交流的技巧而对社交性的活动不感兴趣。该类人倾向于选择的职业有操作修理工、机械装配工、勘测员、制图员等。

(2)研究型的人思维缜密,做事理智,善于分析和评判,重视科学与研究,对于思维和数理统计有着浓厚的兴趣,倾向于抽象的、分析的探究性工作,但缺乏领导才能。该类人倾向于选择的职业有科研人员、工程师、设计师等。

(3)艺术型的人富有想象力和创造力,拥有艺术和审美方面的能力,但因做事情凭直觉不注重实际,容易冲动和情绪化,不善于做事务性工作。此类人倾向于选择的职业有音乐家、美术家、舞蹈家、文学家等。

(4)社会型的人善交际,有合作、友善、仁慈的性格特征,他们通常善于言辞,乐于助人,具有人道主义倾向和强烈的责任心,有教导别人的能力,但对于解决智力性问题和从事技能操作活动不感兴趣。该类人倾向于选择的职业有教师、辅导员、咨询员及义工等。

（5）企业型的人自信、外向，富有冒险精神，喜欢支配他人，重视政治和经济上的成就，有领导和社交才能，但因不喜欢长时间集中心智，故对科研工作不感兴趣。此类人倾向于选择的职业有企业领导、政府官员、销售人员等。

（6）传统型的人谨慎、保守，自控能力很强，不善于创造性的进取工作，倾向于稳重、系统、有条理的工作，文书与数字能力强。该类人倾向于选择的职业有银行职员、秘书会计、办公室职员等。

霍兰德人格类型理论提倡人与职业的匹配。根据他的观点，人们在进行职业选择时，应该尽量扩大职业选择范围，科学合理地评估自己，了解和归纳自己的兴趣、爱好，根据自己的能力制定生涯规划，并在具体的生涯规划过程中探索及理解工作世界，进行合理、有效的职业选择。

（二）萨帕的职业生涯发展理论

萨帕（D. E. Super）是美国著名的职业生涯发展管理专家，他经过长期的研究，提出了职业生涯发展阶段理论。他认为，人的职业选择和发展贯穿于人的一生，应根据不同的职业发展阶段实行不同方式和内容的指导。他把个人职业发展划分为五个阶段。

1. 成长阶段（0～14岁）

成长阶段的孩童开始发展自我概念，开始以各种不同的方式来表达自己的需要，且经过对现实世界不断地尝试，修饰他自己的角色。这个阶段发展的任务是：发展自我形象，发展对工作世界的正确态度，并了解工作的意义。这一阶段分为三个成长期。

（1）幻想期（10岁之前）。这时职业的概念尚未形成，对于职业只是根据周围人的职业情况和一些故事中的人物，空想将来要做××职业。

（2）兴趣期（11～12岁）。对于职业主要依据个人的兴趣，并不考虑自身的能力和社会的需要，带有理想主义色彩。

(3)能力期(13～14岁)。对于职业不仅仅从兴趣出发,同时注意到能力在职业生涯中的重要性,开始注重培养自己某方面的能力,以便为将来的职业做准备。

2. 探索阶段(15～24岁)

探索阶段的青少年,通过学校的活动、社团的活动、打零工等机会,对自我能力及角色、职业进行了一番探索,因此选择职业时有较大弹性。这个阶段发展的任务是:使职业偏好逐渐具体化、特定化并实现职业偏好。这一阶段也可分为三个时期。

(1)试探期(15～17岁)。这一时期个人在空想、议论和学业中开始全面考虑欲望、兴趣、能力、价值观、雇佣机会等,做出暂时性的选择。

(2)过渡期(18～21岁)。这是个人接受专门教育训练和进入劳动力市场开始正式选择的时期,这时个人着重考虑现实,在现实和环境中寻求"自我"的实现。

(3)试行期(22～24岁)。这个时期进入似乎适合自己的职业,并想把它当作终身职业。

3. 建立阶段(25～44岁)

进入职业以后的人发现真正适合自己的领域,并努力试图使其成为自己的永久职业。这个阶段发展的任务是统整、稳固并求上进。这一阶段包括两个成长期。

(1)试行期。确立阶段的初期,有些人在岗位上"试验",若不合适就改为其他职业。目前很多大学生刚工作就不断地"跳槽",就是在不断地"试验"、寻找最适合自己的职业。

(2)稳定期。经过工作岗位上的"试验",最终找到适合自己的岗位,以后就在这种职业岗位上稳定下来。

4. 维持阶段(45～65岁)

维持阶段人们主要是要保住现有的职业位置,按既定方向工作,极少数人会冒险探索新领域,寻求新的发展。这一阶段发展的任务是维持既有成就与地位。

5. 衰退阶段（65 岁之后）

衰退阶段，由于生理及心理机能日渐衰退，个体不得不面对现实，逐步退出职业劳动领域。这一阶段往往寻求不同方式以替代和满足需求。

（三）施恩的职业锚理论

职业锚的概念是由美国埃德加·施恩（E. H. Schein）教授提出的。他认为职业规划实际上是一个持续不断的探索过程。在这一过程中，每个人都在根据自己的天资、能力、动机、需要、态度和价值观等慢慢地形成较为明晰的与职业有关的自我概念。职业锚是指当一个人不得不做出选择的时候，他或她无论如何都不会放弃的职业中的那种至关重要的东西或价值观。施恩提出了 8 种职业锚。

（1）技术或功能型职业锚。此类型的人追求在技术或功能领域的成长和技能的不断提高，以及应用这种技术或功能的机会。他们对自己的认可来自他们的专业水平，他们喜欢面对专业领域的挑战。具有较强的技术或功能型职业锚的人往往不愿意选择那些带有一般管理性质的职业。相反，他们总是倾向于选择那些能够保证自己在既定的技术或功能领域中不断发展的职业。

（2）管理型职业锚。有些人则表现出成为管理人员的强烈动机，必须承担较高责任的管理职位是这些人的最终目标。他们具有三种能力的强强组合：分析能力、人际能力和感情能力。他们的最终目标是管理本身，渴望达到某一管理职位，也相信自己具有某种管理上所需的技能和价值观。

（3）创造型职业锚。此类型的人希望用自己的能力去创建属于自己的公司或创建完全属于自己的产品（或服务），而且愿意去冒风险，并克服面临的障碍。他们时时追求建立完全属于自己的成就，他们要求有自主权、管理权限，能施展自己的特殊才华。他们面对挑战性高的非常规工作时，能激发创造热情和创新精神，发挥个人才能，出色地完成工作。

（4）自主与独立型职业锚。此类型的人喜欢随心所欲地安排自己的工作方式、工作习惯和生活方式。他们在追求目标上随心所欲地确定自己的步调、时间表、生活方式和工作习惯,追求比较宽松的工作环境,尽可能少地受组织的限制和制约。他们宁愿放弃提升或发展机会,也不愿意放弃自由与独立。

(5)安全与稳定型职业锚。安全与稳定型的人追求安全稳定的前途,比如工作的安全、体面的收入、有效的退休方案和津贴等。他们依赖组织,倾向于根据组织要求行事,愿意高度服从组织价值观和准则,寻求组织的认同,寻求高度的感情安全。该类型的人也可以区分出两种类型的取向,有些人的安全感和稳定感来自给定组织中稳定的成员资格;而另一些人的安全、稳定源则以地区为基础,包括定居、使家庭稳定和自己同某一社团的感情。

(6)服务型职业锚。服务型的人一直追求他们认可的核心价值,例如,帮助他人,改善人们的安全,通过新的产品消除疾病等。他们一直追寻这种机会,这意味着即使变换公司,他们也不会接受不允许他们实现这种价值的变动或工作提升。

(7)挑战型职业锚。挑战型的人喜欢解决看上去无法解决的问题,战胜实力强硬的对手,克服无法克服的困难障碍等。对他们而言,参加工作的原因是工作允许他们去战胜各种不可能。他们需要新奇、变化和困难,如果事情非常容易,它马上会变得令人非常厌烦。

(8)生活型职业锚。生活型的人希望将生活的各个主要方面整合为一个整体,喜欢平衡个人的、家庭的和职业的需要,因此,生活型的人需要一个能够提供足够弹性的工作环境来实现这一目标。生活型的人甚至可以牺牲职业的一些方面——如放弃职位的提升——来换取三者的平衡。相对于具体的工作环境、工作内容,生活型的人更关注自己如何生活、在哪里居住、如何处理家庭事务及怎样自我提升等。

四、学业规划与指导

大学生学业规划是大学生在知己知彼的基础上,对自身的特点、兴趣以及社会需求进行深入分析,确定自己的职业目标,进而确定学业发展方向,制订学业发展计划的过程,即大学生通过解决"学什么、怎么学、用什么学、什么时候学"等问题以确保自己顺利完成学业,为成功实现就业或开辟事业打好基础。哈佛大学 30 年前曾对当时的在校学生做过一份调查,发现没有做学业规划的人数占 27%,学业规划模糊的人数占 60%,有短期学业规划的人数占 10%,长期学业规划清晰的人数占 3%。30 年后追踪调查结果表明:第一类人几乎都生活在社会的最底层,长期在失败的阴影里挣扎;第二类人基本上都生活在社会的中下层,他们没有多大的理想和抱负,整日只知为生存而疲于奔命;第三类人大多进入了白领阶层,他们生活在社会的中上层;只有第四类人,他们为了实现既定目标,几十年如一日努力拼搏,积极进取,最终成了行业领袖或精英人物。由此看来,学业规划对大学生的成长成才具有重大意义。

(一)大学生学业规划的实施步骤

1. 学业规划的准备

(1)自我评价。一切学业规划的前提都是对自己有一个充分的了解,包括兴趣、特长、性格和各方面的能力等。大学生要通过科学认知的方法和手段,如借助职业兴趣测验、性格测验以及周围人对你的评价等,对自己的职业兴趣、气质、性格和能力等进行全面认识,以清楚自己的优势与特长、劣势与不足;要从个人成长经历和社会实践中分析自我,分析自身职业兴趣、职业能力、行为风格和职业价值观,并对现有学业水平进行合理评估,弄清"我想干什么、我能干什么、我应该干什么",以及在众多的机会面前"我会选择什么"等问题。评估自我时要客观、冷静,不能以点代面,既要看到自己的优点,又要正视自己的缺点。

(2)环境评价。学业规划还要充分认识与了解相关的环境,评估环境因素对自己学业发展的影响,分析环境条件的特点和发展变化情况,把握环境因素的优势与限制。一方面,要了解高校的学习方式、办学理念和运行机制,了解本专业、本行业的地位、形势以及发展趋势,清楚认识到自己面临的机会挑战以及对职业发展产生的影响,帮助自己确定学业目标;另一方面,要对社会发展的需要有深入分析和正确认识,从而确定职业方向,进而确定学业发展方向,然后结合自己的实际情况,包括经济条件、生活现状和家庭情况等制订自己的学业发展计划。

2. 学业目标的制定与分解

确定学业目标要符合外部环境和个人特质(包括兴趣技能、价值观),大学生制定学业目标时应把个人志向与国家和社会的需要有机地结合起来,做到符合实际、可执行、可实现。从时间维度来看,规划者应在人生长远发展目标的指引下,确立大学总体目标(四年)、中期目标(一年)、短期目标(一学期)。大学总体目标需要个人经过长期艰苦的努力和不懈的奋斗才有可能实现,大学总体目标确立时要立足现实,慎重选择,全面考虑,使之既有现实性又有前瞻性;短期目标要更具体,因为它对人的影响更直接,也是大学目标的组成部分。学业总目标制定出来以后,要能自上而下地进行分解,以便制订学习计划,并确保学业计划的严格执行。从内容维度来看,学业规划不应局限于专业学习上,还应涉及思想政治素质、技能掌握情况和个人素质拓展等方面。执行者要针对不同时间段的不同目标,进行具体的细化和分解,直至为了实现目标而应考虑到的每周和每天应完成的任务。

3. 学业规划的执行与强化

当明确切实可行的学业目标后,执行者必须有具体的行动来保证。没有行动,学业目标只能是一种梦想。执行者要保证学习时间,提高学习效率,在规定的时间内完成规定的学业目标。但在教育实践中,很多大学生要么将本人的学业规划方案束之高阁,要么在执行时虎头蛇尾,导致有了学业规划却不能实施或实施后不能持久,最终无法实现既定的学业目标。这些现象的出现是因为大学生在制订学业规划时缺少一个重要环节,即对学业规划的强化。强化学业规划就是规划执行者在执行之前充分运用想象,详细地罗列出达成学业规划的好处,从而培养出积极的心态,进而增强动力,产生强大的执行力,以确保学业规划顺利完成。

4. 学业规划的评估与反馈

大学生要通过短期目标的逐个实现来支撑中长期目标的完成。在学业规划中,一般以一个学期为一个周期进行规划的具体执行与效果评估。学期初,大学生要根据学业规划短期目标,结合自身的学业进程,详细制订每一天的学习安排和成长计划,并在日常学习生活中对照这一计划去贯彻落实。学期末,要评估本学期的学业规划执行情况,并接受指导教师的个别指导,同时拟订下一阶段的目标或对现有目标进行调整,如此往复,直至四年大学生涯结束。最后,要对整个大学阶段的学业规划进行总结,并对下一个发展目标进行规划。此外,由于影响学业规划的因素很多,有些变化是无法预测的,大学生要及时对环境和条件及自己的执行情况做出评估,结合反馈情况,根据社会、学校和个人的情况变化,适时慎重地修正学业目标。

5. 学业规划的激励与惩罚

激励措施能将人的潜能和积极性激发出来,惩罚措施可以防止惰性的产生。因此,一定要制定出在实现阶段目标后的奖励和惩罚措施,即完成后怎样奖励自己,完不成将怎样惩罚自己。

五、职业生涯规划与指导

职业生涯规划是指个人结合自身情况、发展机遇,对决定个人职业生涯的主客观因素进行分析、总结和测定,确定其事业奋斗目标,选择实现目标的职业,确定相应的教育、发展和培训计划,并对每一步骤的时间、顺序和方向做出合理安排。对大学生而言,职业生涯规划就是根据自己兴趣、爱好、个性特征,并结合自己的专业特长和知识结构,对将来从事工作所做的方向性的方案。职业生涯规划是大学生生涯规划的核心。大学生在走向社会前,将现实环境和长远规划相结合,给自己的职业生涯一个清晰的定位,是求职就业乃至将来职业成功的关键环节。大学生的职业生涯规划和学业生涯规划是相互影响、彼此促进的。如果学生在大学学习期间有明确的职业定向和职业发展目标,他们的职业理想就会转化为专业的学习动力,从而自我激励、制订适合职业理想的学习计划,并根据职业方向调整专业兴趣。

（一）大学生职业生涯规划的实施步骤

1. 确定职业生涯目标

目标对一个人的行为具有导向、激励和监控的作用,如果生活中没有目标,我们将陷于混乱之中。职业生涯目标是职业发展的导航标,能确保我们的职业选择合理,职业发展正确,职业成效满意。确定职业生涯目标是指大学生结合自我评估和职业环境评估,确定自己步入社会后的职业发展方向,明确今后取得成功时的状态和水平。大学生职业生涯目标的确定可以采用五步规划法,即通过问自己五个问题,在问题的回答中澄清自己的职业目标。第一个问题:"你是谁?"回答时要分析自己的优势、劣势,对自己做出客观、整体的评价。第二个问题:"你想干什么?"明确自己有哪些兴趣、爱好。第三个问题:"你能干什么?"对自己的能力和潜能进行认知。第四个问题:"环境允许你干什么?"分析影响自己职业定向的客观环境和主观环境中的机会和威胁。第五个问题:"你最终的职业目标是什么?"从前面四个问题的回答中,总结出自己兴趣最大、能力最佳、环境最有利的职业。

2. 设计职业生涯路线

职业生涯路线是职业目标的实现路径,达到某一个职业目标可以有不同的路径选择,其中必然有一条最优的路径,如财务分析等管理型职业的典型职业生涯路线为财务分析员→主管会计→财务部主任→公司财务副总裁。大学生在确定职业目标后,还需考虑朝哪一个方向发展:是向行政管理路线发展,还是向专业技术路线发展?或是走先进技术路线,再转向行政管理路线?发展路线不同要求也不同。即使同一个职业也有不同的岗位,单位也会针对员工的能力安排适合他们的岗位,如果一个人具有管理才能,但他选择的是技术路线,那将荒废很多时间。大学生要分析达到职业目标有哪些不同的路线,需要了解当前社会的职业分类和不同类型职业的发展情况,知道某一职业的发展要经历哪些典型的发展阶段,同时要考虑和自我相关的三个问题:①我想往哪一路线发展;②我适合往哪一路线发展;③我可以往哪一路线发展。最后通过综合分析,设计出适合自己的最佳职业生涯路线。

3. 制订职业发展计划

职业发展计划是将职业目标分解为阶段性的目标,并针对每一阶段的目标做出具体的行动计划,这是职业生涯规划由理想向现实靠近的实现过程。职业生涯目标可分解为长期目标、中期目标和短期目标。一般来说,短期目标服从于中期目标,中期目标又服从于长期目标。长期目标主要是指时间为五年以上的目标。很多大学生认为五年以后的事情太远,没有必要考虑,其实不然。现在大学生就业困难,很多学生找不到满意的工作,但有些大学生一毕业就被名企高薪聘用。那些被名企高薪聘用的大学生,一般都有自己的长期目标,在长期目标的指引下确定自己的中期目标和短期目标。所以,他们很清楚自己每个阶段该做什么和如何做。中期目标一般是三到五年的目标。对大学生来说,也就是大学期间应该达到什么目标,如毕业后是就业还是考研等。短期目标通常是指每日、每周、每月、每季、每年的目标,是中期目标和长期目标的具体化、现实化和可操作化,是最清楚的目标。大学生制定长期目标时要多考虑一些自身因素和社会因素,而制定中期目标和短期目标时要多考虑工作环境因素。通过一步步分解的方法,将远期的职业生涯目标转换为近期可为的目标,然后再确定落实目标的具体行动计划,如学习、参加社团、参加培训、实践与实习等。

4. 评估与调整职业规划

大学生在职业生涯规划的实现过程中要有意识地收集职业发展信息和自身行动的反馈信息,评估职业生涯规划的执行情况,如职业目标是否合适,路径是否合理,发展计划是否可行,一旦职业规划实现中出现计划和实际不符合的情况,就要及时分析冲突的原因,或者调整职业规划的内容以适应现实需求,或者调整现实行为以符合职业规划的设计。一个人的职业生涯发展是一个长期的动态过程,社会每时每刻都在变化:环境在变化,职业在变化,大学生的认知、能力和心态也在变化。这些变化都会影响到大学生的职业生涯。其中有的变化是可以预测的,有的变化是不可预测的,或者是很难预测的。所以,职业生涯规划要有效,必须随着外部因素的变化而调整,以使大学生主动适应职场的变化。

（二）大学生职业核心能力的培养

职业能力是人在承担某种职业时多种能力的综合,它决定了一个人在职业领域能否胜任职业的需求,能否获得职业成功。不同类型的职业对从业者的职业能力要求各异,即要求从业者具有与职业相符的特殊职业能力,但有一些基本能力是不同职业的共同要求,这种基本能力代表人在职业生涯中的可持续发展能力,我们称之为职业核心能力。具有较强的职业核心能力意味着从业者在面对职业转换时能很快地适应新岗位需求,并在职业发展中表现出较大的发展潜能。

1. 沟通能力

现代社会的进步和科学技术的发展,要求每个出色的社会成员必须具备较强的沟通能力,因为作为单个的个体已不可能再像过去那样独立地去完成任何工作。美国著名未来学家奈斯比特(J. Naisbitt)曾指出:"未来竞争是管理的竞争,竞争的焦点在于每个社会组织内部成员之间及其外部组织的有效沟通上。"可以说,沟通能力是一个人职业生活中需具备的最基础能力。一般而言,沟通能力包括言语沟通能力和书面沟通能力。

培养沟通能力首先需要沟通者具有自信,缺乏自信的沟通必然是失败的沟通。当需要和别人沟通时,首先必须想到在人格上双方是平等的,尽管对方的职位可能比自己高,权力比自己大,自己还可能会"人微言轻",但必须对自己有一个积极健康的定位,那就是"我们彼此是平等的"。此外,需要掌握必要的沟通技巧。沟通技巧,就是要通过信息和情感的交流与对方达成共识。要想达成共识,最重要的特征就是要去交流,换句话说就是双向的沟通,把你的建议告诉对方,然后去聆听对方的建议。沟通就是通过这样双向的过程,与对方达成共识。

2. 学习能力

学习能力并不等同于大学生在学校里所取得的专业成绩,而是指人具有主动获取知识、明智运用知识的能力。某网络通信股份有限公司的人力资源经理表示:"我们公司不苛求名校好专业对口,即使是比较冷僻的专业,只要学生综合素质高,学习能力强,遇到问题能及时看到症结所在,并能及时调动自己的能力和所学的知识,迅速释放出自己的潜能,制定出可操作的方案,同样会受到欢迎。"

凡是有所成就的人,都有爱学习、爱读书的习惯。对于当代大学生而言,养成阅读的习惯尤为重要。第一,目前的社会是一个信息社会,阅读仍是获得信息的主要途径。第二,目前的社会还是一个读图的时代、音像的时代、快餐文化盛行的时代,电视、网络、电影等无处不在,这很容易把一个人的头脑变得简单而慵懒,认真地静下心来阅读和思考,也就越发显得重要了。此外,讲座也是大学生获取知识的一个重要途径,也是大学生非常感兴趣的一个学习方式。听讲是一门学问,谚语"听话听音""行家听门道、外行听热闹"讲的就是这个道理。

3. 专业能力

就工作和专业的关系而言,当前大学生寻找工作时,有专业对口型、专业相关型和专业无关型。专业对口型是指从事与专业紧密相关的工作,这类大学生在技术类专业中约占70%,且以工科大学生居多;专业相关型是指从事与专业有一定关系的工作,这类大学生在非技术类专业中约占80%,以文、史、哲、经济、管理、语言居多;专业无关型是指所从事工作与所学专业几乎毫无联系,这类大学生在各类专业中均存在,如技术类专业从事非技术类职业,非技术类专业从事技术类专业。一般而言,对于技术要求较强的岗位要求专业对口,对专业能力要求较高;而非技术类岗位对专业的要求没有这么严格,但还是要求与专业相关联,重点在于考查应聘者的综合素质、专业基础能力和知识的运用能力等。大多数职业对大学生的专业能力还是比较看重的,招聘专业相关型和专业无关型的岗位,往往是通过对你的专业学习态度和学习能力来判断你的价值观和潜能。所以,即使对自己的专业不感兴趣,也要尽力把自己的专业学好,这也是一名大学生职业素养的体现。

4. 自我管理能力

良好的自我管理能力能够帮助个体更好地适应周围的环境,应对工作中出现的问题,因此它也被称为"适应性技能"。在用人单位对刚毕业的大学生的评价中,经常听到"缺少敬业精神,没有服务意识,眼高手低,不认真不踏实,没有主动进取精神"等,而这些都是与自我管理技能相关的。很多大学生因为从小受到父母、老师的呵护,缺乏这些意识,在处理工作问题和人际关系时往往显得不成熟,以自我为中心。他们没有认识到,企业需要的员工是成熟、能负责、能独立解决问题的成年人。可以说,在大学生从校园走向社会之前,培养良好的自我管理技能,学会如何为人处世,是至关重要的。

自我管理技能无论是一个人先天具有的还是后天习得的,都需要练习。它们可以从非工作(生活)领域迁移转换到工作领域。也就是说,耐心、负责、热情、敏捷这些技能并不是通过专门的课程学习到的,而是在日常生活中随时随地培养的。例如,一位大四毕业生在回顾自己的实习经历后写道:"这段经历为我毕业后进入社会做了良好的准备。在这次实习中,我懂得了在工作中不仅要具备良好的知识技能,还要具备良好的社交能力,才能在工作中营造良好的、和谐的工作氛围。在工作中要积极主动,要虚心地向同事、前辈请教;要知难而上,不能遇到一点困难就放弃;要严格要求自己,不为自己的失职找借口。平时要和同事多交流,和谐相处。"

5. 人际交往能力

美国著名的企业家、职业生涯指导专家卡内基说过这样一句话:"一个人事业上的成功,只有 15％是由于他的专业技术,另外的 85％要依靠人际关系、处世技巧。"在相同的智商、同等的学历和工作技能的条件下,谁的人际关系好,谁的人际资源丰富,谁的事业就能得到更好的发展。对于求职者来说,人际资源越丰富,在职场上获得的信息就越多,相对来说,机会也会越多。因此,与人交往的能力是职业发展过程中必备的基本能力。

卡内基在《怎样赢得朋友,怎样影响他人》一书中提出培养人际交往能力的六条途径:真诚地对别人感兴趣;微笑;多提别人的名字;做一个耐心的倾听者,鼓励别人谈他自己;谈符合别人兴趣的话题;以真诚的方式让别人感到他很重要。根据人际互动的原理,别人是没有理由无缘无故对我们感兴趣的,因此,如果想在职场中与别人建立良好的人际关系,首要的是培养交往的主动性,把握交往的主动权。

6. 创新能力

创新能力实质上是一种综合能力,它是各种智力因素和能力品质在心的层面上融为一体、相互制约、有机结合而形成的一种合力。著名物理学家、诺贝尔奖获得者温伯格(S. Weinberg)说过:"不要安于书本上给你的答案,要去尝试发现与书本上不同的东西。这种素质可能比智力更重要,往往是最好的学生和次好的学生的分水岭。"在科学技术日新月异的今天,大学生要想在未来的职业中获得成功,创新能力的培养是必不可少的。

一个人的知识和经验积累越多,他开拓创新的能力就越旺盛。因此,大学生在四年的学习中要注重知识的积累和才干的增长,因为一个人只有具备丰富的知识与经验,才能拥有超群的才干、过人的胆识,才能接受新思想,吸纳新知识,抓住新机遇,创造新成果。此外,要突破思维定势束缚。遵循思维定势可以少遇风险,但却束缚了人的思想,影响了创新能力的发展。产生思维定势的原因主要有三点:一是受单一的、模式化的思维影响。人们长期地、反复地训练某种动作或某种生活方式,就会形成习惯化的、单一的反映模式和心理定势。二是教条式地搬用以往的经验。教条主义是职业成功的大敌,事业的发展必须面向市场,不断创新。三是片面地、静止地看问题。凭老经验、老习惯去看待某一种事物或某一种产品,不以发展的观点去看问题。打破思维定势,应注意培养想象力,保持好奇、质疑的精神,推动联想。

第二节　心理测试的指导

心理测试一:霍兰德职业兴趣测评

请根据对每一题目的第一印象作答,根据自己的情况,每一题回答"是"或"否"。不必仔细推敲,答案没有好坏、对错之分。

1. 我喜欢把一件事情做完后再做另一件事情。

2. 在工作中我喜欢独自筹划,不愿受别人干涉。

3. 在集体讨论中,我往往保持沉默。

4. 我喜欢做戏剧、音乐、歌舞、新闻采访等方面的工作。

5. 每次写信我都一挥而就,不再重复。

6. 我经常不停地思考某一问题,直到想出正确的答案。

7. 对别人借我的和我借别人的东西,我都能记得很清楚。

8. 我喜欢抽象思维的工作,不喜欢动手的工作。

9. 我喜欢成为人们注意的焦点。

10. 我喜欢不时地夸耀一下自己取得的好成就。

11. 我曾经渴望有机会参加探险。

12. 当我一个人独处时,会感到更愉快。

13. 我喜欢在做事情前,对此事情做出细致的安排。

14. 我讨厌修理自行车、电器一类的工作。

15. 我喜欢参加各种各样的聚会。

16. 我愿意从事虽然工资少，但比较稳定的职业。

17. 音乐能使我陶醉。

18. 我办事很少思前想后。

19. 我喜欢经常请示上级。

20. 我喜欢需要运用智力的游戏。

21. 我很难做那种需要持续集中注意力的工作。

22. 我喜欢亲自动手制作一些东西，从中得到乐趣。

23. 我的动手能力很差。

24. 和不熟悉的人交谈对我来说毫无困难。

25. 和别人谈判时，我总是很容易放弃自己的观点。

26. 我很容易结识同性别朋友。

27. 对于社会问题，我通常持中庸的态度。

28. 当我开始做一件事情后，即使碰到再多的困难，我也要执着地干下去。

29. 我是一个沉静而不易动感情的人。

30. 当我工作时，我喜欢避免干扰。

31. 我的理想是当一名科学家。

32. 与言情小说相比，我更喜欢推理小说。

33. 有些人太霸道，有时明明知道他们是对的，也要和他们对着干。

34. 我爱幻想。

35. 我总是主动地向别人提出自己的建议。

36. 我喜欢使用榔头一类的工具。

37. 我乐于解除别人的痛苦。

38. 我更喜欢自己下了赌注的比赛或游戏。

39. 我喜欢按部就班地完成要做的工作。

40. 我希望能经常换不同的工作来做。

41. 我总留有充裕的时间去赴约。

42. 我喜欢阅读自然科学方面的书籍和杂志。

43. 如果掌握一门手艺并能以此为生，我会感到非常满意。

44. 我曾渴望当一名汽车司机。

45. 听别人谈"家中被盗"一类的事，很难引起我的同情。

46. 如果待遇相同，我宁愿当商品推销员，而不愿当图书管理员。

47. 我讨厌跟各类机械打交道。

48. 我小时候经常把玩具拆开，将里面看个究竟。

49. 当接受新任务后，我喜欢以自己的独特方法去完成它。

50. 我有文艺方面的天赋。

51. 我喜欢把一切安排得整整齐齐、井井有条。

52. 我喜欢做一名教师。

53. 和一群人在一起的时候，我总想不出恰当的话来说。

54. 看情感影片时，我常禁不住眼圈红润。

55. 我讨厌学数学。

56. 在实验室里独自做实验会令我寂寞难耐。

57. 对于急躁、爱发脾气的人，我仍能以礼相待。

58. 遇到难解答的问题时，我常常放弃。

59. 大家公认我是一名勤劳踏实的、愿为大家服务的人。

60. 我喜欢在人事部门工作。

评定方法

以下题号答"是"得 1 分，答"否"得 0 分；得分多者属于该类型。

现实型："是"(2,13,22,36,43)，"否"(14,23,44,47,48)

研究型："是"(6,8,20,30,31,42)，"否"(21,55,56,58)

艺术型："是"(4,9,10,17,33,34,49,50,54)，"否"(32)

社会型:"是"(26,37,52,59),"否"(1,12,15,27,45,53)

企业型:"是"(11,24,28,35,38,46,60),"否"(3,16,25)

传统型:"是"(7,19,29,39,41,51,57),"否"(5,18,40)

自我评价

对测试结果 6 种类型的解说见表 7-1。

表 7-1　霍兰德职业兴趣表

类型	行为表现	典型职业
现实型	1. 喜欢从事具体、实际的职业、避免抽象、模棱两可、社交性质的职业环境。 2. 擅长使用工具解决问题，做事手脚灵活、动作协调，不善言辞交际，较缺乏人际关系方面的能力。 3. 重视具体的事物，如金钱、权力、地位等	水电工、机器操作员、农民、土木工程师、摄影师等
研究型	1. 乐于解决抽象问题，喜欢独立、有创造性的工作，避免社会性和重复性的活动。 2. 重视客观数据、科学，喜欢用词、符号、观念进行工作，宁愿思考而不愿意动手处理问题。 3. 拥有数学与科学方面的才能，缺乏领导才能	数学、物理、化学科研人员，电脑程序设计师，电子工程师
艺术型	1. 喜爱艺术型的职业，避免事务型的职业。 2. 拥有艺术方面的能力，喜欢以艺术形式创造与众不同的东西，渴望表现自己的个性。 3. 重视美感	演员、美术家、设计家、文学家、音乐家等
社会型	1. 喜欢从事为人服务和教育他人的职业，喜欢参与解决人们共同关心的社会问题，避免实际型的职业。 2. 喜爱社会活动，具有了解别人、教导别人的能力，缺乏机械能力与科学能力。 3. 重视社会、宗教、伦理问题与人际关系	教师、社会学者、专业护士等
企业型	1. 喜欢企业型职业，避免研究型职业。 2. 具有领导与表达能力，喜欢竞争，敢冒风险，乐观自信，善社交，有说服力，缺乏科学能力。 3. 重视权力、社会地位与物质财富	公司管理人员、销售人员、政治家
传统型	1. 喜欢按计划办事，乐于完成指令性的任务，避免抽象的、艺术的职业环境。 2. 不谋求领导职务，不喜欢冒风险，避免复杂的人际关系。 3. 有文书与数学上的能力，缺乏想象力。 4. 重视物质财富	公务员、会计、秘书等

心理测试二:职业能力倾向的自我测评

表 7-2 是测量 9 种能力倾向的简易量表,每种能力倾向都有 5 道试题。测验时,测试者需阅读每一道题,采用五级评分法对自己进行评定。

表 7-2　职业能力倾向的自我评定量表

测评项目	自我评定等级				
	强(1)	较强(2)	一般(3)	较弱(4)	弱(5)
(一)一般学习能力倾向(G)					
1.快而容易地学习新内容					
2.快而正确地解决数学题目					
3.你的学习成绩总的来说处于					
4.对文章的字、词、段落、篇章的理解、分析和综合能力					
5.对学习过的材料的记忆能力					
(二)语言能力倾向(V)					
1.善于表达自己的观点					
2.阅读速度和理解能力					
3.掌握词汇的程度					
4.你的语文成绩					
5.你的协作能力					
(三)算术能力倾向(N)					
1.做出精确的测量					
2.笔算能力					
3.口算能力					
4.做算术应用题的能力					
5.你的数学成绩					
(四)空间判断能力倾向(S)					
1.解答立体几何方面的习题					
2.画三维的立体图形					
3.看几何图形的立体感					
4.想象盒子展开后的平面形状					
5.想象三维的物体					

测评项目	自我评定等级				
	强(1)	较强(2)	一般(3)	较弱(4)	弱(5)
(五)形状知觉能力倾向(P)					
1.发现相似图形中的细微差别					
2.识别物体的形状差异					
3.注意物体的细节部分					
4.观察物体的图案是否正确					
5.对物体的细微描述					
(六)书写知觉(Q)					
1.快而准确地抄写资料(如姓名、日期、电话号码)					
2.发现错别字					
3.发现计算错误					
4.能很快查找编码卡片					
5.自我控制能力(如较长时间抄写资料)					
(七)眼手运动协调能力(K)					
1.玩电子游戏					
2.篮球、排球、足球一类的运动					
3.乒乓球、羽毛球运动					
4.打算盘					
5.打字能力					
(八)手指灵巧度(F)					
1.灵巧地使用很小的工具					
2.穿针眼、编织等使用手指的活动					
3.用手指做一件小工艺品					
4.使用计算器的灵巧程度					
5.弹琴					
(九)手腕灵巧度(M)					
1.用手把东西分类					
2.在推拉东西时手的灵活度					
3.很快地削水果					
4.灵活地使用手工工具					
5.在绘画、雕刻等手工活动中手的灵活性					

评定方法

(1)对每一类能力倾向计算总计次数:每一道题目分"强""较强""一般""较弱""弱"五个等级,供自评。每组5道题完成后,分别统计各等级被选择的次数总和,然后用下面公式计算出该类的总计次数(把"强"定为第一项,依此类推,"弱"定为第五项;第一项之和就是选"强"的次数和)。

总计次数=(第一项之和×1)+(第二项之和×2)+(第三项之和×3)+(第四项之和×4)+(第五项之和×5)

(2)计算每一项能力倾向的自评等级:自评等级=总次数÷5。

(3)将自评等级填入表7-3。

表7-3 职业能力倾向自我测评成绩表

职业能力倾向	自评等级	职业能力倾向	自评等级
G		Q	
V		K	
N		F	
S		M	
P			

结果解释:

根据结果,对照表7-4,可找出你合适的职业(方格中的数字所代表的职业能力倾向等级,表示此职业必须达到的职业能力的最低水平)。

表7-4 职业对人的职业能力倾向的要求

职业类型	职业能力倾向								
	G	V	N	S	P	Q	K	F	M
生物学家	1	1	1	2	2	3	3	2	3
建筑师	1	1	1	1	2	3	3	3	3
测量员	2	2	2	2	2	3	3	3	3
测量辅导员	4	4	4	4	4	4	3	4	3
制图员	2	3	2	2	2	3	2	3	3
建筑和工程技术专家	2	2	2	2	2	3	3	3	3

续表

职业类型	职业能力倾向								
	G	V	N	S	P	Q	K	F	M
建筑和工程技术人员	2	3	3	3	3	3	3	3	3
物理科学技术家	2	2	2	2	3	3	3	3	3
物理科学技术员	2	3	3	3	2	3	3	3	3
农业、生物、动物、植物学的技术专家	2	2	2	4	2	3	3	2	3
农业、生物、动物、植物学的技术员	2	3	3	4	2	3	3	3	3
数学家和统计学家	1	1	1	3	3	2	4	4	4
系统分析和计算机程序编制员	2	2	2	2	3	3	4	4	4
经济学家	1	1	1	4	4	2	4	4	4
社会学家、人类学家	1	1	3	2	2	3	4	4	4
心理学家	1	1	2	2	2	3	4	4	4
历史学家	1	1	3	4	4	3	4	4	4
哲学家	1	1	4	3	3	3	4	4	4
政治学家	1	1	3	4	4	3	4	4	4
社会工作者	2	2	2	3	3	3	3	3	3
社会服务助理人员	2	2	3	4	4	3	4	4	4
法官	3	3	3	4	4	3	4	4	4
律师	1	1	3	4	3	3	4	4	4
公证人	1	1	3	4	4	3	4	4	4
图书馆管理学专家	2	2	3	4	4	3	4	4	4
图书馆、博物馆和档案管理员	2	2	3	3	4	2	3	4	4
职业指导员	3	3	3	2	2	4	3	2	3
大学教师	2	2	3	4	4	3	4	4	4
中学教师	1	1	3	3	2	3	4	4	4
小学和幼儿园教师	2	2	3	4	3	3	4	4	4
职业学校教师（职业课）	2	2	3	3	3	3	3	3	3
职业中学教师（普通课）	2	2	2	3	3	3	3	3	3
内科、外科、牙科医生	2	2	3	4	3	3	4	4	4
兽医学家	1	1	2	1	2	3	2	2	2
护士	1	1	2	1	2	3	2	2	2
护士助理	2	2	3	3	3	3	3	3	3
工业药剂师	3	4	4	4	4	3	3	3	3
医院药剂师	1	1	1	3	2	3	3	3	3
营养学家	2	2	2	4	2	3	3	3	3

续表

职业类型	职业能力倾向								
	G	V	N	S	P	Q	K	F	M
配镜师（医）	2	2	2	3	3	3	4	4	4
配镜商	2	2	2	2	2	3	3	3	3
放射科技术人员	3	3	3	3	3	4	3	2	3
药物实验室技术专家	3	3	3	3	3	3	3	3	3
药物实验室技术人员	2	2	2	3	2	3	3	3	3
画家、雕刻家	2	3	3	3	3	3	3	3	3
产品设计和内部装饰者	2	3	4	2	2	5	2	1	2
舞蹈家	2	2	3	2	2	4	2	2	3
演员	2	3	3	2	3	4	2	3	3
电台播音员	2	2	4	3	4	4	4	4	4
作家和编辑	2	2	3	4	4	3	4	4	4
翻译人员	2	1	3	3	3	3	4	4	4
体育教练	2	1	4	4	4	3	4	4	4
体育运动员	2	2	2	4	4	3	4	4	4
秘书	3	3	4	2	3	4	2	2	2
打字员	3	3	3	4	3	2	3	3	3
记账员	3	3	3	4	4	3	3	3	3
出纳员	3	3	3	4	4	2	3	3	4
统计员	3	3	3	4	4	2	3	3	4
电话接线员	3	3	2	4	3	2	3	3	4
一般办公室职员	3	3	4	4	4	3	3	3	3
商业经营管理	3	4	3	4	4	3	3	4	4
售货员	2	2	3	4	4	3	4	4	4
警察	3	3	3	4	3	4	4	4	4
门卫	3	3	3	4	3	3	3	4	3
厨师	4	4	5	4	4	4	4	4	4
招待员	4	4	4	4	3	4	3	3	3
理发师	3	3	4	4	4	4	4	4	3
导游	3	3	4	4	2	4	3	3	3
驾驶员	3	3	4	3	3	5	3	3	3
农民	3	3	3	3	3	3	3	4	3
动物饲养员	3	4	4	4	4	4	4	4	4
渔民	3	4	4	4	4	4	4	4	4

职业类型	职业能力倾向								
	G	V	N	S	P	Q	K	F	M
矿工	4	4	4	4	4	5	3	4	3
纺织工人	3	4	4	3	4	5	3	4	3
机床操作工	4	4	4	4	3	5	3	3	3
锻工	3	4	4	3	3	4	3	4	3
无线电修理工	3	4	4	4	3	4	3	4	3
细木工	3	3	3	3	2	4	3	3	3
家具木工	3	3	3	3	3	4	3	4	4
一般木工	3	3	3	3	3	4	3	4	3
电工	3	4	4	3	4	4	3	4	3
裁缝	3	3	3	3	3	4	3	3	3

第三节　心理活动的指导

心理活动一:时光隧道

活动目标:帮助学生了解不同年龄阶段职业梦想的特点,学习依据现实规划自己的职业理想。

活动方案:在我们成长的不同阶段会拥有不同的职业梦想,现在,让我们一起步入时光隧道,回到过去,回想自己从小到大都有过哪些职业梦想,把它写下来。思考一下从这条职业梦想的时光隧道中,你发现了什么?

1~5 岁的我想当＿＿＿＿＿＿＿＿＿＿,因为＿＿＿＿＿＿＿＿＿＿;

6~10 岁的我想当＿＿＿＿＿＿＿＿＿＿,因为＿＿＿＿＿＿＿＿＿＿;

11~15 岁的我想当＿＿＿＿＿＿＿＿＿＿,因为＿＿＿＿＿＿＿＿＿＿;

16~18 岁的我想当＿＿＿＿＿＿＿＿＿＿,因为＿＿＿＿＿＿＿＿＿＿;

现在的我想当＿＿＿＿＿＿＿＿＿＿,因为＿＿＿＿＿＿＿＿＿＿。

心理活动二:职业价值观拍卖

活动目标:帮助学生了解自己的价值观和它对事业选择的影响。

人数组合:以 10~15 人为一组。

活动用具:以拍卖项目制成的拍卖卡(33 张);拍卖锤一个;道具货币;《职业价值观拍卖表》(每人一份);拍卖项目附注解释(每人一份)。

活动方案:教师在此活动中扮演拍卖官,学生则为参加者。在活动中,学生进入了一个虚拟世界,他们的梦想都可以用钱买回来。学生必须从拍卖表中选出他们想要的梦想,并在紧张刺激的拍卖过程中尽量争取他们希望买到的项目。每位学生可有 2000 元作投标用,但他们不一定要全部用完。每个项目的底价是 500 元,每次竞拍报价需要以至少 100 元,但不超过 1000 元的幅度上升。学生首先在拍卖表上选出他们希望得到的项目,并定下投标价,总投标预算不可多于 2000 元。拍卖开始后,可视情况用低于或高于他所定下的价钱竞投,但总开支一定不可以多于2000 元。在拍卖的过程中,学生需记录自己及其他人的拍卖价,以便讨论时用。拍卖官(即教师)在进行拍卖时,随机选择拍卖项目,使学生不能预计各项目会何时出现。若时间许可,可于每个项目卖出后,给学生数秒时间,让他们重新分配投标金额。

表 7-5　职业价值观拍卖表

工作价值	预计分配金额	你的最高报价	成交价
物质保障			
成就			
名誉			
独立自主			
服务他人			
多样性			
创造性			
挑战性			

续表

工作价值	预计分配金额	你的最高报价	成交价
人际交流			
担负责任			
发展与成长			

讨论分享

每个拍卖项目代表不同的职业价值观,学生对拍卖项目的选择反映了自身的职业价值观。活动结束后,教师和学生可针对活动过程中的感受进行讨论,学生根据自己的拍卖成果回答以下问题:

A. 你为什么会追求某些项目? 这些项目是你思考了所做选择的结果挑选出来的吗?

B. 你在拍卖游戏中体会到自己有什么价值观?

C. 你的行动是否和你选择的价值观一致?

D. 你是否始终如一地根据你的价值观行动?

E. 你的价值观和工作兴趣是否吻合?

心理活动三:探索兴趣岛

活动目标:了解明智的职业选择需要建立在认识自己和了解职业的基础上,通过活动帮助大学生初步了解自己的职业兴趣。

活动方案:假设有六个岛屿可供你选择去旅游,不用考虑费用等问题,但是你只能选择一个岛屿作为旅游的目的地,请做出选择,然后思考以下两个问题:你为什么要选择这个岛屿? 如果可以留在这个小岛上,你最愿意选择做什么工作?

R 岛:自然原始的岛屿。岛上保留有热带的原始植物,自然生态保持得很好,也有相当规模的动物园、植物园、水族馆。岛上居民以手工见长,自己种植花果蔬菜、修缮房屋、打造器物、制作工具。

I 岛:深思冥想的岛屿。岛上人迹较少,建筑物多僻处一隅,平畴绿野,适合夜观星象。岛上有多处天文馆、科博馆以及科学图书馆等。岛上居民喜好沉思、追求真知,喜欢和来自各地的哲学家、科学家、心理学家等交换心得。

A岛:美丽浪漫的岛屿。岛上充满了美术馆、音乐厅,弥漫着浓厚的艺术文化气息。同时,当地的原住民还保留了传统的舞蹈、音乐与绘画,许多文艺界的朋友都喜欢来这里找寻灵感

S岛:温暖友善的岛屿。岛上居民个性温和、十分友善、乐于助人,社区均自成一个密切互动的服务网络,人们多互助合作,重视教育,充满人文气息。

C岛:现代、井然的岛屿。岛上建筑十分现代化,是进步的都市形态,以完善的户政管理、地政管理、金融管理见长。岛民个性冷静保守,处事有条不紊,善于组织规划。

E岛:显赫富庶的岛屿。岛上的居民热情豪爽,善于企业经营和贸易。岛上的经济高度发展,处处是高级饭店、俱乐部、高尔夫球场。来往者多是企业家、经理人、政治家、律师等,衣香鬓影,夜夜笙歌。

活动分析:在选择的过程中,同学们不知不觉就把自己的兴趣表现出来了,六个岛屿代表着六种典型的职业兴趣类型。

选择R岛　　类型:实用型(Realistic)

喜欢的活动:愿意从事事务性的工作,喜欢户外活动或操作机器,而不喜欢在办公室工作。喜欢的职业:制造业、渔业、野外生活管理业、技术贸易业、机械业、农业、林业、特种工程师和军事工作。

选择I岛　　类型:研究型(Investigative)

喜欢的活动:处理信息(观点、理论),喜欢探索和理解、研究那些需要分析、思考的抽象问题,喜欢独立工作。喜欢的职业:实验室工作人员、生物学家、化学家、社会学家、工程设计师、物理学家和程序设计员。

选择A岛　　类型:艺术型(Artistic)

喜欢的活动:创造,喜欢自我表达,喜欢写作、音乐、艺术和戏剧。喜欢的职业:作家、艺术家、音乐家、诗人、漫画家、演员、戏剧导演、作曲家、乐队指挥和室内装潢

人员。

选择 S 岛　　类型:社会型(Social)

喜欢的活动:帮助别人,喜欢与人合作,热情关心他人的幸福,愿意帮助别人解决困难。喜欢的职业:教师、社会工作者、牧师、心理咨询员、服务性行业人员。

选择 E 岛　　类型:企业型(Enterprising)

喜欢的活动:喜欢领导和影响别人,或为了达到个人或组织的目的而善于说服别人,希望成就一番事业。喜欢的职业:商业管理、律师、政治运动领袖、营销人员、市场或销售经理、公关人员、采购员、投资商、电视制片人和保险代理。

选择 C 岛　　类型:传统型(Conventional)

喜欢的活动:组织和处理数据,喜欢固定的、有秩序的工作或活动,希望确切地知道工作的要求和标准,愿意在一个大的机构中处于从属地位。喜欢的职业:会计师、银行出纳、簿记、行政助理、秘书、档案文书、税务专家和计算机操作员。

第四节　心理案例及评析

心理案例一:大学生生涯规划案例

自我介绍:我叫齐鹏飞,是一个充满自信的男孩。我的性格比较外向,有许多兴趣爱好,如打篮球、骑自行车、游泳等。每当我有烦心事的时候就会去打篮球,释放压力,调整心态。我有恒心,无论做什么事都能坚持到底,为人光明磊落,能够真诚对人。我从小就对计算机充满了好奇,初中毕业后,进入高职学校选择了计算机软件专业。通过一年多的专业学习,我已经被计算机那种无形的力量所深深吸引,并产生了浓厚的兴趣。

职业分析:未来5年内我国每年需要40多万名软件工程人员,而最令人关注的职位当属"软件工程师"了,其需求量在 IT 人才市场中总是名列第一,成为 IT 人求职的热点。软件业是一个不断变化和不断创新的行业,面对层出不穷的新技术,软件人才的求知欲和进取心显得尤为重要,它是在这个激烈竞争的行业中立足的基本条件。

现在的我与将来的我的差距:我的理想是开一家自己的软件公司,成为一名优秀的高级软件工程师。但是,现在的我对于软件工程师这个职业的了解还很有限,对于公司的经营管理也不甚了解。同时,成为一名软件工程师应有的一些特质,我也不太突出,比如就专业而言,还没有掌握足够的专业知识和一些常用知识,缺少专业理念,英语水平比较差,动手能力、解决实际问题的能力较低,缺少团队精神与理解能力。但是我相信,凭借我对职业的热爱,以及我的勤奋努力,一定能够实现自己的理想!

阶段规划:在校期间打好专业基础(18~21 岁)→公司打工(21~22 岁)→针对性地学习(22~24 岁)→程序员(24~26 岁)→基础软件工程师(26~28)→出国深造、向更专业的国际化水平发展(28~33 岁)→回国开自己的公司,做一名具有国际水平的高级软件工程师(33 岁)

具体措施:

(1)在校期间(18~21 岁)。虽然我的理想是开一家软件公司,但是目前我所学的知识还远远不够,因此在学校里应加强专业技能的学习,学习软件工程理念,提高专业素质,学好英语,为日后工作、学习打下良好的基础,积极参加学校班级的各项活动,培养团队合作精神。尽可能地多拿些证书,例如,C 语言计算机二级、普通话证等。

(2)公司打工(21~22 岁)。毕业后到一些软件公司里去打工,了解这一行业的特点,从中找出自己的不足之处和所欠缺的专业技能,进而磨炼自己,培养适应社会的能力。

(3)针对性学习(22~24 岁)。经过 1 年的公司打工后,参加成人高考,上一所较理想的大学,学习一些更专业的专业知识。在此期间取得英语四级证和其他业证书,例如,MCAD、CIT 等一些国际通用的专业证书;接触一些软件开发的知识和阅读一些软件工程理念的书籍。

（4）程序员（24～26岁）。大学毕业后到软件公司去工作。在这个阶段里主要是编写程序代码，就像学徒，重要的是打好基础，并注重培养各方面的能力，例如合作能力、编写代码能力等。

（5）基础软件工程师（26～28岁）。一个成功的软件工程师必须要在实践中努力学习如何分析问题、如何解决问题。这一阶段我要培养作为基础软件工程师应该具备的六大基本素质，即良好的编码能力、自觉的规范意识和团队精神、认识和运用数据库的能力、较强的英语阅读和写作能力、具有软件工程的概念、求知欲和进取心。我要下足够的功夫去创新、提高。

（6）出国深造（28～33岁）在几年的工作当中，我已经为自己存了一笔钱。之后，我要出国学习一些在国内学不到的专业知识，拓宽自己的知识面，缩短与国际水平的差距；再到美国的硅谷去工作以丰富自己的社会工作经验，做一名与国际接轨的"通用型"工程师。

（7）回国开公司（34岁）。经过5年的出国深造，我已成为一名优秀的高级软件工程师，并做好了物质及心理上的准备迎接新的挑战。回国在北京中关村创办自己的公司，我要求公司的软件工程师像艺术家一样有创意、不修边幅又执着，具备国际化、规范化、标准化的软件产品理念。我们将共同进步。学习、创新与不断提高将伴随着我的职业生涯。

案例分析：

这位学生所做的生涯规划既包含职业生涯规划的内容，也有学业规划的内容，主要侧重的是职业生涯规划。从其生涯规划来看，这位学生确定了清晰的职业目标，而且职业目标是基于自己的兴趣爱好确定的，说明他自我认知清晰，知道自己想干什么。一般来说，基于兴趣爱好做出的职业选择是比较稳定和正确的。在对自我的优势、劣势和职业市场需求及发展前景分析后，他根据环境和自身两方面的已有条件，制定出了非常翔实的职业生涯路线，程序员→基础软件工程师→高级软件工程师的职业发展路线符合软件开发工作的职业发展路线。整体来说，这份生涯规划制定的长期目标是比较宏伟的，可见制定者有着远大的目标，但是与当前学校生活相关的近期目标不够具体,可以将在校期间的生活以一年或半年为单位进行具体规划,充分地利用在校时间充实自己、奠定基础,才能将近期目标与长期目标衔接起来,使目标逐渐向现实可行的方向发展。

心理案例二:职场案例

张宇大学学的是图书管理类专业。在读书期间,张宇知道这不是一个好行业,所以大学过得非常不快乐。大学毕业时,他终于决定放弃自己的图书管理专业,重新寻找其他行业,希望能够重新发展并选择自己的职业道路。张宇是个内向的人,不喜欢跟人争斗,只希望能够求得一份安定的工作,好让自己慢慢实现专业转变,然后再谋求职业上的发展。然而,图书管理专业找工作一点优势都没有,找心仪的工作谈何容易。不得已,张宇随便找了份工作安顿下来,可是工作不如人意。不开心的工作做了一段时间后,张宇换了份工作,因为没有好专业,所找的第二份工作只是在薪水方面有所调整,跟第一份工作一样,依然没有办法寻找到合适的职业方向。转眼间,几年过去了,张宇的同学们有的当了主管,有的则当上了经理。而张宇却因为一直在更换工作、寻找职业方向,而始终在办事员的职别徘徊。30岁到了,张宇突然发现,几年过去了,自己依然没有找到职业方向,更要命的事情是,没有培养出任何一种职业技能来。张宇感到了深深的不安,看看自己的同学,不想见他们,觉得他们会嘲笑自己;再看看自己,张宇认为自己做事情很认真,是社会对自己不公平。张宇不知道自己怎么了,也不知道下一步应该怎么办。

案例分析:

张宇是个内向的人,渴望找一份稳定的工作,并逐步地培养自己的专业能力。但在过去的几年里,张宇因为专业和生存问题,不得不勉强自己在不喜欢的工作上上班,所以他希望通过这种经常性的跳槽方式来摸索并找到自己的职业定位,这说明张宇渴望成功,但焦躁的心态使得张宇不管对待什么工作,都没有足够的耐心。一个焦躁的、对任何工作都没有耐心的人,不管在哪个公司都无法得到重用,更别提学到有用的职业技能了。张宇的大学专业是图书管理，工作后并没有从事这份工作，加上工作后几乎一年一跳地去摸索自己的职业方向，导致张宇在过去的几年里始终没有培养出一定的职场技能，更别提职场核心竞争力了。应该说，张宇目前的情况相当糟糕，一个已经30岁的人，在没有职场技能以及核心竞争力的情况下，希望获得发展是很困难的。正确的职业生涯规划是职业成功的关键，如果张宇能在大学期间就有明确的职业理想，并正确进行自我分析和职业分析，注重培养自己的职业能力，那么他就会在职业生涯中找准方向，取得成功。

第五节　心理知识链接

心理知识链接一：商人和渔夫的故事

有这样一个故事：一个美国商人坐在墨西哥海边一个小渔村的码头上，看着一个墨西哥渔夫划着一艘小船靠岸。小船上有好几尾大黄鱼，这个美国商人问渔夫要多少时间才能抓这么多鱼。墨西哥渔夫说才一会儿工夫就抓到了。美国人接着问道："你为什么不待久一点，好多抓一些鱼？"墨西哥渔夫不以为然，说："这些鱼已经足够我一家人生活所需啦！"

美国人又问："那么你一天剩下的那么多时间都在干什么？"墨西哥渔夫解释道："我呀？我每天睡到自然醒，出海抓几条鱼，回来后跟孩子们玩一玩，再跟老婆睡个午觉，黄昏时晃到村子里喝点小酒，跟哥儿们玩玩吉他，我的日子过得充满又忙碌！"

美国人不以为然，帮他出主意。他说："我是美国哈佛大学企业管理硕士，我倒是可以帮你忙！你应该每天多花一些时间去抓鱼，到时候你就有钱去买条大一点的船，过一段时间就可以买更多渔船了，然后你就可以拥有一个渔船队了。之后你可以自己开一家罐头工厂。如此你就可以控制整个生产、加工处理和行销。然后你可以离开这个小渔村，搬到墨西哥城，再搬到洛杉矶，最后到纽约。在那里经营你不断扩充的企业。"墨西哥渔夫问:"这又要花多少时间呢?"美国人回答:"15～20年。"

"然后呢?"墨西哥渔夫问。

美国人大笑着说:"然后你就可以在家当皇帝啦! 时机一到,你就可以宣布股票上市,把你的公司股份卖给投资大众。到时候你就发啦! 你可以几亿美元几亿美元地赚!"

"然后呢?"渔夫继续问。

美国人说:"到那个时候你就可以退休啦! 你可以搬到海边的小渔村去住。每天睡到自然醒,出海随便抓几条鱼,跟孩子们玩一玩,再跟老婆睡个午觉,黄昏时,晃到村子里喝点小酒,跟哥儿们玩玩吉他喽!"

墨西哥渔夫疑惑地说:"我现在不就是这样了吗?"

心理知识链接二:追随我心——从微软到谷歌的跳跃

"李开复在职业发展过程中遇到的最艰难的选择就是从微软到谷歌的转换,这种转换并不只是职业领域的转换。从微软到谷歌的一跳使他一度成为新闻的热点话题,也曾经使他成为官司的主角。"

他为什么要从微软转到谷歌呢? 听听李开复自己的内心剖白吧。

当你面对两个选择,一个好一个坏时,很容易做出决定;当你面对两个都很好的选择时,不管选哪一个,结果都不会差,也很容易做出决定;只有当你面对两个都不算好的选择时,才会感到艰难。选择需要很多种智慧,但我觉得最重要的一点是追随我心,即你所做的选择是不是符合你的价值观、理想和兴趣。例如,我选择来到谷歌,坦率地讲,对我来说做出这个选择并不困难,因为我只要问问自己的心,想想自己的价值观、理想和兴趣,我就能很容易地做出决定。

"我的人生目标是尽可能地扩大自己的影响力。我希望能够尽可能多地影响他人,不管我出一本书,办一个网站,还是转变职业,我都会考虑如何从正面最大限度地影响他人。每个人对影响力的衡量方法不同。在我看来,衡量自己影响力的方法就是要看世界有我和没有我的差别。具体到我在微软和谷歌之间的选择,我会分析,是微软的这批产品、员工和用户有我更好,还是谷歌的这批产品、员工和用户有我更好?有人会说,在微软,李开复管着800个人,做100个产品,而在谷歌,他只是光杆司令,要收50个弟子,一年也做不出产品,影响力明显变小,但我不是这么衡量的。微软没有我,会有另外的人管理这800个人,微软不会因为少了我就做不出产品。当然,我的离开也会造成一些影响,但影响的不是800个人,可能只是8个人。我到了谷歌就能到中国来,把谷歌创新的模式带到中国,影响和培养更多的中国学生或青年人才。"

"但这个选择却使我一度进入了最困难、最艰苦的时期,我需要面临官司,我曾经导出30万字的邮件以证明我的清白。但这个选择符合我的价值观、理想和兴趣,所以我不会为了暂时的挫折或痛苦而感到悔恨。在这段时间内,我做一切能让自己快乐起来的事,如和朋友聊天,思考以前的事情,总结和反思一些事情。这些事也让我更确信追随我心的选择是正确的。我付出了很多代价,但我得到的更多,我看到了家人对我的真情,看到了学生对我的信任。"

心理知识链接三:一颗钉子

位居世界500强的杜邦公司的一位面试官曾经碰到过这样一个年轻人,他虽然在应聘中超过了许多竞争者,可在最后一轮面试的时候却很遗憾地被淘汰了。虽然心里十分难受,可是他还是没有像大多数人那样把沮丧的心情表现在脸上,而是礼貌地向面试官们表示感谢。

当他起身离开的时候,椅子上的一个凸出的钉子把他的裤子刮了一道小口子,面试官并没有发现,可是年轻人还是走上前去,拿起桌上的镇纸,把凸出的钉子给敲了回去,然后放回镇纸,给面试官鞠了一躬,转身离开。此时,面试官却拦住了他,问:"为什么你都已经知道自己被淘汰了,却还会在意椅子上的一颗小小的钉子?"

年轻人笑着说:"这和面试毫无关系,我只不过是不想让后来坐这把椅子的人和我一样把裤子刮破了。"

面试官激动地握着年轻人的手说:"恭喜你,你被录取了!"

年轻人正惊愕的时候,面试官解释说:"专业知识的缺少并不可怕,可以通过努力来弥补,可职业道德却是一个员工最宝贵的素质,这才是我们最需要的。"

心理知识链接四:名企要求的职业能力

诺基亚:以人为本。诺基亚企业文化的核心是"以人为本",体现在人才的判断价值上。公司是通过两个方面实践"以人为本"的:一是硬件系统,包括专业水平、业务水平和技术背景,一般由部门的执行经理来考察;二是软件系统,包括沟通能力、创新能力及灵活性等,一般由人力资源部门来考察。

摩托罗拉:5 个 E。第一个 E——Envision(远见卓识):对科学技术和公司的前景有所了解,对未来有憧憬;第二个 E——Energy(活力):要有创造力,并且灵活地适应各种变化,具有凝聚力,带领团队共同进步;第三个 E——Execution(行动力):不能光说不做,要行动迅速、有步骤、有条理、有系统性;第四个 E——Edge(前沿):有判断力、是非分明、敢于能且做出正确的决定;第五个 E——Ethics(道德):品行端正、诚实、值得信任、尊重他人,具有合作精神。

壳牌:CAR 潜质。壳牌招聘人才主要着眼于未来的需要,所以十分看重人的发展潜质。壳牌把发展潜质定义为"CAR",即分析力(Capacity):能够迅速分析数据,在信息不完整和不清晰的情况下能确定主要议题,分析外部环境的约束,分析潜在影响和联系,在复杂的环境中和局势不明的情况下能提出创造性的解决方案。成就力(Achievement):给自己和他人有挑战性的目标,出成果,百折不挠,能够权衡轻重缓急和适应不断变化的要求,有勇气处理不熟悉的问题。关系力(Relation):尊重不同背景的人提出的意见并主动寻求这种意见,表现出诚实和正直,有能力感染和激励他人,能坦率、直接和清晰地沟通,建立富有成效的工作关系。

通用电气公司:不拘一格。通用电气公司(GE)从不在意员工来自何方、毕业于哪个学校或出生在哪个国家。GE 拥有的是知识界的精英任务,年轻人在 GE 可以获得很多机会,根本不需要论资排辈,GE 有许多 30 岁出头的经理人。他们中的大部分则在美国以外的国家接受教育。在提升为高级经理人员之前,他们至少在 GE 的两个分公司工作过。

宝洁:八项基本原则。宝洁公司对人才重要性是这样理解的:如果你把我们的资金、厂房及品牌留下,把所有人带走,我们的公司会垮掉;相反,如果你拿走我们的资金、厂房及品牌,留下我们的人,10 年内我们将重建一切。宝洁公司对人才素质的要求归结为八个方面:领导能力、诚实正直、能力发展、承担风险、积极创新、解决问题、团结合作和专业技能。需要指出的是,这八个方面是并列的,没有先后之分。诚实正直和专业技能一样重要。

参考书目

[1] 周莉. 大学生心理健康教育. 北京:中国人民大学出版社,2010.

[2] 魏青,曾莉. 大学生心理健康教育. 成都:西南交通大学出版社,2010.

[3] 姚萍. 大学生心理健康与咨询. 北京:北京大学出版社,2010.

[4] 叶斌. 大学生心理健康教育. 南昌:江西高校出版社,2008.

[5] 黎文森,邓志军. 大学生心理健康教育导论. 沈阳:辽宁大学出版社,2007.

[6] 郑晖,马新胜,徐春桥,等. 大学生心理健康教育. 长沙:湖南师范大学出版
    社,2011.

[7] 刘儒德. 学习心理学,北京:高等教育出版社,2010.

[8] 张艳萍,李海. 成人学习心理与学习方法. 哈尔滨:哈尔滨工程大学出版
    社,2007.

[9] 吴增强. 学习心理辅导. 上海:上海教育出版社,2012.

[10] 葛明贵,等. 大学生学习心理研究. 合肥:合肥工业大学出版社,2009.

[11] 刁生富. 学会学习:大学生学习心理与学习方法. 广州:暨南大学出版
    社,2002.

[12] 张旭东,车文博. 挫折应对与大学生心理健康. 北京:科学出版社,2005.

[13] 段鑫星,赵玲. 大学心理健康教育. 北京:科学出版社,2003.

[14] 方全. 跨越人生的败点. 北京:中国商业出版社,2005.

[15] 黄希庭,并涌. 大学生心理健康与咨询. 北京:高等教育出版社,2002.

[16] 陶国富,王祥兴. 大学生挫折心理. 上海:立信会计出版社,2006.

[17] 曲振国. 大学生就业指导与职业生涯规划. 北京:清华大学出版社,2008.

[18] 钟谷兰,杨开. 大学生职业生涯发展与规划. 上海:华东师范大学出版

社,2008.

[19] 林学军.当代大学生职业生涯规划与管理.广州:暨南大学出版社,2008.

[20] 祝欣,陈健.赢在起跑线:新生职业生涯与大学生活规划.武汉:华中科技大学出版社,2008.

[21] 史梅,孙洪涛,伊芃芃.赢在起点——大学生职业生涯规划与职业素质拓展.北京:高等教育出版社,2010.

[22] 黄勇明.大学生心理健康指导.上海:复旦大学出版社,2013.

[23] 王丹.大学生心理健康教育.西安:西安电子科技大学出版社,2016.

[24] 张大均,吴明霞.大学生心理健康.修订版.北京:清华大学出版社,2015.

[25] 李龙,李晨光,陈恒英.大学生心理健康教育.重庆:重庆大学出版社,2018.

[26] 杨立男,赵立成,苏元元.大学生心理健康教育.北京:科学出版社,2017.